国家级职业教育规划教材

全国中等职业技术学校饭店服务专业教材

GUOJIAJI ZHIYEJIAOYU GUIHUA JIAOCAI

王德静 主编

（第四版）

餐厅服务

人力资源社会保障部教材办公室 组织编写

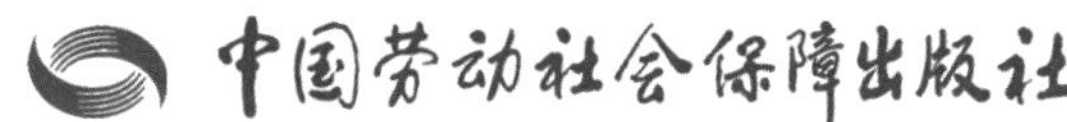

中国劳动社会保障出版社

简介

本教材介绍了餐厅及餐厅服务的基础知识，详细讲解了餐厅服务的基本技能，阐述了中餐服务、西餐服务和宴会服务的方法，简要介绍了菜单的基础知识，并对餐厅服务管理进行了说明。教材文字简练、规范，工作方法和过程表述细致，适于中等职业技术学校教学使用。

本教材由王德静任主编，孔英丽任副主编。沈群主审。

图书在版编目（CIP）数据

餐厅服务 / 王德静主编. —4版. —北京：中国劳动社会保障出版社，2016
全国中等职业技术学校饭店服务专业教材
ISBN 978-7-5167-2582-5

Ⅰ.①餐… Ⅱ.①王… Ⅲ.①饮食业－商业服务－中等专业学校－教材 Ⅳ.①F719.3

中国版本图书馆CIP数据核字（2016）第143831号

中国劳动社会保障出版社出版发行

（北京市惠新东街1号 邮政编码：100029）

*

三河市华骏印务包装有限公司印刷装订 新华书店经销

787毫米×1092毫米 16开本 14.75印张 258千字

2016年6月第4版 2024年5月第14次印刷

定价：29.00元

营销中心电话：400-606-6496

出版社网址：http://www.class.com.cn

http://jg.class.com.cn

Preface 前言

全国中等职业技术学校饭店服务专业教材自出版至今已有二十年，在此期间，我们密切关注行业的发展以及职业学校教学需求的变化，先后对教材进行了两次修订和增补开发，使得教材内容不断更新，体系逐步完善。

在新一轮的教材修订工作中，我们收集饭店企业对于技能型人才的具体要求以及学校使用教材的反馈意见，组织骨干教师与行业、企业的专家进行充分研讨，确定重点做好以下几方面工作：

◆更新教材内容　根据饭店企业的发展变化，补充有关饭店管理的最新理念，以及在线预订、智能系统等互联网时代出现的新方法、新技术，更新与饭店及旅游相关的人文信息，使教材内容更加具有前瞻性。进一步加大技能训练的比重，在前厅服务、客房服务、餐厅服务、康乐服务等主要技能课教材中，更多地加入实践案例和操作指导，有助于学校开展一体化教学。同时，将职业道德、服务意识、礼仪规范等有机融入到教学内容、课堂问答、课后训练等各环节中，以加强对学生职业素质的培养。

◆提升教材表现力　通过设置“案例分析”“知识链接”“服务提示”等不同栏目，增加教材的亲和力，激发学生的学习兴趣。同时，尽可能多地以图表代替冗长的文字叙述，使教材更加生动直观，易于学习。

◆加强立体化资源建设　将习题册修订与教材修订同步进行，同时补充开发配套的电子课件。习题册答案及电子课件可登陆 www.class.com.cn，搜索相应的书目，在相关资源中下载。

本套教材的编写得到了有关省市人力资源和社会保障部门以及一批中等职业技术学校的大力支持，教材的编审人员做了大量的工作，在此，我们表示衷心的感谢！同时，恳切希望广大读者对教材提出宝贵的意见和建议。

人力资源社会保障部教材办公室

Contents 目 录

第一章 餐厅与餐厅服务概述

餐厅是凭借餐饮设施，为客人提供食品和饮料以及良好服务的商业性公共场所，是旅游饭店的重要组成部分。想要给客人提供良好的服务，首先要对餐厅及餐厅服务的基本内涵有相应的了解。

学习目标

☆ 了解餐厅在饭店中的地位。
☆ 了解餐厅在饭店中的作用。
☆ 掌握餐厅的种类及特点。
☆ 熟悉餐厅组织结构设置。
☆ 熟悉餐厅服务的特点和内容。
☆ 掌握餐厅服务人员的岗位职责、素质要求及职业道德要求。

第一节　餐厅概述

一、餐厅在饭店中的地位

餐厅的地位与社会的进步及饭店业的迅速发展密切相关。随着人们生活水平的提高，社会生活节奏的加快，以及就餐观念的更新，人们外出就餐的次数增多，餐厅在饭店中的地位也日益重要。

1．餐厅是饭店的重要组成部分

受社会经济发展和人们生活水平的限制，饭店业发展初期的餐厅往往只能提供一些简单、经济的饭菜，处于饭店的从属地位，主要解决住店者对饮食的基本需求。随着社会生产力和人民生活水平的不断提高，商务及旅游服务业得到了空前发展，饭店业内部的竞争也日趋激烈，经营管理者竞相利用特色餐饮来吸引客人，使餐厅在饭店中的地位得以提高。

2．餐厅是饭店的主要收入来源

餐厅是饭店获得经济收益的重要部门之一。因为饭店客房数量是基本固定不变的，其最高收入是一个常量。而餐厅的最高收入则是个变量，虽然餐位数是固定不变的，但餐饮部可通过提高工作效率、提高服务质量、提高菜肴质量等措施，提高餐座的周转率和人均消费水平，最终使餐饮部的营业收入得到提升。

就目前国内星级饭店而言，餐厅的营业收入占整个饭店营业收入的38%～40%。少数地区的饭店，餐饮收入已大大超过客房收入，占整个饭店营业收入的50%以上。

3．餐厅服务水平是饭店服务水平的重要标志

从客人的角度分析，餐饮服务水平主要由厨房烹调加工水平和餐厅服务水平两大因素决定。高超的厨房加工水平可以满足客人的基本生理需求，餐厅服务水平则影响客人在购买、接受实物产品时的精神状态和心理状态。因此，要树立饭店的形象，首先必须加强餐饮部门自身的高品质形象建设，同时客人认可和可接受的服务水平和品质也是饭店服务水平的客观标志。

4．餐厅是弘扬中华饮食文化的重要场所

中华民族五千年的文明史，中国博大精深的烹饪艺术，已成为吸引众多外宾来华旅游的重要因素。作为以接待中外客人为主的旅游饭店餐饮部门，向客人宣传中餐、弘扬中餐的文化艺术，是餐厅服务员的重要职责。

案例分析

鱼的风波

王先生带着七个客户到河南某星级饭店的风味餐厅去品尝河南菜，他点了十多道菜。其中，有一道“糖醋软熘黄河鲤鱼”。由于忙碌，服务员忘记问客人要多大的鱼，就通知厨师去加工了。

不一会儿，一道道菜就陆续上桌了。客人们喝着酒水，品尝着鲜美的菜肴，吃到最后，一条三斤多重鲤鱼上桌了。

“服务员，谁让你做这么大一条鱼啊？我们根本吃不下。”王先生说道。

“可您也没说要多大的呀？”服务员反问道。

“你在点菜时应该问清客人要多大的鱼，加工前还应让我们看一看。这条鱼太大，我们不要了，请退掉。”王先生毫不退让。

“先生，实在对不起。如果这鱼您不要的话，餐厅要扣我的钱，请您务必包涵。”服务员的口气软了下来。

“这个菜的钱我们不能付，不行就找你们经理来。”另一客人插话道。最后，服务员只好将鱼撤掉，并汇报领班，将鱼款划掉了。

分析：

作为餐厅服务员，在规范接受点菜的同时，理应提供优质的服务。点菜时服务员需要事先了解菜单上菜肴的规格，即一份菜的规格和分量等，然后根据客人的人数和职业特征等具体情况，做好建议性的销售。

二、餐厅种类

大中型旅游饭店一般都有多处餐厅设施。根据其餐饮内容、服务方式、规格水平的不同，大致可分为正餐厅、风味餐厅、主题餐厅、咖啡厅、自助餐厅、宴会厅和多功能厅。

1．正餐厅

正餐厅是指食品精美、服务高雅、装饰华丽、环境舒适的桌式服务餐厅。如图 1—1—1 所示。饭店的各类中餐厅、西餐厅都属此类，是旅游饭店中主要的餐厅设施。

正餐厅一般使用点菜菜单，提供零点服务，菜单内容品种齐全，规格较高。国内的正餐厅一般只供应午餐、晚餐，国外不少饭店的高级正餐厅仅供应晚餐。

2．风味餐厅

风味餐厅也属于正餐厅，但因其供应的菜肴富有特色而区别于一般正餐厅。因而，风味餐厅亦常被称为特色餐厅，如图 1—1—2 所示。风味餐厅可专营某一类菜肴，如海鲜、素菜等；或突出某一地方菜系，如川菜、鲁菜、粤菜、淮扬菜等；也可突出某一时期或某一民族的菜肴，如清宫菜、朝鲜族菜等；还可专以某种烹调方法为主，如扒房、烤肉馆等。

图 1—1—1　正餐厅

图 1—1—2　风味餐厅

3．主题餐厅

主题餐厅因其装饰主题鲜明独特而得名，其餐饮内容可与装饰主题有关，也可无关。主题餐厅以其独特新奇的环境设计和装饰吸引客人。如图 1—1—3 所示为韩国风格的主题餐厅。

主题餐厅在国外旅游饭店中较为多见，如以航海为主题的餐厅，除陈列各个历史时期的船舰模型外，其他装饰物也都与航海有关，甚至缆绳、铁锚经过艺术加工，也成为极富吸引力的饰品。

4．咖啡厅

咖啡厅并非仅仅供应咖啡、饮料，它是一种规格较低的西餐厅，供应的食品比较简单，如面包、三明治、沙拉及有限的几种大众化主菜。常见的咖啡厅如图 1—1—4 所示。

5．自助餐厅

自助餐厅的特点是强调自助，强调食品陈列，强调自行挑选。设立自助餐厅的主要目的是节约劳动力成本，同时也迎合某些客人自我服务的心理。常见的自助餐厅如图 1—1—5 所示。

图 1—1—3　主题餐厅

图 1—1—4　咖啡厅

图 1—1—5　自助餐厅

知识链接

自助餐厅和自助餐服务的区别

自助餐厅（Cafeteria）不同于提供自助餐服务（Buffet Service）的餐厅。

1. 自助餐厅

（1）自助餐厅的柜台一般都固定不变。

（2）在自助餐厅里，菜肴、酒类、饮料和食物全部由客人自行选择，随便取用。

（3）在自助餐厅里，客人取一次食物，就得付一次款。

2. 自助餐服务

（1）自助餐服务使用的桌子可以根据各种场合的不同需要和客人的要

求，拼摆成各种形状，进行各式各样的布置，通常有大型的冰雕或花篮作为中心饰物。

（2）自助餐服务一般只陈列菜肴和食品，酒类和饮料由客人另买。

（3）自助餐服务使用一个固定的价格。

6. 宴会厅

宴会厅在环境布置及台面布置上既要舒适、干净，又要突出隆重热烈的气氛。在食品上应按预订的标准，安排富有特色的名菜、佳肴、美点，并且讲究菜的外形美，用拼图案及雕刻等形式来烘托喜庆、热烈的气氛。使用的餐具奢华名贵，服务周到细致，讲究礼貌礼节、服务技巧和服务规格。如图 1—1—6 所示为典型的宴会厅。

7. 多功能厅

现代旅游饭店一般都在大楼的低层位置设有一个多功能厅，能根据客人的需要而变化，作多种用途的厅堂。如图 1—1—7 所示。许多多功能厅都有活动挡板，可将厅堂按所需面积自由分合，既可接待大型宴会、自助餐、茶会、国际会议等，又可用作舞厅、剧场、展示厅等，具有节约场地成本、扩大营业范围、增加营业收入的作用。它也是餐厅中面积最大、设备最齐全的大型厅堂。

图 1—1—6　宴会厅

图 1—1—7　多功能厅

三、餐厅组织结构设置

1. 餐厅组织结构设置原则

（1）根据业务需要设计组织结构。每个餐厅的工作内容大体相似，但因不同的餐厅经营状况不一，餐饮销售所占的比例也有差异，所以不同的餐厅又有其特色和侧重点。故餐厅在设置组织结构时应从自身业务需求出发，使组织结构中每一个位置的设立都有充分的依据。即餐厅的组织结构都必须根据各自的实际情况和需要如规模、性质、市场等因素来决定。

(2) 统一指挥，分层负责。餐厅业务的工作环节十分繁多，需要通过众多职工的分工合作、共同努力，才能完成。因此其组织结构必须保证各项业务活动能在统一指挥下步调一致，克服和避免摩擦，保持本部门内部及其他部门之间的信息交流始终畅通，使各项决议、各种指令顺利贯彻实施。

(3) 因人制宜，各司其责。餐厅组织结构的规模、形式和内部机构必须在满足生产、管理需要的前提下，将人员减少到最低限度，以保证各级管理人员之间和员工之间有快捷、正确的信息渠道。在为职工定岗或分配工作时，也应根据其工作能力、技术水平，因人制宜，安排适当工作。要在组织上保证职工各得其所、人尽其才，使他们既能胜任本职工作，又能充分调动其工作积极性，发挥自己的主观能动性和聪明才智，为企业创造较高的经济效益。

以上几种原则，不是互相孤立的，而是相互联系、相互影响的。所以在设置餐厅的组织结构时，应灵活运用上述原则，做到以生产服务为中心，以效益为目的，把餐饮产品的服务质量放在首位，共同实现本部门的各项目标。

2. 餐厅组织结构设置

一般情况下，饭店餐饮部组织结构设置有以下几种模式。

(1) 小型饭店餐饮部的组织结构设置模式如图 1—1—8 所示。

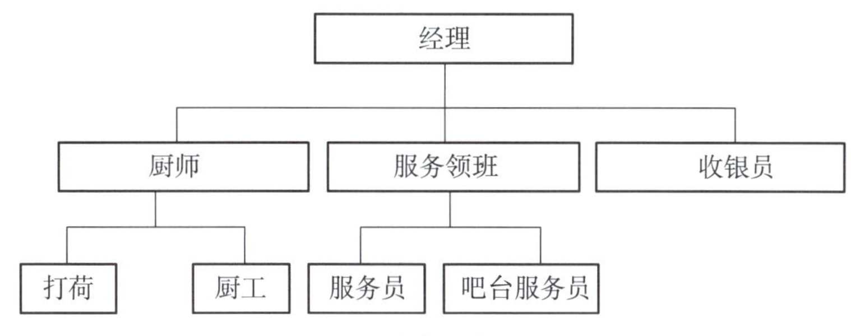

图 1—1—8 小型饭店餐饮部组织结构设置模式

(2) 中型饭店餐饮部的组织结构设置模式如图 1—1—9 所示。

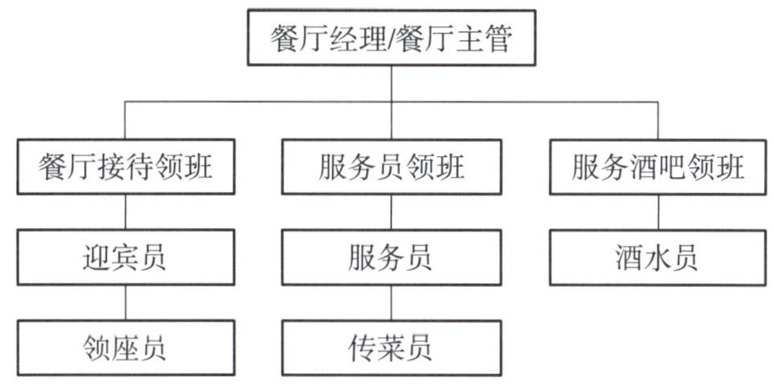

图 1—1—9 中型饭店餐饮部组织结构设置模式

（3）大型饭店餐饮部的组织结构设置模式如图 1—1—10 所示。

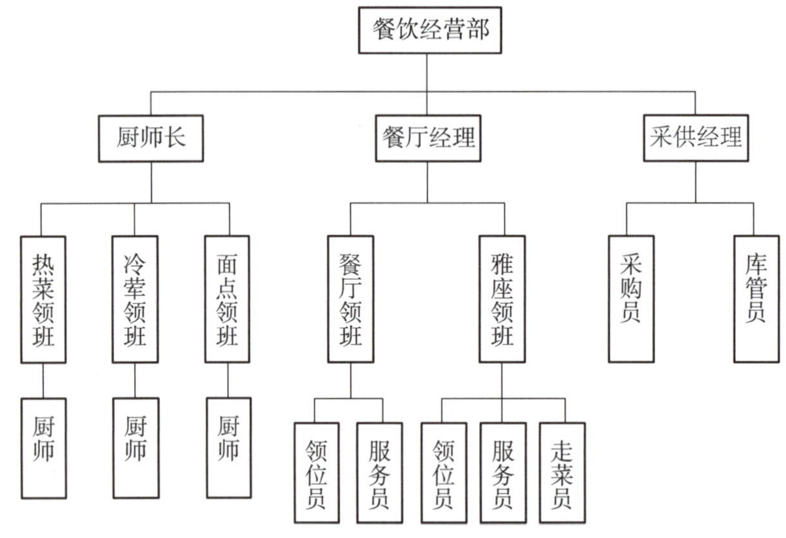

图 1—1—10 大型饭店餐饮部组织结构设置模式

3. 影响餐厅服务组织结构因素

影响餐厅服务组织结构因素见表 1—1—1。

表 1—1—1 影响餐厅服务组织结构因素

影响因素	说明	举例
餐厅规模	餐厅规模越大，外厅组织层次越多或越复杂，餐厅的组织越大	宴会厅的服务组织层次比零点餐厅服务组织层次多，比零点餐厅服务组织大
餐厅级别	餐厅的级别越高，它的层次越多，需要的服务员也越多	相同餐位的扒房和咖啡厅，它们的服务组织不相同，扒房的服务组织层次和需要的服务员都比咖啡厅多
餐厅经营品种	餐厅经营品种越多，越复杂，它的组织越大，层次越多	相同座位的传统餐厅比快餐厅的服务组织层次和需要的服务员都要多
餐厅营业时间	餐厅营业时间越长，它的组织越大，层次越多	咖啡厅的服务班次超过一般餐厅的服务班次。因此，它的组织层次多于一般餐厅的组织层次；餐厅经营的旺季，营业时间长，用餐客人多，因此，它需要的服务人员和管理人员比淡季都要多

第二节　餐厅服务概述

一、餐厅服务特点

餐厅服务是餐厅服务人员为就餐客人提供食品、饮料的一系列行为的总和，它可分为直接对客的前台服务和间接对客的后台服务。餐厅服务关系图如图1—2—1所示。

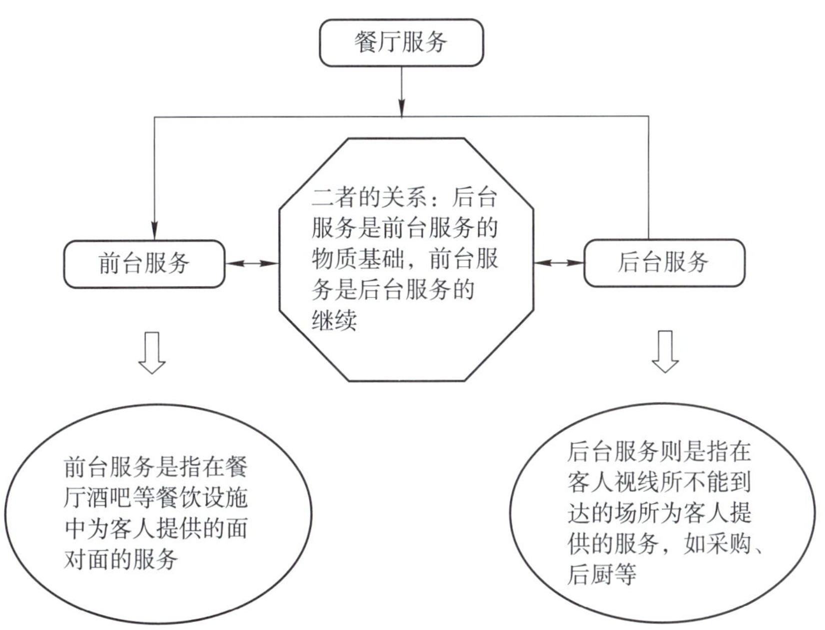

图1—2—1　餐厅服务关系图

1．餐饮经营的特殊性

餐饮经营的特殊性主要包括餐饮产品生产的特殊性和餐饮产品销售上的特殊性两个方面。

（1）餐饮产品生产的特殊性

1）餐饮产品生产时间短。

2）餐饮产品的生产数量难以预测。

3）餐饮产品及其原材料不易保存。

4）餐饮产品生产过程的管理难度大。

（2）餐饮产品销售的特殊性

1）经营场所的大小限制餐饮产品的销售量。

2）客人进餐时间限制餐饮产品的销售量。

3）餐饮产品销售毛利率高，资金周转快。

4）餐饮产品销售业务环节多，成本控制难度大。

2．餐厅服务的无形性

服务最简单的定义是“为他人完成一项工作或任务的行为”，而行为本身是看不见、摸不着的无形的东西。消费者不能把服务本身购买回家，他带回去的只是服务所产生的效果，是服务对消费者所产生的生理、心理及感官上的作用和影响。对餐厅就餐客人来说，他享受到除了餐饮实物产品带来的饱足感以外，更重要的是食物的色、香、味、形，餐厅的环境气氛，以及服务员的热情服务所给予的感官上和精神上的舒适和满足，而这一切正是无形服务的结果。

客人只能通过购买、享受服务产品得到的亲身体验来评价餐厅服务质量的优劣，餐厅很难将服务内容形象化，这种无形的特点加大了餐饮产品在销售上的困难。事实上，客人在选择一家餐厅时，所凭借的只是他们对该餐厅的了解程度。所以，提高服务质量和加工烹调技艺，树立餐厅良好的公众形象和社会声誉，是餐厅经营成功的关键。

3．餐厅服务的差异性

由于餐厅服务包含着大量的手工劳动，少有机器控制，又由于员工的工作态度、技能技艺各有好坏和高低，因此，餐厅服务不可避免地存在质量和水平的差异。服务上的差异性具体表现为同一员工在不同的时间、不同的场合或对于不同的对象所提供的同一餐饮产品或服务往往水平不一，质量不同。虽然要求每位员工达到完全一致的服务质量仍有一定的困难，但通过对员工进行职业道德教育，制定并坚持执行严格的质量标准，加强业务培训，可使员工端正服务态度，提高服务技能，这是餐厅服务取得成功的重要手段。

4．生产与销售的同步性

餐厅生产与销售的同步性，是指餐厅服务的生产（或提供）过程和销售过程同时或几乎同时发生，即当场生产当场销售，消费者与生产者直接接触，中间不存在贮存、运输过程。这一特点决定了餐饮服务不可能输送到外地销售，同时也决定了餐厅必须既重视销售环境，又重视生产环境，并利用当地推销的机会，既为客人提供热情周到的服务，又为餐厅推销更多的产品。这要求餐厅服务员必须具有双重技能，即服务技能和推销技能。

5. 人际服务的复杂性

由于餐厅服务是连续服务，服务者与被服务者必须在同一空间有一段相处时间，这就出现了人际关系的处理问题。所以说，餐饮业的人际服务是人际关系的一种特殊形式，而人际关系是最难处理的，尤其是面对不同地区、不同生活背景、不同习惯习俗、不同性别年龄、不同心理状态的客人群，又要求使每一位客人都满意，这便是处理这种特殊人际关系的难度。

6. 服务质量评价标准的多样性

对于餐厅而言，每天接待不同的客人，每位客人对餐厅服务的要求各不一样，所以评价标准往往也会有差异。同样的服务一位客人非常满意，而另一位客人则可能不接受。即使是同样的客人，由于受不同的时间、不同的心情等因素的影响，也会对同样的服务产生不同的感受和评价。因此，餐厅服务员不能对所有客人都提供一样的服务，而应该根据不同的客人提供适合客人本身的个性化的服务，以提高客人对服务质量的评价和满意度。

二、餐厅服务内容

餐厅服务的每一项内容如同餐桌上的每一道菜肴，是构成餐厅服务的子产品，任何一项不合格的服务都会导致客人对整个服务质量的不满。所以，认真做好每项服务是餐厅经营成功的基础。餐厅服务的内容包括以下几个方面：

1. 食品质量

食品质量是餐厅服务的基础和保证。餐厅提供的产品都是直接入口的，所以产品质量必须过关。对客服务的操作也要规范、卫生，否则会影响客人的身体健康。食品质量主要包括食品的卫生性、安全性和营养性三个方面。

2. 礼节礼貌

礼节礼貌是以一定的形式向对方表示尊重、谦虚、热情、友好等态度和情感，是相互交往中人与人关系处理的融合剂。礼节礼貌反映了一家餐厅的精神风貌和文化修养，体现了餐厅及员工对客人的基本态度。餐厅礼节礼貌的内容十分丰富，灵活性很大。餐厅对客人的礼节礼貌主要包括：仪表仪容（即个人形象）的礼节礼貌、语言谈吐的礼节礼貌、行为动作的礼节礼貌、态度的礼节礼貌、服务方式的礼节礼貌等。

3. 服务态度

服务必须出自于真诚，出自于良好的愿望，这是餐厅员工对客服务的基本态度。服务态度是“为客人服务”思想的具体表现。餐厅服务人员为客人服务应该做到主动、热情、耐心、周到，发扬中华民族热情好客真诚待人的美德。

“主动”，就是要掌握服务的规律，要有“自找麻烦”的思想，处处主动为客人服务；“热情”，就是要像对待自己的亲人一样，笑脸常开，言语亲切，处处都能关心客人；“耐心”，就是要在繁忙的对客服务中不急躁、不厌烦，态度和蔼，办事认真，处处表现真诚为客人服务；“周到”，就是要把服务工作做得完善妥贴，细致入微，面面俱到。服务人员要善于从客人的表情和神态中了解客人想做的事，服务在客人开口之前，效果留在客人的脑海中。

4．清洁卫生

清洁卫生工作是餐厅工作的重点，也是服务质量的重要内容。卫生状况不仅直接影响到客人的健康，也反映了餐厅的管理水平和素质，所以必须认真对待。

首先，要制定严格的清洁卫生标准，这些卫生标准包括：

（1）餐厅清洁卫生标准。我国有关卫生防疫的法律和规定是餐厅清洁卫生标准的基础。餐厅根据各岗位各场所不同的要求对清洁卫生标准作出具体的规定。餐厅清洁卫生标准要求是高水准严要求。

（2）其他场所卫生标准。客人使用的公共场所、餐厅内部的工作场所、员工使用的场所都要有严格具体的卫生标准，且要保证这些场所的卫生工作达到标准并落实到人。

（3）食品饮料卫生标准。食品饮料卫生标准要严格按法规切实做好。凡因食品饮料卫生发生的事故，餐厅都应作重大事故处理。

（4）用品卫生标准。制定各类用品的卫生标准，并按规范实施。特别是服务员使用的清洁工具用品等，一定要严格遵守卫生规范。

（5）个人卫生标准。各岗位均有个人卫生规范要求，每位员工应按卫生规范保持个人卫生。

其次，要制定明确的清洁卫生规程和检查保证制度。清洁卫生规程要具体地规定设备、用品、服务人员、食品饮料等在整个服务操作程序中各个环节上为达到清洁卫生标准而在方法、时间上的具体要求。

在执行清洁卫生制度方面，要坚持经常性和突击性相结合的原则，做到清洁卫生工作制度化、标准化和经常化。

5．服务技术技巧

餐厅服务具有很强的技术性。服务的技术技巧是服务质量的重要组成部分。

服务技术是每个岗位完成本职工作的方法、能力和本领。掌握服务技术和提高服务技能是对每位员工的基本要求。服务技术过硬才能使服务达到标准，保证服务质量。

服务技巧是指服务技术达到了娴熟的程度而熟能生巧，是服务技术的艺术化。服务技巧要对业务十分熟悉，对客人各种心理有比较清楚的了解。服务技巧主要有接待艺术、语言艺术、动作表情艺术、推销艺术、应变艺术、化解矛盾艺术等。

服务人员的技术技巧是服务水平的基本保证和重要标志。如果服务人员没有过硬的基本功，技术技巧不高，那么，即使服务态度再好，微笑再甜美，客人也会礼貌地拒绝服务。

6．服务效率

服务效率是服务工作在单位时间内完成某种服务的多少。它不但反映了服务水平，而且反映了管理的水平和服务人员的素质。

消费心理表明，就餐客人最不能容忍的事情就是等候。稍长时间的等候可能会使餐厅在其他服务方面所作出的努力前功尽弃。尽量减少甚至消灭等候是餐厅服务质量的目标之一。为了做到这一点，餐厅在服务中要讲究效率，应将摆台时间、翻台作业时间、客人候餐时间等作出明确的规定，并将其纳入服务规程之中。

三、餐厅服务人员岗位职责

1．餐厅主管岗位职责

（1）督导完成餐厅营业部日常经营管理工作，编制员工排班、考勤表，检查员工的出勤状况，检查员工的仪表及个人卫生、制服、头发、指甲、鞋子等是否符合饭店要求。以身作则带领员工遵守饭店各项规章制度。

（2）了解货源情况和食品原材料价格，了解和掌握本餐厅各种食品，特别是燕、翅、鲍和海鲜野味等名贵品种的库存池养情况，注意推广和销售。

（3）接待来订餐的客人，一定要注意热情友好，服务周到。对他们的提问要耐心解答，向他们介绍饭店特色时一定要认真细致。

（4）注意协调包房、宴会订单的安排，按客人要求制定宴会菜单；写菜单要注意搭配和客人口味，最后交与餐饮部经理审批。

（5）有营销意识，协助营销部建立客史档案，多与客人沟通，建立良好关系；关心客人用餐情况并及时反馈；广交新客户，不断扩大经营对象。

（6）具有为公司做贡献的精神，不断提高管理艺术，负责制定服务规范和程序并组织实施，业务上要求精益求精。拟定培训计划，定期开展有针对性的培训，不断提高服务质量。

（7）重视餐饮部员工的培训工作，定期组织员工学习服务技能技巧，参加饭店组织的英语培训，对员工进行服务意识、推销意识的训练，定期检查并做好培训记录。

（8）热情待客、态度谦和，妥善处理客人的投诉，不断改善服务质量，加强现场管理，营业时间必须在一线，发现餐饮部员工在服务中出现问题要及时纠正。

（9）负责餐厅营业前的清洁卫生工作，保持环境卫生。保证食品安全，提供给客人的饮料、酒水等必须在保质期内。

（10）及时检查餐厅设备的情况，建立餐饮部物资管理制度，并严格管理；做好餐厅营业部安全和防火工作。

（11）监督领班结账工作；第一时间处理投诉事件，并汇报餐饮部经理记录在案。

（12）对餐厅内部各部门人员的接待也要注意热情友好，谦虚谨慎。在协调与沟通各部门工作时，要注意方法。

2．餐厅领班岗位职责

（1）接受餐厅主管的指派工作，全权负责本班组工作。

（2）以身作则，责任心强，敢于管理。

（3）协助餐厅主管拟定本餐厅的服务标准和工作程序。

（4）合理指挥和安排人力，管理好本班人员的工作班次。

（5）检查本班人员出勤情况，准备工作是否合格就绪，并对服务员当天的工作、纪律等方面进行考核登记，结果及时向主管反映。

（6）处理服务中发生的问题和客人投诉，并向餐厅主管汇报。

（7）配合餐厅主管对下属员工进行业务培训，不断提高员工的专业知识和服务技巧。

（8）做好本班组物品的保管和餐厅卫生工作。

（9）随时留意客人动向，督导员工主动、热情、礼貌待客。

（10）要求服务员熟悉菜肴特点，善于推销菜肴与酒水。

（11）完成餐厅主管临时交办的事项。

（12）负责写好工作日记，做好交接手续。

3．餐厅迎宾员岗位职责

（1）及时了解当天的餐桌预订情况及餐厅服务任务单，并落实安排好餐桌。

（2）接受客人的临时订座。

（3）负责来餐厅用餐客人的带位和迎送接待工作。

（4）仪容整洁，不擅离岗位。

（5）根据服务对象的不同，合理安排他们喜欢的餐位。

（6）解答客人提出的有关饮食、饭店设施方面的问题，收集有关意见，并及时向餐厅主管反映。

（7）婉言谢绝非用餐客人进入餐厅。

（8）保证工作区域卫生，做好一切准备。

(9) 在餐厅客满时，礼貌地向客人解释清楚，并进行候餐服务。

4．餐厅服务员岗位职责

(1) 根据工作内容做好工作区域的卫生清洁。

(2) 按照规格标准，布置餐厅和餐桌，做好开餐前的准备工作。

(3) 确保所用餐具、玻璃器皿等清洁、卫生、明亮、无破损。桌布、餐巾干净、挺括、无破损、无污迹。

(4) 按服务程序迎接客人入席就座，协助客人点菜，向客人介绍特色或时令菜点。

(5) 仪容整洁，不擅自离岗。

(6) 勤巡台，按程序提供各种服务，及时收撤餐具。善于推销酒水饮料。

(7) 熟悉菜单和酒水单的内容，如食品的制作方法、口味特点等。

(8) 开餐后，为客人提供优质的进餐服务。

(9) 在餐厅服务过程中尽可能保持好餐厅的清洁卫生。

(10) 准确地为客人提供结账收银服务。

(11) 做好餐后收尾工作。

5．传菜员岗位职责

(1) 按时上下班，听从领班的工作安排。

(2) 做好营业前洁净餐具、用具的卫生入柜工作，保证开餐时使用方便。

(3) 准备好开餐前各种菜式的配料及走菜用具，并主动配合厨师出菜前的工作。

(4) 了解菜式的特点、名称和服务方式，根据前台的时间要求，准确、迅速地将各种菜肴送至前台。

(5) 妥善保管好订单，以便复核。

(6) 传菜过程中把好质量关，检查菜肴的质量、装盘造型、温度及分量等。

(7) 做好厨房和餐厅内的沟通工作。

(8) 协助前台服务员做好餐前准备、餐后服务和餐后收尾工作。

(9) 用餐结束后，关闭热水器、毛巾箱电源，将剩余的饭送回厨房，收回托盘，做好收尾工作，与下一班做好交接工作。

6．酒水员岗位职责

(1) 按时上下班，工作中服从领班的安排。

(2) 根据工作内容做好工作区域的卫生清洁。

(3) 做好营业前酒具、用具的卫生入柜及摆放工作，保证开餐时使用方便。

(4) 营业前开出酒水领料单，备足酒水、饮料、酒水单、酒篮冰桶、牙签、打包袋等销售用品、用具等，检查所备酒水、物品的质量，保证开餐的需要。

（5）开单时熟记酒水规格、特点、价格等，根据餐厅服务员开具的客人点酒单，及时、准确地为客人提供酒水，并做到及时补足酒吧的各种酒水、饮料等，保证客人的消费需求，提供优质服务。

（6）根据客人要求提供鸡尾酒的调制服务。

（7）妥善保管好酒水订单，以便客人结账时复核。

（8）下班前，做好各项交接工作。

（9）完成主管交给的其他任务。

7．收银员岗位职责

（1）执行财务及餐厅经理的工作指令，并向其报告工作。

（2）根据工作内容做好工作区域的卫生清洁。

（3）保管好账单、发票，并按规定使用、登记。

（4）熟练掌握收款机的操作技术，熟悉收款业务知识和服务规范。

（5）熟悉餐厅优惠卡的使用规定，掌握消费项目的可打折范围和领导批免权限。

（6）每天核对备用周转金，不得随意挪用，每天收入的现金必须做到日结日清、长缴短补，不得“以长补短”，发现短款必须及时查明原因，及时向财务汇报。

（7）完成当班营业日报、财务报表。

（8）当班结束后，认真填写交接班登记簿，及时交接当日营业款项、当班报表、账单，明确当天应处理的业务。

（9）做好设施设备的维护保养工作和环境卫生工作。

四、餐厅服务人员素质要求

1．餐厅服务人员基本素质要求

良好的素质是做好餐厅服务工作的基础。餐厅服务人员经常与客人接触，为客人端送餐具、用具和各种食品、饮料，同时又要与客人进行必要的沟通与交流，这就要求餐厅服务人员必须具备以下几个方面的素质。

（1）身体状态。服务工作看起来端端送送，其实并不轻松。有人说服务人员是“日行百里不出门”，站立、行走、托盘等都要一定的腿力、臂力和腰力，所以要有健康的体格才能胜任此项工作。身材与容貌在餐厅服务行业中也有着较为重要的作用。在人际交往中，优美的身材和容貌可使人在视觉上产生舒适感，心理上产生亲切愉悦感。所以服务人员应端庄大方、机灵敏捷、时时处处面带微笑，而且身体健康。服务人员的身体状态的具体要求是：无传染病、皮肤病和其他不适于服务工作的疾病，如肝炎、手癣、牛皮癣、狐臭、口吃等，五官端正、容貌佼好、无严重生理缺陷，口齿清晰、语言流畅，精神饱满，能以良好的状态投入工作。

（2）着装与打扮。餐厅服务人员当班时必须穿着餐厅规定的统一制服。衣着除了保护人体健康外，还起着身体造型、美化环境的作用，它能反映出一个国家、地区和民族的文化艺术、风格和精神面貌。为此，餐饮服务人员的着装与打扮应以整洁、美观、大方、得体、实用、具有民族风貌为标准。

（3）仪容仪表。仪容仪表就是人的外表，一般来说，它包括人的容貌、服饰等方面。服务人员的仪容仪表犹如餐厅的一面“镜子”，它不仅体现着员工的个人素质，而且直接反映出餐厅的精神面貌，体现餐厅的服务水准，是餐厅对客服务质量的组成部分之一。提倡餐厅服务人员注重仪容仪表美，是礼貌待客的起码要求。

（4）仪态。仪态是指人们在交际活动中所表现出来的姿势和风度。姿势通常是指身体在站立、就坐和行走时的样子，以及各种手势、面部表情等，都应恰当、正确，要有美感。

案例分析

如何超越客人？

赵先生和他的太太是某饭店的长住客人。赵先生是北京一家合资饭店的外方总经理，由于职业的缘故，赵先生对饭店的服务、服务员的行为举止等非常在意。

某天，赵先生和他的太太从该饭店的客房出来，边说着话边向电梯厅走去。这时，一名客房服务员急匆匆地从客人后面走来，从赵先生夫妇的中间穿过，超越了客人，并且连一点示意也没有。赵先生看着超过自己的客房服务员皱起了眉头，叫住了服务员说：“你这样做是不对的，这不像饭店的服务员。”服务员意识到了自己的问题，马上说：“对不起，赵先生，我有点急事。”赵先生说：“你有急事可以超过我，但你知不知道应该怎么超越？”在楼层巡视工作的客房主管看到了刚刚发生的事情，就走了过来，向赵先生道歉说：“对不起，这是我们的错，我们会加强对员工的教育。”赵先生诚恳地说：“其实我倒没关系，我只是觉得我们做服务的人，应当时时有一种好的礼节礼貌、修养和宾客意识，处处体现出严谨和规范。”

分析：

饭店服务工作中，员工的一言一行都代表着饭店的形象。服务人员不仅要掌握基本的走姿方式，同时还要掌握工作场合遇到客人的礼让方式。

2. 餐厅服务人员专业素质要求

餐厅服务人员的专业素质是做好餐厅服务工作的重要保证，是提高餐厅工作效率和服务质量的基本条件。专业素质主要包括专业知识和专业技能两个方面。

(1) 专业知识

1) 菜肴和酒水知识。熟悉中、西菜系的特点和质量标准，熟知原材料的产地和季节的特点。餐厅服务人员的主要工作就是用各种菜肴、点心、酒水为客人提供周到满意的服务，服务人员不仅要向客人介绍各种菜品，拟订各式菜单，而且还担负着检查、鉴别菜肴质量，协助厨师做好菜肴的责任。为此，餐厅服务人员应熟知我国的主要菜系，以及菜系的渊源和主要特点，了解西餐的特点和主要服务方式，能够识别一些中外名酒，鉴别其质量、品质和产地、年份、香型等。

2) 烹饪知识。了解中餐、西餐的基本烹饪方法、步骤和制作过程，善于鉴别菜肴的品质和口味，熟悉现代厨房设备的主要性能。作为一名优秀的服务人员，必须了解和掌握一些烹饪方面的知识，如原料的初步加工、原料的涨发、原料的切配成型（丁、丝、条、片、块、茸、泥等），烹饪时应掌握的火候（猛火、大火、中火、小火、温火等），烹调的方法（炸、熘、爆、炒、煎、蒸、煮、烙、烧、烤、烩等），烹饪的过程（菜肴的制作过程，上浆、挂糊、成熟及处理），盛装菜肴的器皿，色、香、味、形的搭配等，此外，还应了解厨房的重要设备、工具的性能及使用方法。

3) 食品营养卫生知识。随着生活水平的不断提高，人们对食品营养的选择和对食品的卫生越来越讲究。对此，餐厅服务人员必须有清醒的认识，学习和掌握食品营养卫生方面的知识，懂得食品营养的搭配与组合，了解各种主要营养素在人体中的重要作用。

4) 习俗知识。餐厅服务员每天接待的客人来自四面八方，他们有不同的饮食习惯，这就要求服务人员了解国内外各地区不同的风俗习惯、宗教信仰、民俗礼仪、饮食习惯和生活禁忌等，做好接待工作。

5) 社会科学知识。餐厅服务人员应学习和掌握一些法律方面的知识（企业法、经济法、民法等），知法、守法，做遵纪守法的模范公民。除此之外，餐厅服务人员还应掌握一些饭店管理、领导科学、经济学、社会学方面的理论知识，和与饭店相关的其他知识，如饭店营销学、旅游心理学和医学常识等。

(2) 专业技能

1) 沟通能力。服务人员要善于利用自己良好的语言表达能力，行为和肢体语言，与各种客人进行准确迅速的沟通。使用服务语言时要简单明了，生动活泼，注意语调、语速的使用方法，表达应清楚，富有感染力。同时要提高自己的口头和书面表达能力，善于抓住问题的关键，熟练处理客人的各种投诉。除此之外，还应具有与外宾沟通的能力。

2）推销能力。餐饮推销是指餐厅服务人员根据本餐厅饮食特色，对前来餐厅就餐的客人通过询问，主动提供一些有关菜肴食品方面的建议，在热情、轻松、友好的气氛里为客人提供诱人、美味的食品。每个服务人员都应是一名优秀的推销员。

3）扎实的基本功，熟练的服务技能。要成为一名优秀的服务人员，仅有一些专业知识和良好的愿望是远远不够的，还必须有较扎实的基本功和熟练的服务技能，才能为客人提供满意的服务。如斟酒水把酒水洒在餐桌上或客人身上；上菜不知上菜程序；分菜把菜形破坏，或分配不均，甚至分到最后一位客人时，出现空盘子的现象。这时服务人员的服务态度再好，客人也不会感到满意。为了避免上述情况发生，服务员必须练好基本功，熟练掌握服务技能，即托盘、摆台、斟酒、上菜、分菜、口布折花、撤台等。要掌握这几种技能，非要下苦功夫不可。服务员只有熟练地掌握和运用好这些服务技能，才能高效率、高质量地为客人服务。

4）语言艺术和应变能力。语言是有声的思想，是表达感情的工具。餐厅服务人员对客人服务态度的好坏，很大程度上是从语言中反映出来的。俗话说，"一句话说得使人哭，一句话说得使人跳"，这是很有道理的。作为餐厅服务人员，要根据不同的接待对象，正确使用尊敬语、称呼语、问候语。为客人服务时要做到有"五声"，即客人来时有迎客声、遇到客人有称呼声、得到帮助有致谢声、工作失误有致歉声、客人离店有送别声。与客人谈话时应杜绝"四语"，即蔑视语、烦躁语、否定语、顶撞语。在为客人服务时要讲究语言艺术，不讲有损于客人自尊的话，要学好用好普通话，也要学习和懂得一些地方话，还会使用英语与客人进行有关用餐服务的沟通。

3. 餐厅各岗位工作人员素质要求（见表 1—2—1）

表 1—2—1　　餐厅各岗位工作人员素质要求

员工类型	素质要求
餐厅主管	①文化程度：接受过系统的业务培训，大专以上毕业或具有同等学历。获得国家相关主管部门颁发的部门经理岗位证书。有一门以上外语会话能力 ②工作经验：具有三年以上餐厅管理和服务工作经验，包括有一两年餐厅领班工作经验。理解企业长期战略目标，而且能把这种理解融入到日常的管理工作中去 ③专业知识：具有餐厅基础管理知识，掌握客服心理学知识，具备相关计算机知识以及餐厅市场销售等相关管理知识

续表

员工类型	素质要求
餐厅主管	④业务能力：具有决策、营销、人员管理能力；具有餐厅设施专业管理、销售和服务组织能力，人事、财务管理能力；能够制订部门预算、工作计划，正确安排员工工作、评估员工工作表现，善于培训新员工 ⑤人际关系：人际关系良好，能与他人合作，善于协调部门之间和部门内部人际关系，营造部门间的团结气氛 ⑥身体素质：身体健康，心理素质良好 ⑦应变能力：具备良好的应变能力，以便在出现突发事件时，能根据现场情况做出正确的决策，并得到客人的认可
餐厅领班	①文化程度：高中、旅游职业高中毕业或具有同等学历 ②工作经验：具有两年左右餐厅服务工作经验 ③专业知识：掌握餐厅管理基础知识，熟悉人事管理、财务管理的一般知识 ④业务能力：有调动班组积极性的业务组织能力，能够制订班组工作计划，培训安排班组员工，组织接待服务。具有做好设施设备检查、调试、清洁的能力和掌握质量标准的能力 ⑤人际关系：善于处理上下级和班组成员的相互关系，正确处理客人投诉，人际关系良好 ⑥身体素质：健康状况良好，精力充沛 ⑦应变能力：具备良好的应变能力，以便在出现突发事件时，能根据现场情况做出正确的决策，并得到客人的认可
餐厅服务员	①文化程度：初中以上毕业或服务学校毕业 ②工作经验：一年左右的助理服务员工作经验 ③专业知识：熟悉卫生保健知识，掌握客服心理学知识，了解和掌握菜肴烹调情况、用料情况、口味特点，了解有关地方名菜、名点的历史典故等相关专业知识 ④业务能力：能熟练地为客人提供领位、上菜、斟酒等专业服务，能熟悉就餐客人的风土人情、饮食习俗，掌握客人的爱好和禁忌。同时，应具备洞察客人心理活动的能力，以便提供有针对性的服务 ⑤人际关系：能与客人保持健康和良好的关系，善于与客人交往，吸引更多的“回头客” ⑥身体素质：有强健的体格，能坚持较长时间站立为客人服务

4．餐厅服务人员应具备的基本观念

（1）服务观念。服务是能够满足客人某种需求的“特殊商品”，是以无形劳动的形式表现出来的。餐厅服务工作的好坏，不仅取决于服务人员有没有较高的思想素质和业务素质，还取决于服务人员有没有自觉为客人提供优质服务的观念和意识。服务意识就是把客人当“上帝”对待，时刻为客人提供主动、热情、耐心、周到、礼貌、细致的服务的观念。

（2）“客人第一”观念。“客人第一”观念就是把客人放在第一位。在餐厅服务活动中，消费者是客，餐厅服务工作者是主，把客人放在首位，一切为客人着想，一切使客人满意，尽量为客人提供优质服务是每个服务工作者的责任。

（3）角色意识。服务员所扮演的是一种社会角色，这种角色扮演得好坏，不仅关系到企业的声誉和经济效益，而且还有利于社会精神文明建设。

（4）建立良好的“客我关系”。服务人员除应具备以上条件，还应使自己处于最佳的精神状态，与客人建立良好的客我关系，站在客人的角度考虑，将心比心，为客人提供热情、快捷、高效的服务。服务人员要给客人一种精神饱满，工作熟练，态度和蔼的印象。

五、餐厅服务人员的职业道德

职业道德是指从事一定职业的人在职业活动的整个过程中所必须遵守的行为规范和行为准则，以及相应的道德观念、道德情操和道德品质等。具体到餐饮行业，其职业道德就是指从事餐饮工作的人，在职业活动整个过程中，必须遵守的行为规范和行为准则。

1．职业道德的作用

职业道德在餐厅服务工作中起着十分重要的积极作用。

（1）形成餐厅良好形象的重要因素。职业道德要求餐厅的各级人员都为客人服务，讲道德，讲人际关系和谐，强调履行自己应尽的职业义务，遵循职业道德规范。在经营和服务的同时，形成一种良好的社会关系和社会形象。

（2）改善服务态度和提高服务质量。改善服务态度和提高服务质量，最重要的是如何处理好餐厅服务人员和客人之间的关系。职业道德要求餐厅的每个员工必须全心全意为客人服务，认真履行“热情友好，宾客至上”“真诚公道，信誉第一”等道德规范，时时事事处处为客人着想，始终把客人的需求放在第一位。

（3）促使员工在工作和生活中不断地自我完善。一个员工是否能成才，主要依靠在职业生涯中的实践和锻炼。职业道德是员工职业生活的指南，指导员工在具体的工作岗位上，确立正确的生活目标，选择正确的人生道路，形成正确的人生观和职业理想，养成正确的道德品质。

（4）提高服务人员队伍的素质。餐饮业的竞争，归根结底是人才的竞争。而人才竞争的实质是人才素质的竞争，从一定意义上来讲，是人才道德素质的竞争。许多经营者都认识到，要想使餐厅获得成功，关键是培养一支思想素质好、业务能力强、职业道德水准高的员工队伍，激发他们对本职工作的热爱和业务技能的钻研。只有这样，才能赢得回头客并取得良好的经济效益。

2．餐厅职业道德（见表 1—2—2）

表 1—2—2　　餐厅职业道德的内容、基本内涵及要求

内容	基本内涵	要求
文明礼貌	文明礼貌是人们在职业实践中长期修养的结果，是从业人员的基本素质，是塑造企业形象的需要	①仪表——端庄 ②举止——得体 ③语言——规范 ④表情——热情自然
爱岗敬业	爱岗就是热爱自己的工作岗位，热爱本职工作；敬业就是用一种恭敬严肃的态度对待自己的工作	①树立职业理想 ②强化职业责任 ③提高职业技能
诚实守信	诚实守信是为人之本、从业之要	①忠诚所属企业——诚实劳动，关心企业发展，遵守合同和契约 ②维护企业信誉——树立产品质量意识，重视服务质量，树立服务意识 ③保守企业秘密
办事公道	办事公道就是指在办事情、处理问题时，要站在公正的立场上，对当事各方公平合理、不偏不倚	①坚持真理 ②公私分明 ③公平公正 ④光明磊落
勤俭节约	勤俭节约是中华民族的传统美德，是企业在市场竞争中常战常胜的秘诀	①为客人着想，推荐合适的菜量 ②为客人提供打包服务
遵纪守法	遵纪守法是指每个从业人员都要遵守纪律和法律，尤其要遵守职业纪律和与职业活动相关的法律法规	①学法、知法、守法、用法 ②遵守企业纪律和规范
团结互助	团结互助是指人与人为了实现共同的利益和目标，互相帮助，互相支持，团结协作，共同发展	①平等互敬 ②顾全大局 ③互相学习 ④加强协作

3．良好职业道德的培养

要培养良好的职业道德，需要从职业认识、职业感情、职业信念、职业行为和习惯四个方面着手进行。即在不断提高职业认识基础上，逐步加深职业感情，进而坚定职业信念，最后养成良好的职业行为和习惯，达到具有高尚职业道德的目的。

（1）提高职业认识。提高职业认识就是要按照职业道德的要求，深刻认识自己所从事职业的性质、地位和作用，明确服务对象、操作规程和应达到的目标，认识自己在职业活动中应该承担的责任和义务，以提高热爱本职工作的自

觉性。

（2）培养职业感情。培养职业感情就是在热爱本职工作的基础上，从大处着想，小处着手，一点一滴地培养自己的职业感情，不断加深对自身职业的光荣感和责任感。

（3）坚定职业信念。在不同岗位上的服务人员，不仅要干一行，爱一行，专一行，而且要坚定职业理想和信念。岗位没有贵贱之分，关键是要在工作中出类拔萃，为实现职业理想而坚持奋斗。

（4）养成良好的职业行为和习惯。职业行为和习惯是在职业认识、情感、意志和信念的支配下所采取的行动。经过反复实践，当良好的职业行为成为自觉的行动而习以为常的时候，就形成了职业习惯。

以上各个因素相互联系，相互作用，相互促进。只有发挥所有职业因素的作用，才能达到养成良好的职业道德的目的。

思考与练习

一、思考题

1. 简述餐厅在饭店中的作用。
2. 餐厅分为哪几类？各有什么特点？
3. 餐厅服务的内容包括哪几个方面？
4. 简述餐厅服务人员的素质要求。
5. 对客服务过程中，你应该怎样为客人提供礼貌的餐厅服务工作？

二、案例题

我做错什么啦？

小徐是西花园大饭店的新员工，因品貌出众、声音甜美，被安排担任迎宾员。一天，正值午餐时间，小徐正在迎宾，来了一位小姐，小徐用服务规范用语问道：“小姐，您好！欢迎光临！请问您几位？”那位小姐一听就不高兴了，也不搭理她，小徐忙又重新地问了一遍：“请问您几位？”谁知那位小姐立即生气地冲小徐喊起来：“你什么态度？你管我几位？没完没了地问来问去，你要查户口呀？”小徐忙向客人解释：“我问您几位，好给您找个合适的座位呀！”那位小姐更生气了，喊到：“你管我几位？我愿坐哪儿就坐哪儿！”

这时主管忙赶过来，让小徐走开，并诚恳地向客人道歉：“对不起，小姐，您别生气，这是服务员态度不好，说话不对，请您原谅。您里边请，请您自己选您喜欢的座位，请！”主管诚恳的道歉使小姐气消了些，小姐不再喊了，自己进入餐厅，在餐厅转了转，找了一张临窗的小桌坐下了。

小徐一直在餐厅门口观察，心里直嘀咕："我按规范询问她几位，怎么又不对了呢？我态度挺和蔼的，主管怎么说我态度不好呢？"小徐真的感到迷惑了，"这到底是什么缘故？我到底做错什么啦？"

问题：

1. 如何理解规范服务和个性化服务？
2. 面对只身一人进入餐厅的客人时，如何规范使用迎宾引领服务用语？

第二章 餐厅服务基本技能

在餐厅服务中，服务人员的服务水平和技巧直接影响着餐厅服务质量，它是衡量一家餐饮企业服务质量的关键因素，同时也是衡量一家餐饮企业管理水平的标准。餐厅服务人员只有勤练基本功，掌握对客服务的基本要领和技巧，才能为客人提供优质的服务。

学习目标

☆了解托盘的分类和作用，掌握轻托、重托、徒手端托的操作方法和步骤。

☆了解餐巾及餐巾折花的种类，掌握餐巾折花的基本技法。

☆了解摆台的定义和分类，熟悉摆台的基本要求。

☆掌握中餐零餐摆台、中餐团体包餐摆台、中餐宴会摆台、西餐便餐摆台和西餐宴会摆台的操作程序和标准。

☆了解酒的定义和类别，掌握斟酒技能和斟酒程序及各类酒水的服务方法。

☆熟悉点菜服务的准备工作内容，掌握点菜、上菜和分菜的服务程序。

☆掌握撤换餐碟、汤碗的时机、操作程序和标准。

第一节 托 盘

托盘是餐厅服务人员在服务过程中端送各种物品的常用基本工具。正确使用托盘，不仅能够减轻劳动强度，提高服务工作效率，更体现了餐厅服务的规范化，显示服务人员的文明、礼貌的职业服务风范。因此，作为餐厅服务人员的重要服务工具，餐厅服务人员要养成“送物不离盘”的良好职业习惯。

一、托盘分类

托盘分类见表 2—1—1。

表 2—1—1 托盘分类

分类标准	种类		
形状	圆形托盘	长方形托盘	椭圆形托盘
质地	木质类托盘	金属类托盘	塑料类托盘
规格	大托盘	中托盘	小托盘

下面根据形状分类，进一步介绍圆形托盘、长方形托盘及椭圆形托盘的特点及作用，如图 2—1—1 所示。

图 2—1—1 圆形托盘、长方形托盘和椭圆形托盘

1．圆形托盘

圆形托盘一般是餐厅最常见的托盘，因用途不同，尺寸也有所差异。一般圆形托盘的直径在 30～50 cm 之间。通常为客人上菜、斟酒、收送餐具器皿、

端送物品等都可使用圆形托盘。

2．长方形托盘

长方形托盘有大长方形托盘和小长方形托盘之分。一般大长方形托盘使用频率较高，它适用于一次运送较多菜肴餐点或搬运较多餐具器皿等。小长方形托盘可作为收银盘或递送礼品时使用。

3．椭圆形托盘

椭圆形托盘适用于较高级餐厅酒吧或宴会，一般尺寸会比圆形托盘大些，可在服务餐盘或较多餐点时使用。

二、托盘服务类型

1．轻托

轻托就是托送较轻的物品或进行摆台、分菜、斟酒，所托的物品重量一般在5千克以下。因托送物品较轻，所以称之为轻托。由于托盘的位置接近腰部上方一点，又称之为“腰托”或“胸前托”。轻托用途较广，需经常在客人面前操作，因此，要求动作准确、熟练、优雅。如图2—1—2所示。

图2—1—2　轻托

2．重托

重托主要用于托运大型菜点、酒水和盘碟，一般所托的物品重量在10～20千克，因所托送的物品较重，故称重托。重托的托盘，一般选用质地坚固（塑料、木制品等）的大、中长方形盘。其与轻托最大的不同是将盘托在肩上，也称肩上托，多用于西餐的上菜与派菜。如图2—1—3所示。目前，国内饭店为了安全起见使用重托的不多，一般用小型手推车递送重物，既省力又方便。

3．徒手端托

徒手端托也称为端盘。此法主要用于西餐上菜和撤盘，一般均用左手单手端托，端时左臂上下弯曲成90度角，右手用于做其他工作。托西餐撤盘时，右手主要用于取剩菜。徒手端托技艺要求较高、难度较大。目前，中餐端托常用于自助餐服务，其运送方便、快速，通过徒手端托来向客人展示菜品的精致，以刺激客人的购买欲。如图2—1—4所示。

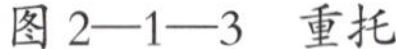

图 2—1—3　重托

图 2—1—4　徒手端托

三、轻托的操作方法和步骤

轻托的操作方法和步骤见表 2—1—2。

表 2—1—2　　轻托的操作方法和步骤

步骤	操作方法	图示
理盘	理盘是指清洁、整理盘子。根据所托物品选择合适的托盘，将托盘洗净擦干，在盘内垫上洁净的餐巾或垫布。垫巾的大小、形状要与托盘相适应，外露部分一定要均等，这样整理铺垫后的托盘既整洁美观，又可以避免盘内的物品滑动	
装盘	装盘时根据物品体积的大小、形状、轻重及取用的先后顺序，合理装盘。装盘是端托的关键环节，一般要求根据所用托盘的形状码放。用圆托盘时，码放的物品应呈圆形；用长方形托盘时，码放的物品应横竖成行。二者都应将重物、高物摆装在里档，轻物、低物放装在外档，先使用的物品在上、在前，后使用的物品在下、在后，重量分布应得当，重心要安排在托盘中间或稍偏人侧的位置	

续表

步骤	操作方法	图示
起盘	在托盘起托时，应该左脚向前迈半步，上身稍微弯曲，右手拇指在托盘里边缘，其余四指在外，将托盘拉出工作台，左手呈端托姿势接住托盘，然后收回左脚，调整重心，放下右手	
托盘	左手掌伸平，掌心向上，五指分开，左臂上下弯曲成 90 度角，用左手四指指尖和拇指掌根托住托盘底部中间部位，掌心不与盘底接触，使手指和手腕同时受力，将托盘平稳托起，平托于身体左前方。托盘应略高于腰部，并留有一定间隙	
行走	托盘行走时头正肩平，两肩下沉，上身挺直，两眼正视前方，脚步轻快；行走时上臂不靠身体，托盘不贴腹。右臂下垂，随着步伐的节奏以肩关节为轴前后摆动，摆动幅度不超过 15 度，夹角不超过 30 度。身体始终保持自然轻松，转向灵活自如，以显示餐饮服务员的优雅。不可表情或体态僵硬，或托盘摆动幅度太大，甚至出现托盘内的物品滑动或汤汁外溢的情况	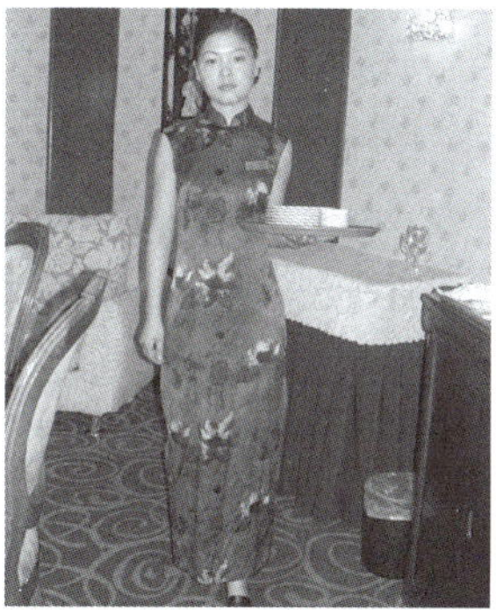
卸盘	当物品托送到目的地时，选好一个合适的位置，双手将托盘端至桌前，放稳后再取物品。卸盘时应注意“慢、稳、平”。若采用左手卸盘，右手需要及时协作，直到托盘平稳紧贴台面时才可收回，同时，用左手或左臂向台面内方向推进。取贵重酒水时，要使用双手拿取，不要只拿瓶颈部，以确保酒水安全放置于工作台	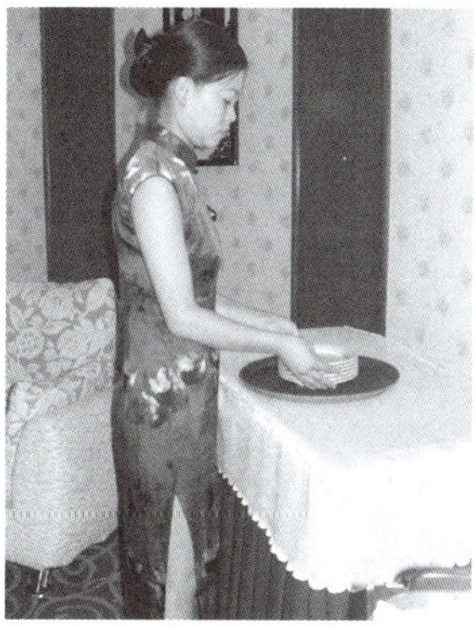

四、重托的操作方法和步骤

重托的操作方法和步骤也包括理盘、装盘、起盘、托盘、行走及卸盘六个环节。

1．理盘

由于重托的托盘经常与菜汤接触，易沾油脂，所以每次使用前都要擦洗、消毒，根据需要在盘内铺上洁净的垫布，垫布上洒上少量清水。

2．装盘

重托装盘时，因其特点是“重”，所以要将托盘内物品分类码放整齐，稍有间距，物品的重量要在盘中分布均匀，并注意把物品按高低、大小摆放。同时，要注意到重托装盘时常常要重叠摆放。其叠放方法是，上层的菜盘要搁在下层2盘、3盘或4盘的盘沿上。叠放形状一般为“金字塔”形。例如，托5盘菜需叠放成两层，下层可摆4盘，在4盘中间搁1盘。如果是6个大鱼盘，可叠成3层，底层摆3盘，中层搁2盘，上层搁1盘，以此类推即可。装盘时冷热食物分开装，咖啡壶嘴与茶壶嘴应靠盘中央，以免溢出。装盘时，切忌将物品无层次混乱码放，以免发生意外。

3．起盘

（1）起托时，用双手将托盘（以大长方形托盘为例）的一边拖移至工作台外，然后用右手扶住托盘一边，左手伸开五指（可以垫上垫布防止打滑）托住盘底，整个手掌伸平紧贴于托盘中心底部，双腿下蹲成马步势，腰向左前弯曲，左臂弯曲成轻托姿势，左手掌调整好重心后，用右手协助将托盘托起至胸前，向上转动手腕向左臂外侧旋转180度将托盘稳托于肩上。

（2）托起后，托盘应悬空托举于左肩外上方，盘底约离肩2厘米，盘前不近嘴，盘后不靠发。右手扶住托盘的前内角，或自然下垂随时准备排挡他人的碰撞。重托也可以用右手，根据个人习惯决定。

（3）起托、后转、托举和放盘这四个环节都要轻、稳、缓，掌握好重心，以保持平衡，不使汤汁外溢或翻盘。要盘平、肩平，目视前方。

（4）托举盘底要平稳，不晃动、不摇摆，让别人看了有稳重、踏实的感觉。

4．托盘

在使用重托运送菜点和餐后收拾餐具时，要姿势正确、距离适当，不可将汤汁、残羹洒溅在客人身上。收餐时，先将残余汤汁集中于一只碗或盘中，将其余餐具分类摆放。盘中堆物的大小、轻重要调整得当，分档安放，高位物品和分量重的餐具靠里档。操作时要做到平、稳、松。

平，就是托送时掌握好平衡，保持盘内平、肩平、动作协调。

稳，是指装盘要合理稳妥，不要在盘内装力不能及的物品。托盘时不晃动，行走时不摇摆，转动灵活不碰撞。

松，就是在手托重物的情况下，动作表情要显得轻松自如，上身保持正直，行走自如。

5．行走

在重托行走时头要正，肩要平，身体要直，挺胸收腹，目视前方，余光顾及左右，面部表情轻松自如，脸带笑容，脚步轻捷，右臂随着步子自然前后小幅度地摆动（如果盘中物品较重，可在转弯或需要时用右手轻扶托盘边缘），并随时准备排除前方和左右两边突发障碍。如遇障碍物应安全避让，姿势自然。

6．卸盘

卸盘时，首先要站稳双腿，腰部挺直，双膝弯曲，手腕和手臂向内旋转 180 度移动成轻托状后，再将托盘落放在工作台或其他空桌上，后徒手端送菜盘上台面。

五、徒手端托的操作方法和步骤

1．徒手端单盘

用食指、中指、无名指托住盘底，拇指和掌根鼓起部位压住盘边，以正常速度前进至桌前，双手朝桌面上轻放，如图 2—1—5 所示。如果端鱼盘（椭圆形盘），应端住直径较短的一边，方法同上。

2．徒手端双盘

方法有三种。第一种是用食指勾托住盘底，拇指压住盘边，端起第一个盘子，用中指、无名指支撑，然后再用拇指和小指托住第二个盘，使其平稳。第二种是将左手拇指压住第一只餐碟的碟边，食指和中指托住碟底，第二只餐碟压在拇指、无名指、小指和手腕上。第三种是将左手的拇指压在第一只餐碟的边缘上，食指和中指托住碟底，第二只餐碟夹在第一只餐碟和中指之间，并用无名指和小指托住碟底。如图 2—1—6 所示。

图 2—1—5　徒手端单盘

图 2—1—6　徒手端双盘

3．徒手端三盘

将左手的拇指压住第一只餐碟的边缘，食指和中指托住碟底，空出无名指和小指；将第二只餐碟夹在第一只餐碟与食指中间，中指和无名指托住碟底，将第三只餐碟置于拇指、小指和手腕3点构成的平面上。如图2—1—7所示。为了避免烫到手和手腕，上热菜时可在手部铺放服务巾。

图2—1—7　徒手端三盘

服务提示

托盘服务的注意事项

● **注意操作姿势。**端托的姿式要领应掌握好，做到“三平、一松、一稳”，即眼睛平、双肩平、托盘平，面部表情轻松，盘内物品要稳定，姿势优雅大方。

● **注意操作卫生。**轻托时注意物品不要放在自己的口和鼻部位，防止打喷嚏时或和别人讲话时污染食品；重托时要托举到位，不可将盘落在自己的肩上，头和颈部不要贴靠物品。

● **选择合适的步伐。**餐厅服务人员端托行走时要做到端平、不晃动、汤汁不洒、菜肴的形状不变等。根据端托物品的不同，选择不同的行走步伐。

第二节　餐巾折花

餐巾又名口布，它既是餐厅中常用的卫生保洁用品，又是一种装饰美化餐台的艺术品。作为一名优秀的服务人员，不但要了解餐巾的相关知识，而且要熟练地掌握杯花、盘花和环花的折叠技巧，能根据客人的需要折叠合适的花型，以装饰美化餐台，带给客人美的享受。

一、餐巾概述

1．餐巾作用

（1）餐巾是一种卫生保洁用品。

（2）餐巾可以装饰美化餐台。

（3）餐巾折花是一种无声的语言，会对交流思想感情产生良好的效果。

（4）餐巾花型的摆放可标志出主人、主宾的席位。

（5）餐巾有时可起到广告宣传的作用。

2．餐巾种类

餐巾种类见表 2—2—1。

表 2—2—1　餐巾种类

分类标准	种类	优点	缺点
按质地分类	棉布织品	吸水去污性能好，洗浆后挺括易折叠，造型效果好	每次用完以后，均需洗净、上浆、熨烫，而且成本较高
	棉麻织品	成本较低	折叠造型可塑性不好
	化纤织品	弹性好，色彩鲜艳，使用方便	折叠造型可塑性差、吸水性和去污性较差
	纬纱织品	色彩艳丽，可满足各种主题宴会，使用较方便，清洗容易	折花的可塑性不如棉布织品好
按颜色分类	白色	色调素雅，能给人以清洁卫生、恬静文雅的感觉	颜色单调，在风味餐厅或主题餐厅使用时不能很好地烘托进餐气氛
	彩色	能给餐厅的环境增添相应的气氛，取得良好的艺术效果	若彩色餐巾的色彩饱和度不够则易影响人们的感官享受。另外，举办政务宴会时如选择彩色餐巾会显得不够正式，影响宴会效果
按规格分类	45～60 cm	实际使用较为普遍适宜	过大或过小均不合适折叠餐巾花
按边缘分类	平直形	方便折叠	艺术感不强
	波浪形	美感较强	折制动物类花型时不容易成型
备注：餐巾折花的流行趋势是越来越简单化，以突出其清洁卫生作用。而纬纱织品餐巾布因其折叠的花型较为简单，更加突出餐巾的清洁卫生作用，故目前使用纬纱织品餐巾的饭店较多			

二、餐巾折花相关知识

1. 餐巾折花分类

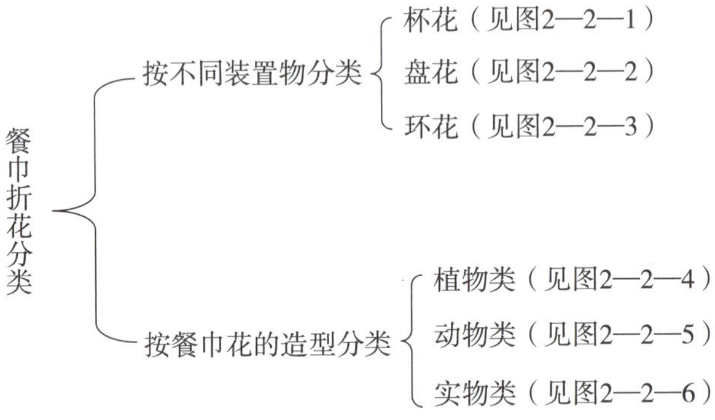

图 2—2—1　杯花

图 2—2—2　盘花

图 2—2—3　环花

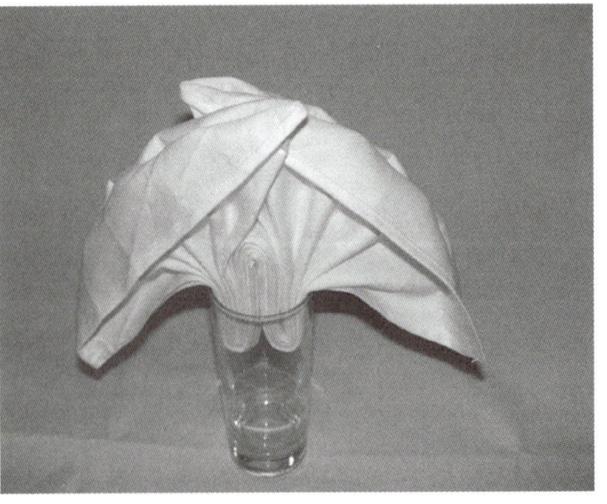

图 2—2—4　植物类

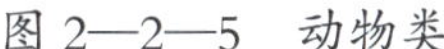

图 2—2—5　动物类

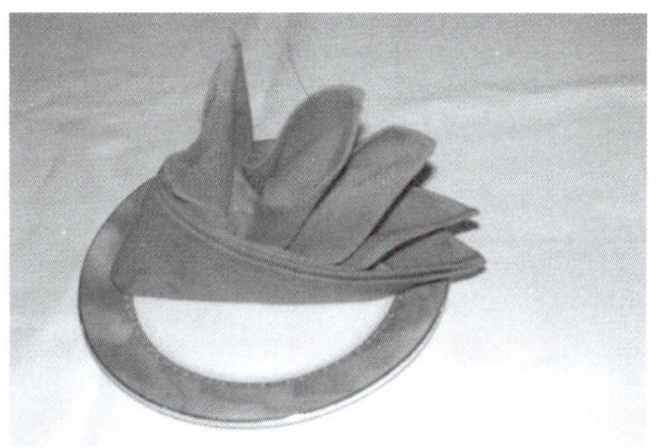

图 2—2—6　实物类

2. 餐巾折花基本技法

(1) 叠。叠就是将餐巾一折为二,二折为四，依此类推。一般基本的折叠形状为长方形、正方形、三角形、菱形、梯形等。如图 2—2—7 所示。在一次折叠后，餐巾上会留有折痕，若反复折叠会影响到餐巾的挺括，所以对于叠的基本要求是，找准位置，一次成型。

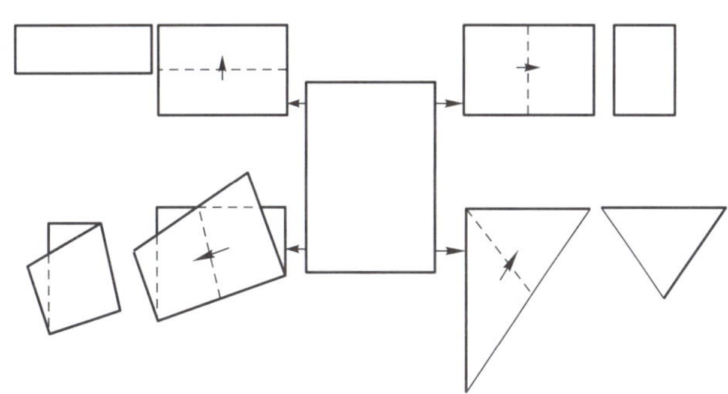

图 2—2—7　叠的基本技法

(2) 折。折是将餐巾叠面折成褶裥的形状。折时用双手的拇指、食指捏住餐巾的第一个褶裥，两拇指成一条直线，指肚向外。同时两手中指在控制好下一褶裥的距离后按住餐巾布，拇指、食指捏紧第一褶裥向前推至中指处，抽出双手食指，捏紧形成两个褶裥。中指再次重复第一次的步骤，以此步骤反复推折到合适的位置。如图 2—2—8 所示。此技法的基本要求是，拇指、食指、中指的配合以及每个褶裥的均匀整齐度。

(3) 卷。卷就是将餐巾卷成圆筒状的一种技法，它需要拇指、食指、中指的协调配合。卷可以分为直卷和螺旋卷两种。直卷又称为平行卷，是将餐巾两边平行地卷在一起的方法，要求卷的平直、笔挺。螺旋卷又称为斜角卷，它是将餐巾一头固定另一头卷动，或是一头少卷另一头多卷，使卷筒一头大一头小的方法。如图 2—2—9 所示。卷的基本要求是，卷成后要紧凑、笔挺，不能出现松软无力或弯曲变形而影响餐巾折花的艺术性。

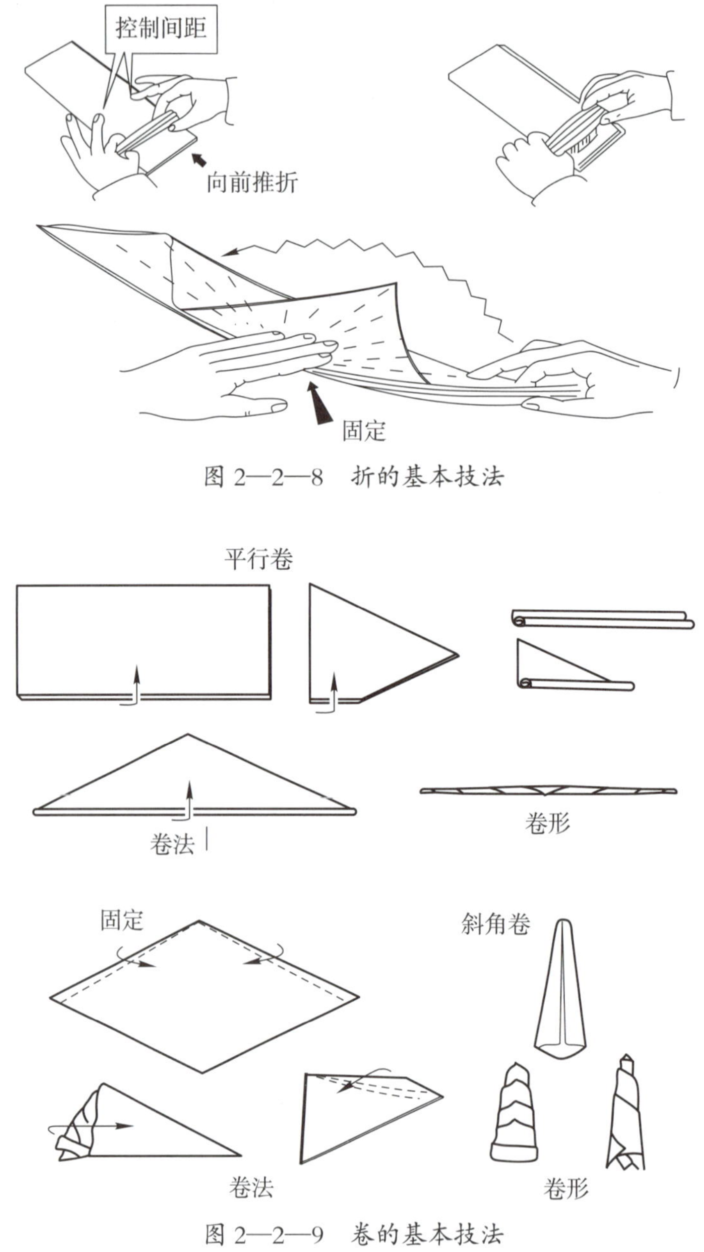

图 2—2—8　折的基本技法

图 2—2—9　卷的基本技法

（4）穿。穿就是将工具（一般用圆形的筷子）从餐巾的折缝中穿过去，形成褶皱，使餐巾造型饱满美观的一种技法。具体来讲，首先将餐巾按折的技法打褶形成褶皱，将打折好的餐巾攥在手心，另一只手用筷子的一头穿进餐巾的折缝里，然后用持筷子手的拇指和食指将筷子上的餐巾往后拨，直到把整个筷子穿进餐巾。把穿好后的餐巾花插入杯中，最后从另一头将筷子抽出。根据需要选择筷子的规格和数量，一般用一两根筷子。如图 2—2—10 所示。穿的基本要求是，在餐巾没有插入杯口之前不要抽出筷子，以及穿好的褶皱要平、直、均匀。

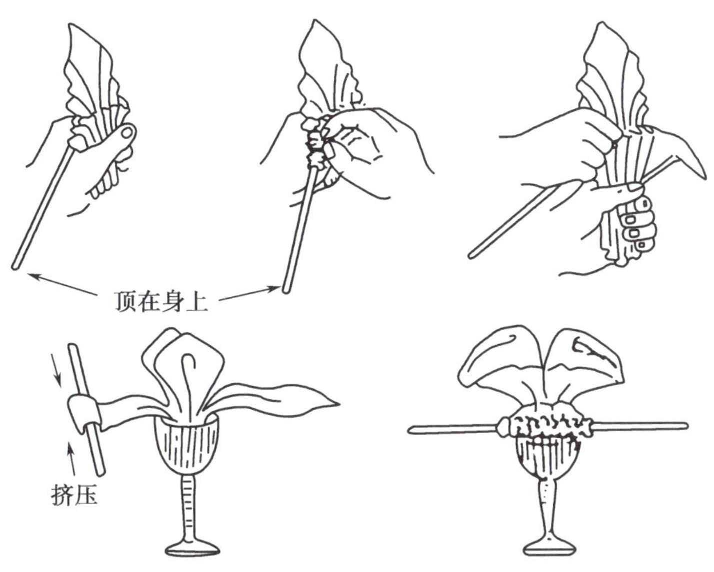

图 2—2—10　穿的基本技法

（5）翻。翻就是将餐巾的一角按照实际需要向某一方向翻起的一种技法。翻的技法用得比较广泛，有从下角往上翻、两侧向中间翻、前侧往后翻等。一般折制花或鸟的翅膀、头、尾等都要用到此技法。如图 2—2—11 所示。翻的基本要求是，大小适宜，自然美观。

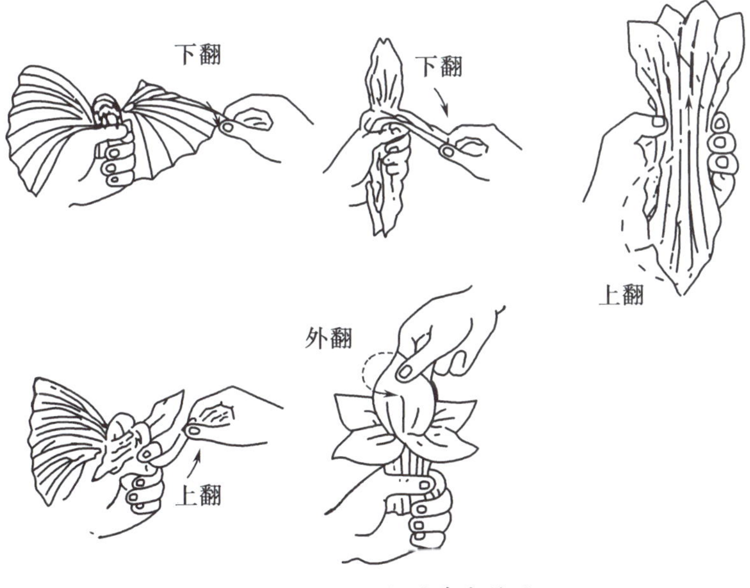

图 2—2—11　翻的基本技法

（6）拉。拉通常是在翻的基础上将餐巾的一部分牵引到外侧的一种技法，如鸟的翅膀、花瓣等。拉的过程需要两手协调配合，一手攥紧餐巾花主体部分，另一只手向需要的角度翻拉。如图 2—2—12 所示。此时应注意拉的力度和攥花的松紧，否则就会出现大小不一致，或是破坏花的造型。

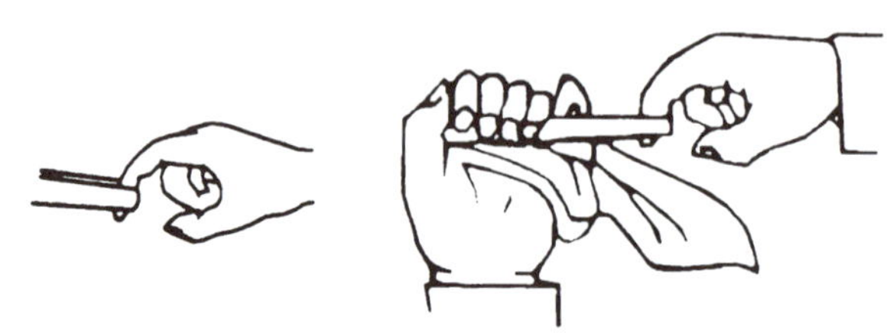

图 2—2—12　拉的基本技法

（7）捏。捏主要用于鸟或其他动物的头部造型。具体方法是，首先用拇指、中指捏住餐巾巾角的顶端（一般为鸟颈的顶端），然后用食指将顶端按照一定比例向折缝内侧下压，最后用拇指和中指将下压来的巾角反折出尖嘴状。如图 2—2—13 所示。捏的基本要求是，棱角分明，头、嘴和颈的比例适中。

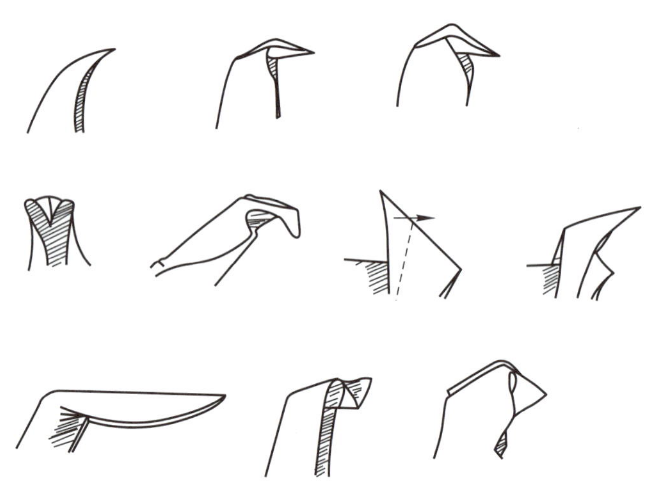

图 2—2—13　捏的基本技法

（8）掰。掰就是先将餐巾叠好层次，后按顺序将餐巾一层一层地掰出层次，形成花蕾状的一种技法。如图 2—2—14 所示。掰时力度不要过大，层次均匀且分明。

图 2—2—14　掰的基本技法

3．餐巾折花的选择和运用

餐巾折花的选择一般需要考虑宴会的性质、宴会的规模、冷盘的名称、当时的季节、来宾的宗教信仰和风俗习惯、宾主座位的安排、台面的摆设需要等因素，选用与之相协调适应的花型，以取得最佳效果。

(1) 根据宴会性质选择花型。根据不同性质的酒席和宴会，选择与之相适应的花型，可以起到锦上添花的作用。如婚宴上可选用鸳鸯戏水、呢喃细语、双鸟归巢、心心相印等花型，以体现宴会主题，烘托宴会气氛。

(2) 根据宴会规模选择花型。在承办大型宴会时，每桌可选用一种花型，使整个宴会厅的布置显得既整齐划一，又美观大方。如果是单桌或两三桌的小型宴会，则在同一桌上可选用不同的花型，或用两三种花型相互搭配，形成既多样又协调的布局，这样可以使宴会丰富多彩，不显得单调。

(3) 根据花色冷盘选择花型。中式宴席常常是冷盘先上桌，客人再入席。因此，选择花型时可考虑菜单内容。如冷拼是蝴蝶造型，则可以选用各种花卉花型的餐巾花，形成“花丛彩蝶”的台面；如冷拼是凤凰造型，则可选择各种鸟类花型，形成“百鸟朝凤”的台面；等等。

(4) 根据季节选择花型。宴会台面的花型可反映出季节的特色。如春天采用多种花卉点缀餐台，夏天选用荷花、玉米等花型，秋天选用菊花、秋叶等花型，冬天选用梅花、冬笋、天竹等花型，使台面富有时令感。

(5) 根据客人身份、宗教信仰、风俗习惯和爱好选择花型。摆台时，应根据不同国家和地区客人的不同宗教信仰、风俗习惯、爱好等有针对地选择花型。如日本人喜爱樱花，忌讳荷花；美国人喜爱山茶花，法国人喜爱百合花，英国人喜爱蔷薇花；信仰佛教的客人，宜选用植物和实物的造型。

(6) 根据宾主席位选择花型。宴会中主宾位上的餐巾花称为主花，主花要选择品种名贵、折叠精细、美观醒目的花型，使主位更加突出，达到尊敬主宾的目的。

4. 餐巾折花摆放

餐巾折花摆放要求见表 2—2—2。

表 2—2—2　　餐巾折花摆放

摆放要求	具体说明
主花摆主位	主花摆主位，从花摆在其他客人席位上，要高低均匀，错落有致
注意观赏面	摆放餐巾花时，要将花型的观赏面朝向客人，适合正面观赏的花型，要将正面朝向客人摆放；适合侧面观赏的花型，要选择一个最佳观赏面朝向客人摆放
花型协调	在同一餐桌上摆放不同品种的花型时，要将形状相似、高低大小相近的花型错开对称摆放，不宜将相同的花型摆在一起
距离均等	摆放餐巾花时距离要均匀，餐巾花不能遮挡台面上用品，更不要影响服务操作

续表

摆放要求	具体说明
掌握插花技巧	插入杯中的餐巾花要掌握好深度，一般可插杯子的1/3。插时要以花型完整为准，可一手持杯，一手持花，慢慢顺势插入。插入杯内的部分要线条清楚，不能乱插硬塞。插好后要整理花型，使之形态逼真、动人。盘花则要放稳，保持挺立
掌握操作卫生	摆放餐巾杯花时要注意拿杯子的底部，不要拿杯口和杯身等，以免在杯子上留下指纹，影响客人使用

服务提示

餐巾折花的注意事项

● **做好准备工作**。折花前必须做好准备工作。要挑选洁净、无损的餐巾，颜色和规格应统一。要备有光滑干净的圆筷。插花用的玻璃杯要无破损、无指纹、无污染，洁净透明，大小一致，深浅适宜。操作台要平整、光滑、洁净。

● **注意操作卫生**。餐巾是卫生用品，折花操作必须讲究卫生，操作使用的工具、操作台都要擦洗干净，特别是操作者的双手更要符合卫生要求。折叠时不能用牙叼、咬餐巾，不能多说话。

● **一次折成，避免重复**。折花时要分清餐巾的正反面，姿势应自然，手法要轻巧灵活、用力得当，尽量一次折叠成功，切忌返工，以免留下折痕，影响美观。

三、常见餐巾花型折叠示例

1. 杯花

如图2—2—15至图2—2—24所示，为杯花折叠示例。

图2—2—15　飞蝶探花

图2—2—16　冰玉水仙

图 2—2—17　单蕊鸡冠

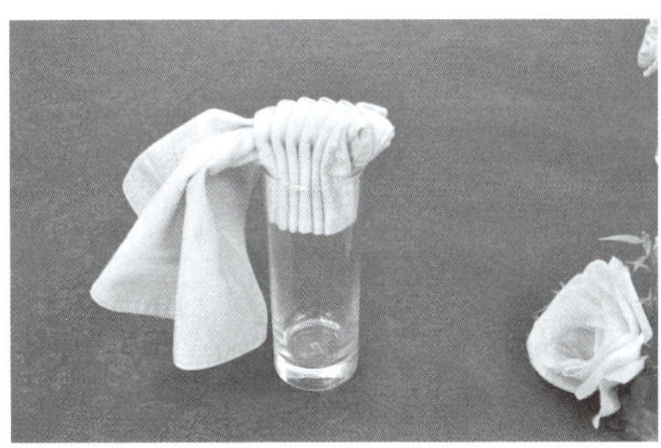

图 2—2—18　三尾金鱼

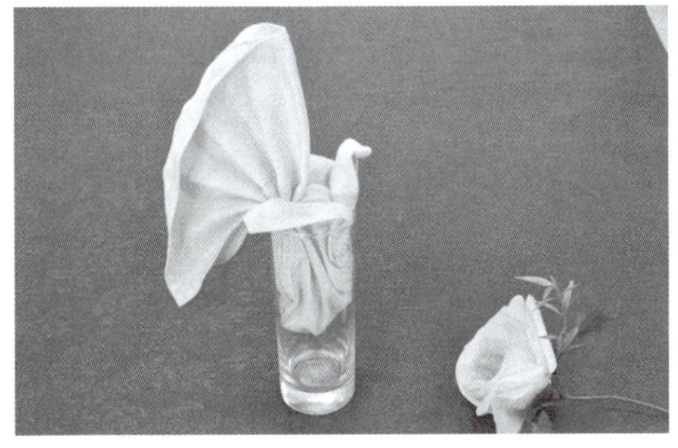

图 2—2—19　雪地松鸡

图 2—2—20　芋芳叶秀

图 2—2—21　孔雀开屏

图 2—2—22　凤凰

图 2—2—23　鸟语花香

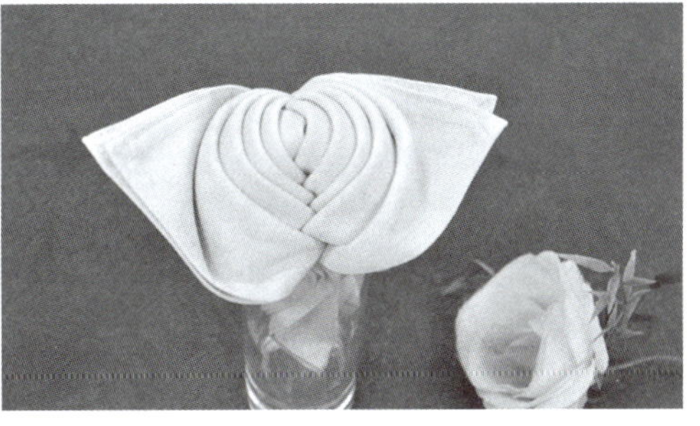

图 2—2—24　玫瑰花蕾

2. 盘花

如图 2—2—25 至图 2—2—28 所示，为盘花折叠示例。

图 2—2—25　天鹅迎宾

图 2—2—26　僧帽

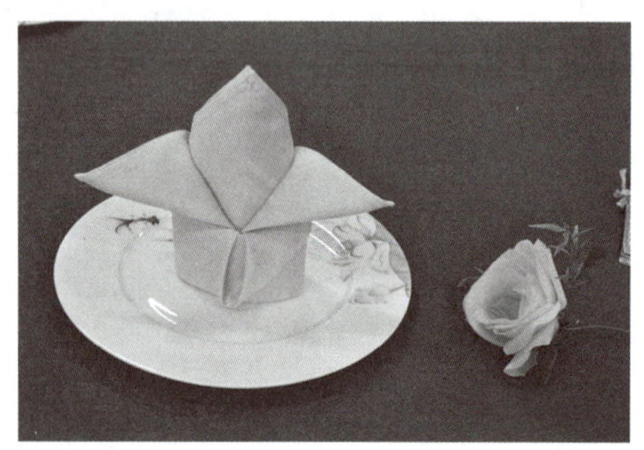

图 2—2—27　香蕉

图 2—2—28　一帆风顺

3. 环花

如图 2—2—29、图 2—2—30 所示，为环花折叠示例。

图 2—2—29　清风扇

图 2—2—30　蝴蝶

案例分析

触动“忌讳”的餐巾花

几位日本客人来到广州某星级饭店西餐厅，领位员将他们带到一张餐桌前，请客人入座。谁知他们却不肯坐下，一位客人边说边用手指了指桌子上的餐巾花，并示意同伴离开。领位员忙请一位懂日语的服务员来帮忙，经询问才知道，原来客人忌讳餐桌上的餐巾花花形“出水芙蓉”（为荷花形状）。清楚客人的忌讳后，领位员连忙向他们道歉，并以最快的速度撤下“出水芙蓉”，换上象征高贵典雅的“皇冠”，避免了一场纠纷。

分析：

在对客服务过程中，如何避免由于“忌讳”而引发的敏感问题？这就要求饭店服务人员不仅要精通各类餐巾花的折法，还应懂得不同国家和地区的文化习俗，以及由此衍生的生活习惯，避免触犯客人的生活忌讳。

第三节　摆　台

摆台是餐厅服务人员需要掌握的重要技能之一。它是一项综合技能，涵盖了服务员的站姿、走姿等形体知识，同时也需要以托盘技能和餐巾折花技能为基础，因此要求较高。

一、摆台知识概述

1. 摆台定义

摆台又称铺台，是指将就餐时所用餐具、酒具以及辅助用品按照一定的规格程序整齐美观地铺设在餐桌上的操作过程。摆台技术是宴会设计的重要内容。摆设一席好的台面，不仅能给客人带来赏心悦目的享受，而且能增添宴会舒适高雅的气氛，提高宴会档次。

2. 摆台分类

餐厅摆台分类见表 2—3—1。

表 2—3—1　餐厅摆台分类

分类标准	种类	特点
按饮食习惯分类	中餐摆台：包括中餐零餐摆台、中餐包餐摆台、中餐宴会摆台	选用具有中式特色的家具（如圆桌、高靠背餐椅），采用具有中式特色的瓷质餐用具和酒具、木质（或竹制）筷子等
	西餐摆台：包括西餐便餐摆台、西餐宴会摆台	选用具有西式特色的家具（如长方桌、高靠背软面餐椅），采用具有西式特色的刀叉等金属餐用具和水晶酒具等
	中餐西吃摆台：包括主题花台、看台	采用中式特色的摆台食用中国菜肴，选用西方分餐制服务
按小件餐具的件数分类	九件头台面、十件头台面等	根据每位客人面前的小件餐具的件数命名，数字越高，宴会档次越高

3. 摆台基本要求

（1）摆台要尊重不同国家的风俗习惯。注意根据客人的爱好摆放合适的餐用具，宾主席位的安排要根据各国家、各民族的传统习惯和主办单位的具体要求而确定。

（2）摆放餐具要相对集中，餐具酒具配套齐全、合理，图案、花纹要对正，整齐划一，符合规范标准，美观，科学卫生。

（3）摆设的台面既要方便客人用餐，又要便于服务员席间服务。

另外，不论是便餐摆台还是宴会摆台，小件餐具的摆设都要配套齐全。小件餐具要根据菜单安排，吃什么菜配什么餐具，喝什么酒用什么酒杯。不同规格的宴席，要配不同品种、不同质量、不同件数的餐具。

二、中餐零餐摆台

1. 零餐摆台前的准备工作

充分的准备工作是摆台顺利的基础。零餐摆台前的准备工作主要有以下几个方面：

（1）整理好个人仪容仪表。餐厅服务人员在摆台前需要检查自己的着装、发型及妆容等，尤其要注意手部的清洁卫生和指甲的长度要符合要求，不能涂有色指甲油。

（2）准备合适的家具。中餐零餐摆台常用到的家具包括餐台、餐椅和备餐柜等。摆台前准备家具时注意根据用餐人数选择合适的餐桌。零餐摆台常用的餐台有小圆台和方台两种，一般以木质为主，也可选择金属支架软面餐桌。无论选择哪种质地的餐桌，餐具均需和餐桌配套。

（3）选择合适的餐具和酒具。选择餐具时应注意突出餐饮特色，所选小件餐具也需要配套使用，保证干净卫生、无水渍和油渍、无破口。除此之外，酒具的选择也要符合饭店经营特色，并和餐用具配套。

（4）选择合适的布草。零餐摆台中所用的布草主要包括台布、餐巾布和小毛巾等。选择台布时颜色尽量和餐厅装饰相协调，大小合适。餐巾布应该和桌布在颜色和质地上统一协调，或者是同一色系的不同颜色即可，总的要求是美观、协调。选择小毛巾时注意大小合适，质地纯棉，并保持干净。

2．零餐摆台的操作程序和标准

（1）铺台布。中餐零餐摆台一般采用方台或小圆台。方台铺台布的方法有以下四种。

1）正方形铺台布方法。台布正面向上，中缝线落在方台中线上，四边下垂并平行桌边，要求四边下垂均等。如图 2—3—1 所示。

2）斜方形铺台布方法。台布正面向上，中缝线落在方台对角线上，四边与方桌边成 45 度角，四角下垂与桌边距离相等。如图 2—3—2 所示。

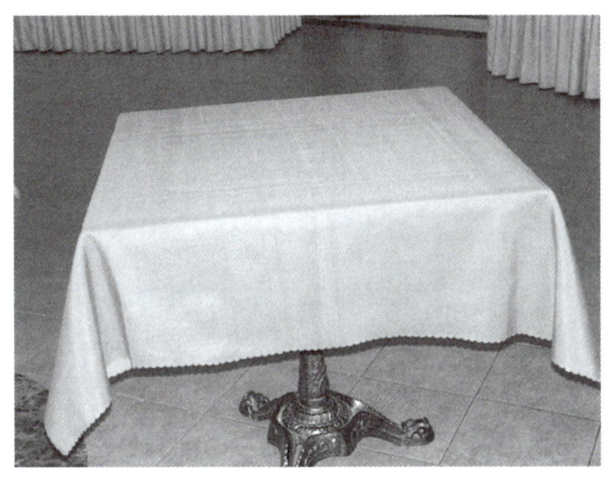

图 2—3—1　正方形铺台布方法

图 2—3—2　斜方形铺台布方法

3）双层铺台布方法。两层台布均正面向上，上层台布要和底层台布错位铺设，突出立体感。一般上层台布的四角落在方台的四边，这样能有效保护底层台布少受污染，减少清洗次数。如图 2—3—3 所示。

4）圆台铺台布方法。台布正面向上，中缝线对准圆台正副主人位，台布的十字中心点落在桌子的圆心上，四角下垂均等，台布表面平整。如图 2—3—4 所示。

图 2—3—3　双层铺台布方法　　　　图 2—3—4　圆形铺台布方法

（2）摆餐具。中餐零餐一般会根据餐厅的档次和菜肴特色决定摆放餐具的件数，摆放顺序以方便客人使用和服务员摆放为原则。

1）零餐摆台所用餐具一般有餐碟、汤碗、汤匙、茶碗、茶碟、筷子架、筷子、水杯等。

2）零餐摆台的顺序：餐碟、汤碗、汤匙、茶碟、茶碗、筷子架、筷子、水杯。

3）零餐摆台摆放标准见表 2—3—2。

4）摆放餐具时注意手法。例如，摆放餐碟时要拿边缘，摆放汤碗时要拿外边缘，摆放汤匙时要拿勺把，摆放杯子时要拿下端等。

5）摆放时需要注意间距合理、对称、美观、方便。

表 2—3—2　　零餐摆台标准

餐（用）具名称	摆放标准
餐碟	根据台形均匀摆放在座位的正前方，要求边缘距餐桌边缘约 2 厘米
汤碗	摆放在餐碟的左前侧，距餐碟边缘 1.5 厘米
汤匙	放在汤碗内，匙把统一朝左
茶碟	摆放在餐碟的正中心
茶碗	倒扣在茶碟的中心
筷子架	放在餐碟的右上方
筷子	放在筷子架上，底边距桌边 1.5 厘米，上边伸出筷子架 1/4 为宜
水杯	摆放在餐碟的正上方，距餐碟 3 厘米

（3）其他物品的摆放。中餐零点摆台除了摆设相应的餐具外，还需要摆放必需的用具，如花瓶等。需要注意间距合理、对称、美观、方便。

三、中餐团体包餐摆台

1．团体包餐摆台前的准备工作

团体包餐摆台前的准备工作主要有以下几个方面：

（1）整理好个人仪容仪表（同中餐零餐摆台）。

（2）准备合适的家具。包括餐台、餐椅和备餐柜等，并应注意根据用餐人数选择合适的餐桌。团体包餐摆台经常选用大圆台，质地有木质和金属支架软面两种，餐桌直径一般为 180 厘米，餐桌中央应放置转台。

（3）选择合适的餐用具（同中餐零餐摆台）。

（4）选择合适的布草。团体包餐摆台中所用的布草主要是台布。选择台布时颜色尽量和餐厅装饰相协调，大小合适。

2．团体包餐摆台的操作程序和标准

（1）铺台布。中餐团体包餐摆台一般采用大圆台，大圆台铺台布的方法包括抖铺式、撒网式和推拉式三种类型。

（2）摆餐具。中餐团体包餐摆台一般会根据餐厅的档次和菜肴特色决定摆放餐具的件数，摆放顺序以方便客人使用和服务员摆放为原则。具体摆放效果如图 2—3—5 所示。

图 2—3—5　团体包餐摆台

1）团体包餐摆台所用餐具（同中餐零餐摆台）。

2）团体包餐摆台的顺序（同中餐零餐摆台）。

3）团体包餐摆台的摆放标准（同中餐零餐摆台）。

4）摆放餐具时注意手法（同中餐零餐摆台）。

5）摆放时需要注意间距合理、对称、美观、方便。

（3）其他物品的摆放。团体包餐摆台除了摆设相应的餐具外，还需要摆放必需的用具，如牙签盅、公用具等。此类用品的摆放一般四人一套摆放在餐桌的转台上，摆放时需要注意间距合理、对称、美观、方便。

四、中餐宴会摆台

1．宴会摆台前的准备工作

宴会摆台前的准备工作主要有以下几个方面：

（1）整理好个人仪容仪表（同中餐零餐摆台）。

（2）选择合适的家具。宴会摆台常用到的家具包括餐台、餐椅和备餐柜等。宴会摆台一般选用大圆台，规格见表 2—3—3。质地的选择可考虑宴会档次和饭店实力，餐椅选择和餐桌配套的质地即可。备餐柜的选择，一要实用，能盛放较多餐具，台面光滑；二要美观，最好和餐桌同一质地。

表 2—3—3　　宴会常用餐台规格

餐台规格（直径）	适合客人数量（位）	备注
160 厘米	8 ~ 10	在选择餐桌规格时，要充分考虑宴会的档次。宴会档次越高，每位客人所占用的餐桌空间越大，则相同规格的餐桌应相应减少客人的数量
180 厘米	10 ~ 12	
200 厘米	12 ~ 14	
220 厘米	14 ~ 16	
240 厘米	16 ~ 18	
260 厘米	18 ~ 20	

（3）选择合适的餐用具。选择餐用具时应注意突出餐饮特色，所选餐具的数量也要和宴会档次相适应，一般宴会档次越高，选用餐具的种类也越多。但是需要配套使用，保证干净卫生、无水渍和油渍、无破口。除此之外，酒具的选择也要符合饭店经营特色，并和餐用具配套。

（4）选择合适的布草。宴会摆台中所用的布草主要包括台布、台裙、餐巾布和小毛巾等。选择台布时颜色尽量和餐厅装饰相协调，大小合适。选择台裙时应考虑台布的颜色和质地，大小应以铺好后距地面 5 厘米为宜。餐巾布应该和桌布在颜色和质地上统一协调，或者是同一色系的不同颜色即可，总的要求是美观、协调。选择小毛巾时注意大小合适，质地纯棉，并保持干净。

2．确定宾主席位

中餐正式宴会通常由主人、主宾、副主人、副主宾、翻译和陪同等身份的人组成，而且每个人都有固定的座次安排，如图 2—3—6 所示。所以，在进行中餐宴会摆台时首先应该确定主人位和主宾位。一般主人位需要确定在餐厅重点装饰的前面，要面对餐厅的出入口，这样可以招呼来宾。主宾席位则安排在主人的右侧，以示尊重，同时也方便主人照顾主宾。翻译安排在主宾的右侧，这样可以方便向主宾做好翻译工作。副主人一般安排在正主人的对面，靠近餐厅的出入口，这样可以方便出入，做好安排菜肴等其他工作。副主宾则安排在副主人的左侧。

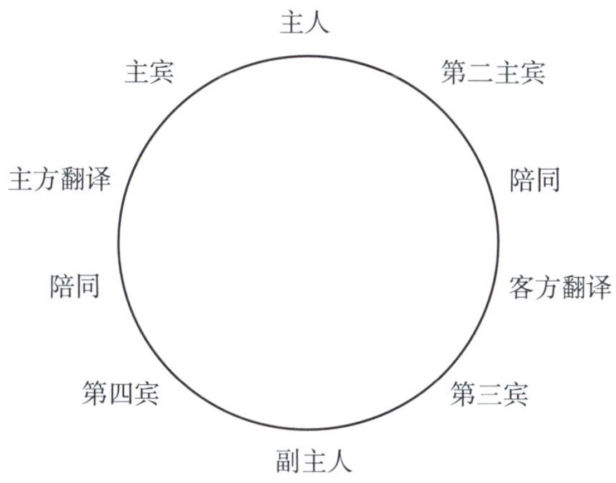

图 2—3—6　中餐宴会座次安排（一）

另外，如果主宾携夫人出席宴会，而主人没有携夫人时，可以将主宾和主宾夫人安排在一起；如果主人和主宾均携夫人出席宴会时，可将二者的夫人安排在一起，方便女士交流。如图 2—3—7 所示。确定好主人位和主宾位后，摆台时就可以从主人位开始，顺时针进行摆放了。

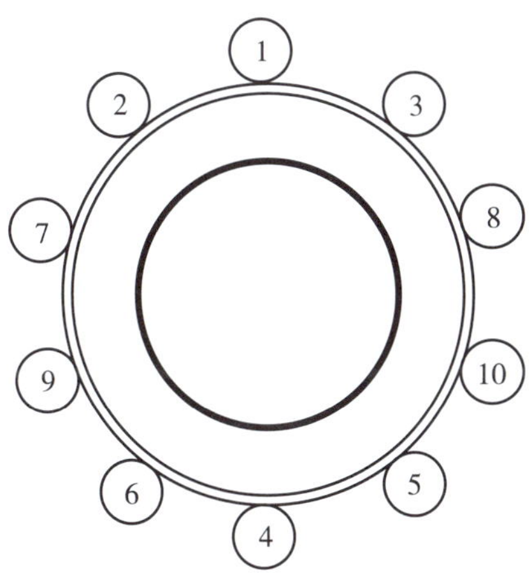

①第一主人　②主宾　③主宾夫人　④第二主人　⑤第二主宾　⑥第二主宾夫人　⑦～⑩陪同人员

图 2—3—7　中餐宴会座次安排（二）

3. 宴会摆台的操作程序和标准

（1）铺台布。中餐宴会摆台一般采用大圆台，铺台布的方法可根据餐厅经营状况进行选择。一般铺台布的方法有抖铺式、撒网式、推拉式和肩上式四种，具体见表 2—3—4。

表 2—3—4　　宴会铺台布的操作标准

<table>
<tr><th>铺台布方法</th><th>操作要领</th><th>标准要求</th><th>适合场所</th></tr>
<tr><td>抖铺式</td><td>先选取与餐桌大小相配的台布，站在副主人位，用双手将台布一次抖开，正面朝上，双手平行用力把台布铺在桌面上</td><td rowspan="4">铺设后的台布中线鼓缝正对正、副主人席位，台布四角下垂与地面距离均等，不可拖地。台布的花纹、图案置于餐桌正中</td><td>多用于宴会厅面积较大、场地宽敞的场合</td></tr>
<tr><td>撒网式</td><td>先选取与餐桌大小相配的台布，站在翻译和陪同之间，距桌面 40 厘米，右脚在前，左脚在后，用双手将台布平行打折并提起，向对面一次撒开</td><td>多用于表演或服务人员考核场合</td></tr>
<tr><td>推拉式</td><td>先选取与餐桌大小相配的台布，站在副主人位，将台布用双手平行打折，向前推进，再拉回</td><td>多用在地方窄小、客人又着急等位的特殊情况</td></tr>
<tr><td>肩上式</td><td>先选取与餐桌大小相配的台布，站在副主人位，将台布用双手平行打折后放置在肩上，用力向前向下甩向餐桌，利用惯性将台布一次打开</td><td>由于操作时动作幅度较大，实际经营时使用较少，多用于技能展示或表演</td></tr>
</table>

（2）围台裙。为了带给客人美的享受，中餐宴会摆台时会选择台裙增加美感。传统的台裙是分体式的，使用时需要先铺好台布，然后用专用的台裙塑料卡（大约每 20 厘米需用 1 个）卡于餐台边缘，将台裙围着餐桌周围分别粘上即可。注意台裙接头处错开主宾位。目前饭店所用的台裙多为一体式，即铺台布时选用直径较大的底单作为台裙，直接采用铺台布的方法将其铺平整，然后上面再铺一层面单作为台布即可。选择台裙或底单时，颜色一般比台布颜色稍深，给人安全、稳固的感觉。两者的颜色要相互映衬，协调美观。无论是选择台裙还是台布的底单，均要求铺设完的边距地面 5～10 厘米。

（3）摆餐具。中餐宴会一般会根据餐厅的档次和菜肴特色决定摆放餐具的件数，摆放顺序以方便客人使用和服务员摆放为原则。具体摆放效果如图 2—3—8、图 2—3—9 所示。

1）宴会摆台所用餐具一般有：装饰碟、餐碟、味碟、汤碗、汤匙、托架、筷子、长柄汤匙、牙签、红葡萄酒杯、白葡萄酒杯、水杯、餐巾花等。

2）宴会摆台的顺序：装饰碟、餐碟、味碟、汤碗、汤匙、托架、长柄汤匙、筷子、牙签、红葡萄酒杯、白葡萄酒杯、水杯、餐巾花。

图 2—3—8　宴会摆台（一）

图 2—3—9　宴会摆台（二）

3）宴会摆台的摆放标准见表 2—3—5。

4）摆放餐具时注意手法。例如，摆放餐碟时要拿边缘，摆放汤碗时要拿外边缘，摆放汤匙时要拿勺把，摆放杯子时要拿下端等。

5）摆放时需要注意间距合理、对称、美观、方便。

表 2—3—5　宴会摆台标准

餐（用）具名称	摆放标准
装饰碟	根据餐桌大小均匀地将装饰碟摆放在餐桌边缘，要求装饰碟距餐桌边缘约 1.5 厘米
餐碟	装饰碟上摆放盘垫，盘垫上摆放餐碟，注意餐碟摆放在装饰碟的中心点上
味碟	摆放在装饰碟的正上方，距装饰碟 1 厘米
汤碗	摆放在味碟的正左侧，距味碟边缘 1 厘米
汤匙	放在汤碗内，匙把统一朝左
托架	摆放在味碟的右侧，距离约 2 厘米
长柄汤匙	摆放在托架上，汤匙柄距离装饰碟约 3 厘米
筷子	摆放在托架上，底边距桌边 1.5 厘米，上边伸出筷子架 1/3 为宜
牙签	小包装的牙签摆放在长柄汤匙和筷子之间，底端和长柄汤匙相齐
红葡萄酒杯	摆放在味碟的正上方，杯子底座距离味碟边缘 2 厘米
白葡萄酒杯	摆放在红葡萄酒杯的正右侧，杯子底座距离 1 厘米
水杯	摆放在红葡萄酒杯的正左侧，杯子底座距离 1 厘米
餐巾花	如果选择盘花，将折叠好的盘花放置在餐碟上即可。如果选用杯花，则需要在摆放水杯前折叠，将折叠好的杯花插入水杯中，同水杯同时摆上餐桌即可

（4）其他物品的摆放。中餐宴会摆台除了摆设相应的餐具外，还需要摆放必需的用具，如菜单、席位签、台花、公用筷、公用勺等。

1）摆放菜单时，如果是十份菜单，摆放在每位客人的筷子右侧。如果是两份菜单，则需要摆放在正副主人的筷子右侧。

2）席位签一般摆放在餐位汤碗的下方即可。

3）公用筷和公用勺一般一桌需要摆放两副，分别摆放在正副主人正前方 3 厘米处，或者摆放在正副主人正前方的转台上即可。

五、西餐便餐摆台

1．西餐便餐摆台前的准备工作

西餐便餐摆台前的准备工作主要有以下几个方面：

（1）整理好个人仪容仪表（同中餐零餐摆台）。

（2）选择合适的餐桌、餐椅。西餐便餐摆台常用到的餐桌一般为小方台，规格有 90 厘米 ×90 厘米、110 厘米 ×110 厘米两种，可根据客人人数选择。如果客人人数超过 4 人，可选择长方台。餐椅一般选择软面高靠背餐椅。

（3）选择合适的餐用具。西餐便餐摆台选用刀叉的数量较少，一般情况下一刀、一叉、一勺即可。餐盘则选用高档瓷质餐盘，所选刀叉配套协调，保证干净卫生、无手印、餐碟无破口。除此之外，酒具的选择也要符合饭店经营特色，并和餐用具配套。

（4）选择合适的布草。西餐摆台中的布草主要包括台布和餐巾。西餐在铺台布前一般先铺设台呢，这样可减少金属刀叉摆放时的声音。餐巾的选择要考虑台布的颜色，二者颜色、质地要相互协调、相互映衬。

2．西餐摆台要领

西餐摆台时一般餐碟摆在正中位置，叉左、刀右，叉尖朝上，刀刃朝左，各种刀叉摆放时由里至外、先左后右。要求餐用具横竖成线，与菜肴配套，整齐统一、美观实用。

3．西餐便餐摆台的操作程序和标准

（1）铺台布。西餐便餐摆台一般选用方桌或长方桌，铺台布前应先铺台垫，然后再将折叠好的台布展开铺在餐桌上即可。注意台布中线居中，台布下垂部分均等且正好接触到餐椅边缘。

（2）摆餐具

1）餐碟摆在席位的正前方，据桌边 2 厘米。

2）餐盘的右侧摆餐刀，刀刃向左，餐刀的下端距桌边 2 厘米。

3）餐盘的左侧摆餐叉，叉尖朝上，餐叉的下端距桌边 2 厘米。

4）面包盘摆在餐叉左方，距餐叉 3 厘米，面包盘中心和餐盘的圆心应在一条直线上，面包盘内放黄油刀，刀刃向左，位于盘内右侧 1/3 处。

(3) 摆公用具

1) 插有鲜花的花瓶摆放在餐台的中心。

2) 椒盐瓶分别摆放在花瓶的两侧，间距合理，摆放整齐、美观。

六、西餐宴会摆台

1. 西餐宴会摆台前的准备工作

西餐宴会摆台前的准备工作主要有以下几个方面：

(1) 整理好个人仪容仪表（同中餐零餐摆台）。

(2) 选择合适的餐桌、餐椅。西餐宴会摆台常用到的餐桌一般为长方台，规格一般为 120 厘米 ×240 厘米。如果参加宴会人数较多，可以利用长方台进行拼接，拼接时要充分考虑宴会厅的结构。餐椅一般选择软面高靠背餐椅。

(3) 选择合适的餐用具。西餐宴会摆台选用刀叉的数量较多，有时会达到四刀、四叉、两勺。选用刀叉勺时注意配套即可，保证干净卫生、无手印。餐盘则选用高档瓷质餐盘，保证干净卫生、无手印、无破口。除此之外，酒具一般选用高档水晶杯，且酒杯杯型一致。

(4) 选择合适的布草。西餐宴会摆台中的布草主要包括台呢、台布和餐巾。台呢一般与餐桌大小一致即可，主要起减震作用，客人就餐时也会更加舒服。西餐由于餐台可以拼接，所以台布也是可以拼接的，所以选择时重点考虑颜色和质地，以突出西餐宴会的档次。餐巾的选择要充分考虑台布的选择，二者颜色、质地要相互协调、相互映衬。

2. 西餐宴会摆台的操作程序和标准

(1) 铺台布。参照西餐便餐的台布铺设方法进行。如果是多块台布拼接铺设，需要注意台布中心线需要和餐桌中心线重合，两块台布交接的地方需要重叠 5 厘米，且应从餐厅的里侧向外铺，让每块台布的接缝朝里，做到从餐厅入口看不到台布接缝为准。

(2) 摆公用具

1) 摆盆花或花瓶。盆花或花瓶应摆在餐台的中心位置，高度以 35 厘米以下为宜，以免影响客人的视线。如果是数个盆花或花瓶，摆放距离要均匀。

2) 摆蜡烛台。在鲜花两侧对称的位置上摆放烛台。

3) 摆调味品、牙签。按四人一套的标准进行摆放。注意距离均匀，对称、美观。

(3) 摆餐具

1) 摆装饰盘。从主人席位开始用右手在每个席位正中摆放一个装饰盘，盘上端的花纹图案要摆正，盘与盘之间的距离要相等，盘边距桌边 2 厘米。

2）摆刀叉。在餐盘的左侧，从里到外（从右向左）依次摆放主菜叉、鱼叉、副菜叉，叉齿一律向上，叉把距桌边 2 厘米。在餐盘的右侧从里到外（从左到右）依次摆放主餐刀、鱼刀、汤匙、副菜刀，刀刃一律朝左，刀把距桌边 2 厘米。如果宴会菜肴较多，可在用过桌上的刀叉后，每菜再追加一副刀叉。有些饭店摆台时将鱼刀、鱼叉上提突出于其他餐具 1 厘米。

3）摆甜点叉和甜点匙。在装饰盘的正上方平行横向摆甜点叉，叉尖朝右，叉上方摆甜点匙，匙把朝右。

4）摆面包盘。在餐叉左侧摆面包盘，面包盘中心与装饰盘中心在一条水平线上，右边缘距餐叉 3 厘米。

5）摆黄油刀。黄油刀摆在面包盘上右侧 1/3 处，刀刃向左。

6）摆酒具。酒具一律摆在餐刀上方的位置，从最高的杯摆起，从左到右依次降低，与台面成 45 度角，三套杯分别是水杯、红葡萄酒杯、白葡萄酒杯。

7）上盘花。将叠好的盘花摆在装饰盘正中，注意突出主人和主宾。

8）上菜单。把宴会菜单摆在每个席位上；如果参加宴会的人数较多，可每两个席位摆放一份菜单，间隔摆放。

9）围放餐椅。围放餐椅时注意餐椅的正中位置应对应装饰盘中心，距桌边台布 1 厘米即可。

案例分析

意外的投诉

杭州 ×× 餐厅今晚要承办省重点企业的高档晚宴，经理非常重视，几次到小宴会厅进行检查，要求服务员一定要打起精神，全力以赴为客人提供满意的服务。服务员小王倒是不以为然，心想："我都是老服务员了，省里领导们的政务接待都是由我服务，这商务宴请还不是小意思嘛。"开餐之后，小王服务果然到位，客人们都比较满意。但是会后的客人评价中，却出现了一个投诉，桌子上没有葡萄酒杯。小王异常委屈，客人们不喝葡萄酒，我摆台时特意撤掉的，怎么能投诉呢?

分析：

宴会作为社会交往的一种正式活动，有着礼仪和规格的要求。本案例中，小王自以为是老服务员，凭经验办事，结果就发生了这次服务事故。这次服务事故反映了小王的基本理论掌握不扎实，忽略了高档宴会的社会属性要求。

第四节　酒水服务

酒水服务是餐厅服务工作的重要内容之一。在中、西餐的进餐服务中，一般均由服务人员为客人斟酒，尤其是高档的宴席、宴会，所用酒水品种较多，斟酒技艺要求较高。服务人员斟酒操作技术动作是否规范、正确，姿势是否优美、及时，往往会给客人留下深刻的印象，因此服务员要认真学好、练好斟酒技术，为客人提供周到满意的服务。

一、酒水概述

1．酒的种类

酒是一种用水果、谷物、花瓣、淀粉或其他有足够糖分的植物经过发酵、蒸馏、陈酿等方法生产出的含乙醇的带刺激性的饮料。酒中最主要的成分是乙醇，俗称酒精。凡是含有0.5%～75.5%食用酒精的可饮用的液体都可以称为酒。酒的种类有以下几种：

（1）按照酒精度分类

1）低度酒。酒精浓度在20度以下的酒，如黄酒、葡萄酒、啤酒等。

2）中度酒。酒精浓度在20度～40度之间的酒，大部分的露酒、药酒都属于此类。如竹叶青酒、青梅酒、五加皮酒、白兰地酒和威士忌酒等。

3）高度酒。酒精浓度在40度以上的酒。大部分是蒸馏酒。我国生产的白酒和国外的伏特加多属于此类。

（2）按照酒的颜色分类

1）白酒。无色透明的酒。

2）色酒。带有颜色的酒。

（3）按照生产酒的工艺分类

1）蒸馏酒。凡原料先经糖化发酵，制成酒精含量低的酒，再用蒸馏器提高其度数而制成的酒，都属于此类。如中国白酒、威士忌、金酒、白兰地、朗姆酒、伏特加等。

2）发酵酒（也称酿造酒）。凡是原料经糖化发酵后，直接提取或压榨而制成的酒，都属于此类。这类酒使用的是自然的制酒方式，酒精度数低，对人体刺激小，含较多的营养成分，适量饮用有益健康。如黄酒、啤酒、葡萄酒、日本清酒及大部分果酒等。

3）配制酒（又称浸制酒）。凡在蒸馏酒或酿造酒中按一定比例加入香草、香料、果实、药材等，使之浸渍出芬芳的味道而制成的酒，均属于此类。如竹叶青酒、五加皮酒、青梅酒和各种药酒等。

（4）依据酒的特性及饮用习性分类。酒依据其特性及饮用习性，可分为：开胃酒（Aperitifs）、佐餐酒（Table Wines）、甜点酒（Dessert Wines）、强化酒精葡萄酒（Fortified Wines）、香槟和气泡葡萄酒（Champagnes and Sparkling Wines）、蒸馏烈酒（Distilled Spirits）、啤酒（Beer）、利口酒（Liqueurs）、鸡尾酒（Cocktails）等。

2．非酒精饮料

（1）茶。茶是以茶叶为原料，经过沸水泡制而成的热饮品和冷饮品。中国名茶很多，常见的如图 2—4—1 所示。

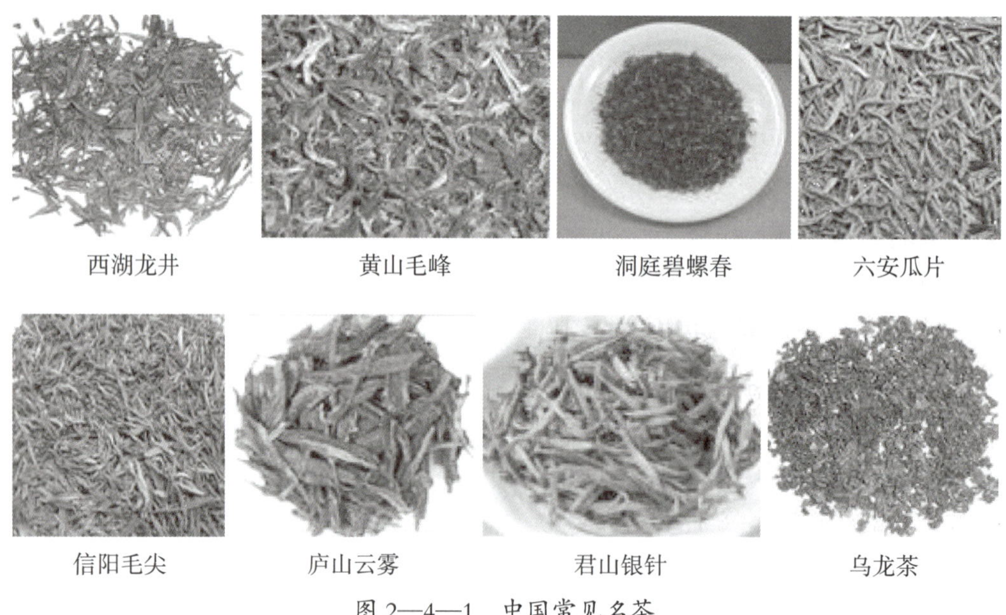

图 2—4—1 中国常见名茶

1）西湖龙井。产于杭州西湖狮峰山、翁家山、云栖、虎跑、灵隐等地，以狮峰龙井品质最佳。其特点是色绿、汤郁、味醇、形美，人称“四绝”。

2）黄山毛峰。产于安徽赣县，因近黄山而得名，属绿茶类。其形似雀舌，匀齐壮实，峰显毫露，色如象牙。冲泡之后，雾气结顶，清香四溢。茶凉之后，仍有冷香。

3）洞庭碧螺春。产于江苏吴县太湖洞庭山区，以形美、色艳、香浓、味醇而闻名。

4）顾清紫笋茶。产于浙江长兴县顾潜山区，因其色紫、形如笋而得名。冲泡后，汤色如茵，其味甘鲜，兰香扑鼻。

5）六安瓜片。产于安徽六安、金寨、霍山等县。其外形如瓜子，冲泡后香气清高，滋味鲜醇，回味干爽，汤色清澈，叶底肥厚。

6）信阳毛尖。产于河南信阳县。外形细直、圆紧、光滑，内质清香持久，滋味醇厚。

7）庐山云雾。产于江西九江市附近的庐山，素以香浓、味厚、色翠、汤清著称于世。

8）君山银针。产于湖南洞庭湖畔的君山。其芽头肥壮，紧实挺直，芽身金黄，满披银毫。冲泡后竖立于杯底，忽升忽降，可达十几次。

9）蒙顶甘露。产于四川雅安县蒙山之顶。其外形扁直，色泽微淡，芽毫毕露。汤色黄亮，甜香浓郁，滋味鲜醇。

（2）咖啡。咖啡是以咖啡豆为原料，经过烘焙加工成熟，再研磨成颗粒状，或提炼成速溶的颗粒，经过沸水煮泡而成的饮品。

除了专业咖啡店，多数饭店和餐饮业都使用易于煮泡的咖啡、有特色的咖啡及速溶咖啡。最常见的品种有：

1）普通速溶咖啡。速溶咖啡是即冲泡即饮用的咖啡，呈褐色颗粒状。

2）不含咖啡因的速溶咖啡。这种咖啡在加工中将咖啡因提取掉，因此，饮用这种咖啡不会刺激神经系统，更不会影响睡眠。

3）意大利爱斯波莱索咖啡。爱斯波莱索咖啡是意大利风味咖啡，这种咖啡烘焙的火候较大，呈黑色粉末状，味道浓郁。

4）法国浓咖啡。这种咖啡颜色较深，用小型咖啡杯盛装，欧美人习惯在正餐后饮用。

5）冰咖啡。由双倍浓度的咖啡加冰块组成。

二、斟酒服务

1. 斟酒服务准备工作

（1）准备酒水

1）开餐前根据需要尽量备足各种酒水，并摆放整齐，注意将矮瓶和高瓶分放前后以便取用。

2）将酒水瓶擦拭干净，尤其要将瓶口部位擦净。同时检查酒水质量，如商标是否完整、是否有沉淀物等，发现瓶子破裂或酒水有变质现象要及时调换。

3）服务员要了解各种酒水的最佳饮用温度，并采取升温或降温的方法使酒的温度适合客人饮用。

①部分常用酒水的最佳饮用温度见表 2—4—1。

表 2—4—1　　常用酒水的最佳饮用温度

品名	饮用温度范围	最佳饮用温度
啤酒、软饮料	4～8℃	6℃
干白葡萄酒	8～12℃	9℃
甜白葡萄酒	4～7℃	4.5℃
香槟酒	4～8℃	4.4℃
红葡萄酒、中国白酒、白兰地、利口酒（大部分）	15～24℃	18℃
黄酒、清酒	20～60℃	60℃
威士忌、伏特加、金酒、朗姆酒	根据客人需要，加冰、净饮或混合其他饮料饮用	

②酒水降温方法。酒水降温的方法通常有冰块冰镇、冰箱冷藏冰镇和溜杯三种。

冰块冰镇的方法是准备好需要冰镇的酒和冰桶，并用冰桶架架放在餐桌的一侧，桶中放冰块，冰块不宜过大或过碎，将酒瓶商标朝上斜插入冰块中，一般 10 分钟后就可达到冰镇效果。如图 2—4—2 所示。注意勿将瓶口没入冰块中，以免冰水进入瓶内。如整瓶出售的白葡萄酒、玫瑰露酒和香槟酒需用冰块冰镇。

冰箱冷藏冰镇的方法是提前将酒放入冷藏柜内，使其缓慢降温至饮用温度。啤酒、软饮料可提前放在冰箱内冷藏冰镇。

除对酒进行降温处理外，还可对盛酒用的杯子进行降温处理，俗称溜杯，其方法是服务员手持酒杯的下部，往杯中放一块冰后轻轻旋转杯子，使冰块在杯内滑动来降低杯子的温度，通过对杯子的降温处理达到对酒水降温的目的。

③酒水升温方法（温酒）。温酒的方法有水烫、烧煮、燃烧以及将热饮料冲入酒液或将酒液注入热饮料中四种，其中水烫和燃烧是在客人面前操作的。黄酒或清酒一般用水烫，即先将需加热的黄酒或清酒倒入温酒壶中，再在温酒槽中倒入开水，通过金属或瓷质的壶身迅速温热酒水。如图 2—4—3 所示。

（2）准备酒杯。餐桌上晶莹剔透、干净美观的酒杯不仅能增添用餐气氛，还具有刺激客人饮酒欲望的作用，因此餐厅服务员要提前做好斟酒前酒杯的准备工作。

图 2—4—2　冰块冰镇

图 2—4—3　水烫升温

1）根据客人所点的酒水配以相应的酒杯。

2）酒杯摆上桌前要仔细检查，发现有裂痕、缺口时应及时更换。

3）擦拭酒杯时，先把杯子放在开水的蒸汽里蒸一下，然后用干净餐巾裹住杯子里外擦拭，直至杯子光亮无痕迹为止。

（3）示酒。贵重酒品斟酒前须示酒，以表示对客人的尊敬，同时也可避免差错，如图 2—4—4 所示。示酒时，服务员站在点酒客人（一般是主人）的右侧，左手托瓶底，右手扶瓶颈，酒品商标朝向客人，让客人验看认可。示酒是斟酒服务的第一个程序，它标志着服务操作的开始。

（4）开酒瓶

1）酒瓶的封口常见的有瓶盖和瓶塞两种。开启瓶盖一般用启盖扳手（起子）。开启瓶塞用专门的酒钻，如图 2—4—5 所示。酒钻的螺旋部分要长，头部要尖，切不可带刃，以免割破瓶塞。

2）开酒瓶时动作要轻，尽量减少瓶体的晃动。一般将瓶放在桌上开启，动作要准确、敏捷、果断。开启软木塞时，一旦软木塞有断裂危险，可将酒瓶倒置，用瓶内酒液的压力顶住木塞，然后再旋转酒钻。

3）开启瓶塞后，要用干净的餐巾仔细擦拭瓶口，检查瓶中酒是否有质量问题，检查时可以嗅闻瓶塞插入瓶内的部分气味是否正常。开瓶后的封皮、木塞和盖子等杂物不要直接放在餐桌上，可以放在餐碟里，待操作完毕一起带走，不要留在客人的餐桌上。

4）白葡萄酒经冰镇、示酒后，放在冰桶里当场打开。红葡萄酒则放在酒篮里示酒后，征询客人意见是即开还是先开，先开一般提前半小时，以便让酒液里的微生物与空气接触，产生第二次化学反应，使酒的味道更醇厚。服务员可将酒从酒篮中取出，也可在酒篮中直接开瓶。

5）展示瓶塞。贵重酒水还需要向客人展示瓶塞。服务员将瓶塞倒放在一干净餐碟里，用托盘送到点酒客人（一般是主人）的右侧，把餐碟置于该客人餐位右侧，请客人检视瓶塞。

图 2—4—4　示酒

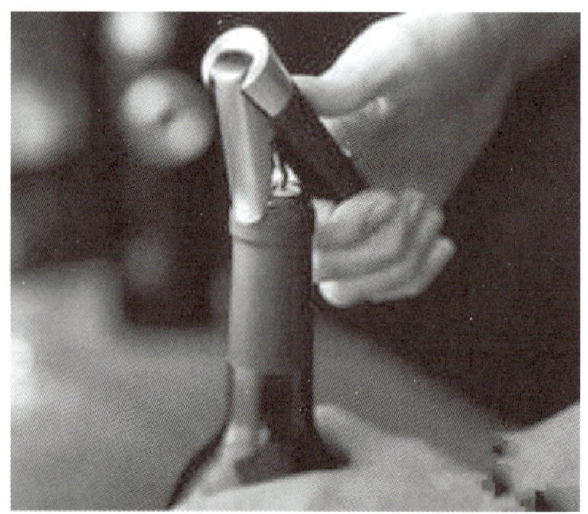

图 2—4—5　酒钻开启瓶塞

（5）品酒。当客人检视瓶塞并认可后，取客人的酒杯为客人斟少许酒液，请客人品尝。白酒用餐巾把酒瓶包好，露出商标，斟约 1/6 杯，请点酒客人品酒。若为红酒，则将餐巾放于左手腕上，提起酒篮斟约 1/6 杯，将酒轻摇后，请点酒客人品酒。客人认可后，再按次序为所有客人斟酒。

2. 斟酒服务技能

（1）托盘斟酒（见图 2—4—6）

1）服务员站在客人身后右侧，左手托盘，右手握住酒瓶中下部（注意不要握住商标），侧身向杯中倾倒酒水。

2）瓶口与杯沿需保持一定距离。斟一般酒时，瓶口应离杯口 2～3 厘米为宜，切勿将瓶口搁在杯沿上或采取高注酒等错误方法。斟汽酒或冰镇酒时，二者则应相距 2 厘米左右为宜。总之，无论斟哪种酒，瓶口都不可沾贴杯口，以免发出声响或有碍卫生。

3）斟酒完毕，将瓶口稍稍抬高，顺时针旋转 45 度角，提瓶。如果瓶口有残留的酒液，可以利用托盘中的小毛巾进行擦拭，以防留在瓶口的酒滴落在桌上、餐具上或客人身上。

（2）徒手斟酒（见图 2—4—7）

1）服务员站在客人身后右侧，左手小臂搭酒布或左手握小毛巾背在后腰处，右手握住酒瓶中下部（注意不要握住商标），侧身向杯中倾倒酒水。

2）瓶口与杯沿需保持一定距离。斟一般酒时，瓶口应离杯口 2～3 厘米为宜，切勿将瓶口搁在杯沿上或采取高注酒等错误方法。斟汽酒或冰镇酒时，二者则应相距 2 厘米左右为宜。总之，无论斟哪种酒品，瓶口都不可沾贴杯口，以免发出声响或有碍卫生。

3）斟酒完毕，将瓶口稍稍抬高，顺时针旋转 45 度角，提瓶。如果瓶口有残留的酒液，可以利用搭在左手小臂上的酒布进行擦拭，以防留在瓶口的酒滴落在桌上、餐具上或客人身上。

（3）捧杯斟酒（见图 2—4—8）。捧杯斟酒是指斟酒服务时，服务员站立于客人右侧身后，右手握瓶，左手将酒杯捧在手中，向杯中斟满酒后，绕向客人的左侧将装有酒液的酒杯放回原来的位置。捧斟方式一般适用于非冰镇酒品。取送酒杯时动作要轻、稳、准，优雅大方。斟倒前，左手拿一条干净的餐巾将瓶口擦干净，右手握住酒瓶中上部，将酒瓶上的商标朝外显示给客人确认。

图 2—4—6　托盘斟酒

图 2—4—7　徒手斟酒

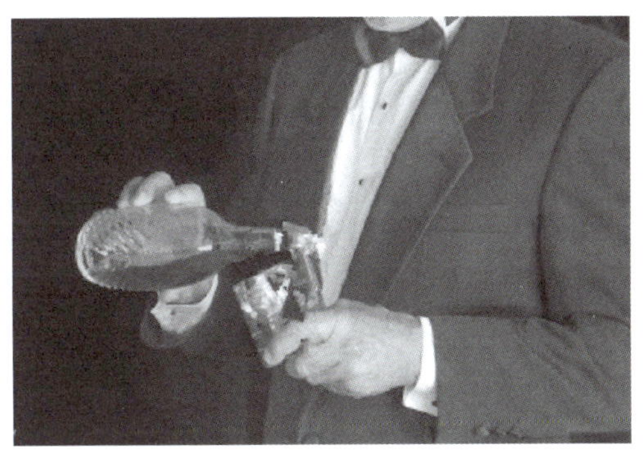

图 2—4—8　捧杯斟酒

3．斟酒服务细则

（1）酒水准备。根据宴会主办人的意见，参考宴会菜单为客人准备宴会需要的酒水。准备时可根据宴会档次分类多准备一些，如白酒类 1～2 种，红酒类 1～2 种，啤酒饮料类 3～5 种等，也可以根据具体情况进行增减。

（2）姿势与位置。斟酒时，服务员应站在客人右后侧，身体微微前倾，右脚伸入两把餐椅之间，侧身站立，右手握酒瓶中上部，商标朝向客人，将右臂伸出进行斟酒。在一杯即将斟完时停一下，瓶口稍微上提，同时旋转瓶身 45 度角，抬起瓶口，使最后一滴酒随着瓶身的转动均匀分布在瓶口边沿上。

（3）斟酒分量。一般中餐各种酒水一律八分满，以示对客人的尊重。西餐酒水则根据酒品种的不同而各异：红葡萄酒斟至杯的 1/2，白葡萄酒斟至杯的 2/3，香槟酒斟至杯的 2/3，白兰地斟至杯的 1/5。斟香槟酒时，应将瓶身用服务巾包好，先向杯中斟倒 1/3 的酒液，待泡沫退去后，再往杯中续斟至杯的 2/3 处。

（4）斟酒顺序。中餐宴会和零点散餐一般是从主宾位置开始，按照顺时针方向依次进行斟酒服务，有时也从年长者或女士位置开始斟倒。大型宴会在开宴前 5～10 分钟将红酒和白酒按“先宾后主”的原则，顺时针方向进行斟倒；啤酒及其他饮料则在客人入座后，按照主宾、副主宾、主人、其他客人的顺序，顺时针方向逐位询问客人选用何种饮料并进行斟倒。普通宴会则在客人入席后，及时按菜单斟好啤酒及饮料，上菜前，再斟倒甜酒或烈性酒。若是两位服务员同时进行斟酒服务，则一位从主宾开始，另一位从副主宾开始。

西餐用酒较多，高级宴会一般要用 7 种左右的酒品，其菜肴和酒水的搭配必须遵循一定的传统习惯，并在每一道菜上菜前斟好与之匹配的酒水。西餐宴会一般遵循“女士优先”的原则，按照女主宾、女宾、女主人、男主宾、男宾、男主人的顺序，站在每位客人的身后右侧顺时针方向进行斟倒。

（5）斟酒时机。斟酒时机是指宴会斟酒的两个不同阶段：宴会前和宴会中。如果客人点用白酒、红葡萄酒、啤酒，服务人员应在宴会开始前五分钟之内将红葡萄酒和白酒斟入每位客人杯中，斟好以上两种酒后就可请客人入座，待客人入座后，再依次斟啤酒。如客人点用冰镇的酒或加温的酒，则服务人员应在宴会开始后上第一道热菜前斟倒。宴会进行中的斟酒，应在客人干杯前后及时为客人添斟，每上一道新菜后要添斟，客人杯中酒液不足一半时也要添斟，客人互相敬酒时要给敬酒客人及时添酒。

服务提示

斟酒服务注意事项

● 动作要大方优雅，注意卫生。

● 忌瓶底朝天，忌左右开弓。

● 托盘斟酒时，要保持托盘平稳，注意不要越过客人的肩和头顶，手臂不能横越客人。

● 徒手斟酒时，左手持一块干净餐巾背在身后，斟完每一杯酒后可擦去瓶口的酒液。

● 若碰翻酒杯，应用毛巾将酒吸干，同时更换酒杯；如污染面较大，可用干净餐巾盖在弄脏的台布上。

● 大型宴会宾主离席致辞祝酒时，负责主桌的服务员应准备好相应酒水，待致辞结束及时送上以供其祝酒。宾主向各桌宾客敬酒时，服务员要端托着酒瓶跟随，随时准备为宾主续斟。

● 宾主讲话祝酒时，所有服务员应停止一切活动，保持肃立，待祝酒结束再开始工作。

三、各类酒水服务程序与标准

1. 白酒服务程序与标准（见表 2—4—2）

表 2—4—2　　白酒服务程序与标准

程序	标准
准备工作	①客人订完酒后，立即去酒吧取酒，不得超过 5 分钟 ②擦拭干净瓶身 ③将取回的白酒拿给客人过目，得到客人确认 ④将客人确认过的酒水整齐地摆放在酒水台或备餐台上
白酒的开启	①直接将瓶盖拧开即可 ②需要用钥匙开启的防伪酒瓶，开瓶时注意安全 ③开启瓶盖后勿将瓶盖随意丢弃，需要等酒水喝完后一起处理
白酒的斟酒服务	①服务员将打开的白酒放在托盘上，准备为客人斟倒白酒 ②斟酒时站在客人身后右侧，酒液斟至杯的八分满即可 ③每斟完一杯酒，右手手腕要向内轻轻转动，然后收口，防止酒水洒落在客人身上
白酒的添加	①随时为客人添加白酒 ②当整瓶酒即将倒完时，要询问主人是否再加一瓶，如主人不再加酒，即观察客人，待其喝完酒后，立即将空杯撤走 ③若主人同意再加一瓶，服务程序与标准同上

2．红葡萄酒服务程序与标准（见表 2—4—3）

表 2—4—3　　红葡萄酒服务程序与标准

程序	标准
准备工作	①客人订完酒后，立即去酒吧取酒，不得超过 5 分钟 ②准备好红葡萄酒篮，将一块干净的餐巾铺在红酒篮中 ③将取回的葡萄酒放在酒篮中，商标向上 ④在每位客人的水杯右侧摆放红葡萄酒杯，若客人同时订白葡萄酒，则按水杯、红葡萄酒杯、白葡萄酒杯的顺序摆放，间距为 1 厘米
红葡萄酒的展示	①服务员右手拿起装有红葡萄酒的酒篮，走到主人右侧 ②服务员右手持酒篮，左手轻托住酒篮的底部，呈 45 度角倾斜，商标向上，请主人看清酒的商标，并询问主人："打扰一下，先生 / 夫人 / 太太 / 小姐，请问我现在可以为您进行红酒服务吗？"
红葡萄酒的开启	①将红酒斜立于酒篮中，左手扶住酒瓶，右手用开瓶刀割开封皮，并用一块干净的餐巾将瓶口擦净 ②将酒钻垂直钻入木塞，注意不要旋转酒瓶；待酒钻完全钻入木塞后，轻轻拔出木塞，木塞出瓶时不应有声音 ③将木塞放入小餐碟中，并摆在主人红葡萄酒杯的右侧，距杯 1 ~ 2 厘米
红葡萄酒的斟酒服务	①服务员将打开的红葡萄酒瓶放回酒篮，商标向上，用右手拿起酒篮，从主人右侧倒入 1/5 杯酒液，请主人品尝 ②主人认可后，按照"先宾后主、女士优先"的原则，依次为客人斟酒，斟酒时站在客人身后右侧，斟至杯的 1/2 即可 ③每斟完一杯酒要轻轻转动一下酒篮，避免滴在台布上
红葡萄酒的添加	此服务环节标准同白酒

3．白葡萄酒服务程序与标准（见表 2—4—4）

表 2—4—4　　白葡萄酒服务程序与标准

程序	标准
准备工作	①客人订完酒后，立即去酒吧取酒，不得超过 5 分钟 ②在冰桶中放入 2/3 桶冰块后，将其放在冰桶架上，并配一条叠成 8 厘米宽的条状餐巾 ③白葡萄酒取回后，斜放入冰桶中，商标向上 ④在每位客人的水杯右侧摆放白葡萄酒杯，间距为 1 厘米
白葡萄酒的展示	①将准备好的冰桶架、冰桶、酒、条状餐巾、一个小餐碟一次拿到主人座位的右侧，将小餐碟放在主人餐具的右侧 ②左手持餐巾，右手持葡萄酒，将瓶底放在条状餐巾的中间部位，再将条状餐巾两端拉起至酒瓶商标以上部位，并使商标全部露出 ③右手持用餐巾包好的酒瓶，用左手四个指头轻托住酒瓶底部，送至主人面前，请主人看清酒的商标，并询问主人："打扰一下，先生 / 夫人 / 太太 / 小姐，请问我现在可以为您进行白葡萄酒服务吗？"

续表

程序	标准
白葡萄酒的开启	①得到主人允许后，将酒瓶放于冰桶中，左手扶住酒瓶，右手用开瓶刀割开封皮，并用一块干净的餐巾将瓶口擦净 ②将酒钻垂直钻入木塞，注意不要旋转酒瓶；待酒钻完全钻入木塞后，轻轻拔出木塞，木塞出瓶时不应有声音 ③将木塞放入小餐碟中，并摆在主人白葡萄酒杯的右侧，距杯 1 ~ 2 厘米
白葡萄酒的斟酒服务	①服务员右手持用条状餐巾包好的酒瓶，商标朝向主人，从主人右侧倒入 1/5 杯酒液，请主人品尝 ②主人认可后，按照“先宾后主、女士优先”的原则，依次为每位客人斟酒，斟酒时站在客人身后右侧，斟至杯的 2/3 即可 ③每斟完一杯酒要轻轻转动一下酒瓶，避免滴在台布上 ④斟完酒后，把白葡萄酒放回冰桶，商标向上
白葡萄酒的添加	此服务环节标准同白酒

4. 香槟酒服务程序与标准（见表 2—4—5）

表 2—4—5　香槟酒服务程序与标准

程序	标准
准备工作	①准备好冰桶 ②将酒从酒吧取出，擦拭干净，斜放于冰桶内冰镇，商标向上 ③将酒连同冰桶和冰桶架一起放到客人桌旁不影响正常服务的位置
香槟酒的开启	①将香槟酒从冰桶内取出向主人展示，主人确认后放回冰桶内 ②用开瓶刀将瓶口处的锡纸割开去除；左手握住瓶颈，同时用拇指压住瓶塞，右手将捆扎瓶塞的铁丝拧开、取下 ③用干净餐巾包住瓶塞顶部，左手依旧握住瓶颈，右手握住瓶塞，双手同时反方向转动并缓慢地上提瓶塞，直至瓶内气体将瓶塞完全顶出 ④开瓶时动作不宜过猛，以免发出过大的声音而影响客人
香槟酒的品酒服务	①用餐巾将瓶口和瓶身上的水迹擦掉，将酒瓶用餐巾包住 ②用右手拇指扣住瓶底，其余四指分开，托住瓶身 ③向主人杯中注入 1/5 的酒，送呈主人品尝 ④主人品完认可后，服务员须询问是否可以立即斟酒
香槟酒的斟酒服务	①斟酒时服务员右手持瓶，从客人右侧按顺时针方向进行，女士优先、先宾后主 ②斟酒量为酒杯的 2/3 ③每斟完一杯酒，须将瓶身顺时针轻转一下，防止瓶口的酒滴落到台面上 ④酒的商标须始终朝向客人 ⑤为所有的客人斟完酒后，将酒瓶放回冰桶内冰冻
香槟酒的添加	此服务环节标准同白酒

5．啤酒服务程序与标准（见表 2—4—6）

表 2—4—6　　啤酒服务程序与标准

程序	标准
准备工作	①客人订完酒后，立即去酒吧取酒，不得超过 5 分钟 ②擦拭干净瓶身 ③将取回的啤酒整齐地摆放在酒水台或备餐台上
啤酒的开启	①用启瓶器将瓶盖开启 1/3 放气，紧接着全部打开瓶盖 ②开启瓶盖时注意不要对着客人或自己，以免酒液喷到客人或自己身上 ③开启瓶盖后勿将瓶盖随意丢弃，需要等酒水喝完后一起处理
啤酒的斟酒服务	①服务员将打开的啤酒放在托盘上，准备为客人斟倒 ②斟酒时站在客人身后右侧，酒液斟至杯的六分满即可，其余四分杯为泡沫 ③每斟完一杯酒，右手手腕要向内轻轻转动然后收口，防止酒水洒落在客人身上 ④为客人斟倒啤酒时注意不要速度过快，以免泡沫溢出杯外
啤酒的添加	此服务环节标准同白酒

6．黄酒服务程序与标准（见表 2—4—7）

表 2—4—7　　黄酒服务程序与标准

程序	标准
准备工作	①客人订完酒后，立即去酒吧取酒，不得超过 5 分钟 ②擦拭干净瓶身 ③将取回的黄酒整齐地摆放在酒水台或备餐台上 ④将黄酒杯摆放在客人餐位右侧，如需温酒杯则等酒杯温后再摆放
黄酒的开启	①启封泥封的坛装黄酒时注意清洁卫生，切勿将封口泥洒落在黄酒中 ②开启瓶盖后勿将瓶盖随意丢弃，需要等酒水喝完后一起处理
黄酒的温酒	①根据客人要求提供黄酒的温酒服务 ②提供干净的温酒壶和黄酒杯 ③将黄酒倒入温酒壶内（或者将黄酒瓶擦拭干净直接放入温酒壶内），将温酒壶置于倒入热水的暖桶内，约 10 分钟后取出即可 ④温酒时提供生姜、话梅等供客人选择
黄酒的斟酒服务	①服务员右手握住打开的黄酒，准备为客人斟倒 ②斟酒时站在客人身后右侧，斟至杯的八分满即可 ③每斟完一杯酒，右手手腕要向内轻轻转动然后收口，防止酒水洒落在客人身上 ④为客人斟倒黄酒时注意不要速度过快，以免酒液滴落杯外
黄酒的添加	此服务环节标准同白酒

案例分析

是客人挑剔吗？

餐厅正在接待一场大型宴会，客人们觥筹交错，举杯畅饮。可是服务员小王满头大汗，而且一脸委屈。客人点了一瓶赤霞珠红葡萄酒，小王拿了几次，不是酒庄不对，就是年份不对，这已经是第四次了，客人又说酒杯不匹配。小王心想："不就一瓶红酒吗？至于这么挑剔吗？"请问是客人挑剔吗？

分析：

酒类作为佐餐和助兴的饮料，无论是在中国传统社会还是西方社会，都在宴会上起到了重要的作用。但是由于文化和社会习俗的不同，中西餐对于酒类的使用是不同的。作为优秀的餐饮服务员，掌握酒类的相关知识是必备的素质。

第五节　菜肴服务

餐厅服务员为客人进食菜肴、点心、主食所进行的服务工作称之为菜肴服务。点菜、上菜和分菜是菜肴服务的主要环节，也是服务员的基本功之一。零点餐厅要求服务员不但具有帮助客人选菜和提供规范上菜服务的能力，而且能根据客人的要求提供分菜服务。宴会厅要求服务人员具备娴熟的上菜服务能力和分菜服务能力。

一、点菜服务

点菜服务是一项技巧性很强的工作，需要服务人员掌握一定的推销方面的方法和技巧，善于根据客人的不同情况实施不同的推销。

1．点菜前的准备工作

（1）准备好菜单和点菜单、笔等服务用具。

（2）具备推销意识，主动向客人建议，而不仅仅是被动接受客人的指令。

（3）不要让服务员本身对食物的喜恶与偏见影响客人的选择。不可对任何客人所点的食物表示厌恶。

（4）最好能记住客人姓名和饮食喜好。

（5）熟悉菜单及酒水单，了解推销菜肴和酒水的品质、原料、口味、烹饪方式、产地等，以便能向客人做专业性介绍。

2．点菜技巧

（1）客人不能决定时，服务员可提供建议，最好是先建议高中档的菜肴，再建议低档的菜肴，由客人去选择；或先向客人征询他所喜欢的食物，再建议菜肴。

（2）不可硬性推销，让客人多消费。在任何场合客人的满意比销售量更重要，否则很难提高回头客率。

（3）生动的描述有时会引起客人食欲。

（4）应该随时在心中准备一些菜式，当客人需要推荐时则可马上介绍。

（5）提醒客人所点的食物是否不足或太多，可建议调节菜量的大小。

3．点菜服务程序

（1）引领员引领客人到餐位时相关服务人员可及时递上菜单供客人查阅。

（2）趁着客人翻看菜单，及时为客人提供茶水、毛巾、撤位、加位等服务。

（3）把握好点菜时机，根据需要为客人推销菜肴。

（4）准确记录客人所点菜肴，点菜完毕及时为客人复述，得到客人的确认。

（5）点菜结束后询问客人需要什么酒水。

（6）及时将客人的点菜单送到收银台和厨房。

点菜的注意事项

● 对暂时卖完的菜要及时掌握好，千万不要介绍给客人。万一客人问起时，可说："对不起，刚好卖完了。"可建议客人选择相近的其他菜式。

● 注意多介绍餐厅急推品种和时令菜点。急推品种往往是餐厅需要迅速推销的，推销出去可降低餐厅损耗；时令菜则主要是让客人享受到季节性菜式。

● 推销时需注意"主随客便"，对不同的客人应作不同的推销。

● 服务人员向客人推销时注意语言和表情的运用。

二、上菜服务

1．中餐上菜

（1）上菜的程序和规则。中国地方菜系很多，宴会的种类也很多，如燕翅席、海参席、全鸭席、全羊席、全素席、满汉全席等。宴会席面不同、地方菜系不同，其菜肴设计安排也就不同，上菜程序也会有所差别。但是中餐宴会又有其相对固定的上菜程序、规则和方式。

1）上菜程序。一般中餐宴会上菜的程序：第一道是凉菜或冷盘，第二道是开胃汤（约 8 分钟后上汤，分汤后换盘与碗等），第三道是头菜（一般为宴会的代表性菜点），第四道为主菜（较高贵的名菜），第五道是一般热菜（数量较多，又可以细分为先熘爆炒菜，后烧烤菜，再素菜，最后鱼），第六道是汤菜（正式的汤或两汤，如婚宴中的两汤、四汤或六汤），第七道是甜菜（随上点心），最后在主食之后上水果。中餐零点上菜的顺序一般为“凉菜→热菜→大菜→汤菜→甜菜→点心→水果”。

2）上菜规则。中餐宴会上菜的基本规则：先冷后热、先菜后点、先咸后甜、先炒后烧、先荤后素；先干后汤、先菜后汤；先清淡后肥厚先优质后一般。如客人对上菜有特殊要求，应灵活掌握。中式粤菜上菜顺序不同于其他菜系，是先汤后菜。

服务人员一般边上菜边报菜名，后退一步远离餐桌后报菜名并回答客人提出的问题。上不同大类的菜肴之间，要更换餐碟、汤碗等餐具，配料碟，递送小毛巾（如果没有一次性小毛巾的话）和洗手盅、牙签等物品。

3）上菜方式。上菜方式主要有三种：第一种是大盘，即将大盘的菜上到桌上，由客人自取或互相敬让；第二种是大盘分菜，即服务员托上菜盘逐一往客人的食盘中分让；第三种是单吃，即用碗或小盖碗盛装菜肴，在每位客人的面前上一份。不同的菜式和菜品有不同的要求，具体采取何种方式上菜，可根据具体情况如宴请的规格、出席的人数、客人的要求等来确定。

（2）上菜的时机和速度。为了保证菜点的质量（如火候、色泽、温度等），使客人吃得可口满意，服务员要能够恰到好处地掌握上菜的时机和速度。

1）上菜时机。零点餐上菜，冷盘应在客人点菜后 10 分钟之内上桌，20 分钟或 15 分钟之内上热菜。

宴会则要求冷盘在宴会开始前 5 分钟上好，客人入座开席后，当冷盘吃去 1/2 或 1/3 左右时，开始上第一道热菜。上热菜要注意观察客人进餐情况，并控制上菜、出菜的节奏。宾主正式讲话、致辞、敬酒时，不能上菜，以免影响宴会气氛。凡两桌以上的宴会，上菜都要统一动作，不可各行其是，上菜视主宾席的动作而行动。

2）上菜速度。如无特殊情况，多半视客人进餐情况决定上菜速度。上菜速度不宜过快或过慢，太快了服务员来不及分派，客人也来不及品味；太慢了显得台面菜点不丰盛，或出现客人空等的现象。一般来说，宴会上菜应控制在10～15分钟的时间上一道菜或点心。如果是婚宴，则要快速在30～45分钟之内上完所有的热菜。零点餐客人较少时，一般30～45分钟上完全部菜品，也可以根据客人要求灵活掌握。

（3）上菜位置。零点餐上菜服务比较灵活，服务人员应注意选择比较宽敞的位置上菜，以不打扰客人为宜。最好不要从老年人和小孩的身边上菜。

中餐正式宴会上菜一般选在陪同和次要客人之间（见图2—5—1），一般便宴则选择在副主人的右侧进行上菜（见图2—5—2），有利于副主人向客人介绍菜肴。上菜的位置要始终保持在同一个地方。严禁在主人和主宾之间上菜。此外，还要注意宴会的整体气氛和不同餐台之间的上菜位置。

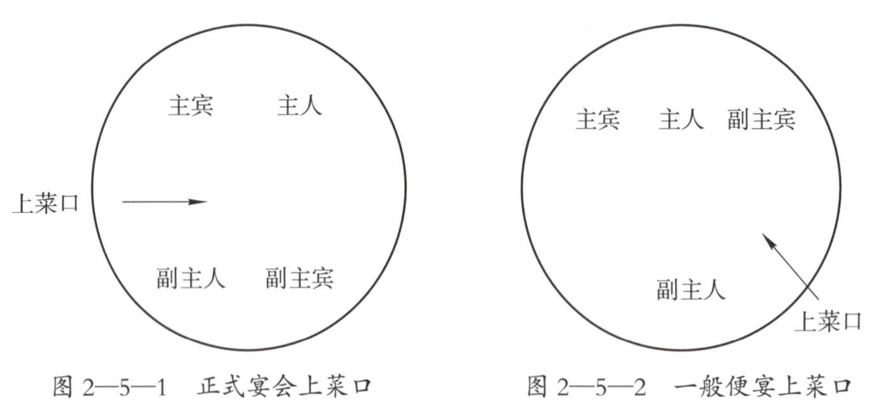

图2—5—1　正式宴会上菜口　　图2—5—2　一般便宴上菜口

（4）上菜要求

1）上菜前要先看一下菜单，记下菜点的名称和用餐特点，以便回答客人可能提出的疑问。撤下前一道菜的餐盘，并根据将要上的菜点的品种，更换和添加适当餐具（上一般的菜换上餐盘，上汤汁多或不便用筷子夹起的菜则应上小碟并配带小勺）。如果上需要用手直接拿取食品的菜肴，如烤鸭、手抓羊肉、烤全羊等，要先上毛巾（放在客人右侧）供客人擦手。上带有配料的菜点，要在菜点上桌之后及时跟上，或在上桌之前先上配料。

2）上菜时应用右手操作，并用“对不起，打扰一下”提醒客人注意。服务员将菜肴放在托盘内端至桌前，左手托托盘，右腿在前，插站在两位客人的椅子之间，左腿在后，侧身用右手上菜，把菜品送到转台上，报菜品名称，并伸手示意，要声音洪亮、委婉动听。上每道菜时都要报菜名，并视情况作适当介绍。然后按顺时针方向旋转一圈，等客人观赏完菜品后，转至主宾面前，让其品尝。

3）上菜要掌握好时机。当客人正在讲话或正在互相敬酒时，上菜应稍微停一会儿，等客人讲完话后再继续，不要打扰客人的进餐气氛。上、撤菜时不能越过客人头顶。

4）在上菜过程中如有新菜需上而转盘无空间时，应巡视台面情况：菜点剩的较少时可征询客人的意见："先生／小姐，这菜可以给您换一个小盘吗？"同类菜品征询客人的意见："这菜可以给您合盘吗？"已所剩无几的菜可征询客人的意见是否可以撤掉，客人同意后说谢谢；对于可以分菜的菜肴征得客人同意后也可分派给客人，然后再上新的菜肴。一定要注意的是，切忌将新上的菜肴压在其他菜盘上。菜已经凉了的情况下，征询客人的意见："这菜可以给您加热一下吗？"

5）上特色菜时，应用礼貌用语："各位来宾，这是特色菜×××，请您品尝并多提宝贵意见。"并可视情况对特色菜品给予适当介绍。

6）主宾桌上菜的操作方法。规格较高的宴会，主宾席上一般都采用单吃（全分餐）的方法上菜，上菜的基本方法是，从客人右手一侧撤下前一道菜的餐盘，然后用托盘端上相应数量的菜点，在客人的右手一侧，将右腿伸入两把椅子之间的空当，用右手端起菜盘，轻轻稳当地放在客人面前。上菜的过程中，端托盘的左手要向外伸出，并注意保持身体平衡。

7）菜上齐后应用礼貌用语："您的菜已经上齐了。"

8）上菜要注意核对台号、品名，避免上错菜。上菜的过程中要不推、不拉、不摞、不压盘子，随时撤去空菜盘，保持餐桌清洁、美观。

9）上菜基本步法。为保证安全稳妥，服务员上菜必须掌握行进时的步法。走菜过程中，服务员常用步法要求是，一般菜肴走常步，火候菜肴走疾步，汤汁菜肴走碎步，遇到障碍走巧步。

（5）摆菜要求

1）总体要求。上菜过程中要注意菜品摆放的位置，各种菜品应对称协调摆放。其基本要求是，造型艺术，注重礼仪，尊重主宾，方便食用，布局合理。菜肴的摆放不宜随意乱放，应根据具体的菜品、器皿等因素合理摆放，讲究造型。方便食用是要求服务员在摆放菜肴时，应以方便客人取食为最佳。布局合理一般是指按照"一中、二平、三角、四方、五梅花、六正六边形"等原则，让桌面的菜盘位置始终形成一个美丽的图案，达到较佳的视觉效果。

2）上菜规范摆放的具体要求

①摆放菜肴，要分主菜肴和一般菜肴。主菜肴的看面应正对主位，其他菜

肴的看面要朝向四周。所谓菜肴的看面，就是适宜观赏的一面。整形有头的菜肴，像冷拼中“孔雀开屏”“喜鹊登梅”等，其头部为看面；而头部被隐藏的菜肴，如烤鸭、八宝鸡等，其饱满的身子为看面；盅类菜肴其花纹刻的最精致的部分为看面；一般菜肴，其刀工精细、色泽好看的部分为看面。

②各种菜肴摆放时要讲究造型艺术，应根据菜品原材料的颜色、形状、口味、荤素、盛器、造型对称摆放。原则是讲究造型、颜色搭配。

③上整形的特殊菜肴时，中国传统习惯是“鸡不献头，鸭不献掌，鱼不献脊”。即上整鸡、整鸭、整鱼菜时，不要将鸡头、鸭尾、鱼脊对着主宾。鸡头与鸭头应朝右边放置。上整鱼时，鱼腹可面向主人，这是由于鱼腹的刺较少，肉味鲜美腴嫩，所以应将鱼腹而不是鱼脊对着主宾，表示对主宾的尊重；鱼眼朝向主人，鱼尾应朝向第二主人与第三或第四宾客（如果是转台，服务员应把以上鱼的部位转到位）。

④摆放菜肴时，若有转台，则摆在转台边缘，然后把转台按顺时针方向旋转一圈，让每位客人观赏菜肴的造型，最后在主宾面前停下，再后退一步（卫生的需要）报菜名，让主宾先尝。若没有转台，则应把菜肴放在餐桌中心稍靠主人位的一侧，把菜肴的观赏面正对主人席位。如是高档菜肴，则应先摆在主宾位置上，以示尊重，也便于主人为客人分让。每上一道新菜时，都需将前一道菜移至旁边，将新菜放在主宾面前。

⑤如果有的热菜使用长盘，菜肴最佳观赏面要横向主宾和主人。

（6）特殊菜肴的上菜方式

1）有包装的菜肴。如灯笼虾仁、荷叶粉蒸鸡、纸包猪排、叫化鸡等菜肴是经包装后再烹调的，应将菜肴送上餐台，让客人观赏后，再拿到工作台上，或直接当着客人的面在台面上去掉包装，以方便客人食用。

2）炖类菜肴。应将炖品上桌后再启盖，以保持炖品的原汁原味，并使菜品的香气在餐桌上散发。启盖后将盖子翻转过来再移开，以免汤水滴落在客人身上。

3）铁板类菜肴。铁板类菜肴在餐厅中种类较多，较常见。在上菜服务中，铁板类菜肴的响声既可以烘托宴席的气氛，又可以保温，但服务时要注意安全，以免烫伤。

4）外加佐料的菜肴

①烤鸭。上烤鸭前需先上佐料（葱丝、青瓜、甜面酱、面饼等），然后上片皮烤鸭，以便客人将鸭片和葱、酱夹在面饼里一起食用。

②油炸菜。吃油炸的菜需配番茄酱和花椒盐。上菜时要迅速，以免菜变软。

③清蒸大闸蟹。吃大闸蟹时需上姜醋并略加绵白糖，以利祛寒去腥，同时

上蟹钳。吃完大闸蟹后要为每位客人上一杯糖姜茶暖胃，并准备洗手盅和小毛巾，供客人洗手。

④清蒸鱼。服务时应先剔鱼骨，再进行分菜。上菜、分菜速度要快，否则鱼冷却后有腥味。

⑤拔丝类菜肴。拔丝苹果、拔丝香蕉等都是易烫口的菜。此类菜肴上桌时，温度很高，外表不易看出，要迅速跟上凉开水，防止烫伤客人口腔。

⑥火锅。当传菜员把火锅送出来时，服务员应将荤素生料相互搭配放在台上（或放在专用菜架上），并备好一双筷子、一只大汤勺、一块干净的小毛巾和打火机。待汤煮沸后，按先荤后素的顺序将料逐一下锅，盖上锅盖。将每位客人的翅碗准备好，排列在火锅周围。待食物熟透后，按顺序分派食物在翅碗内，尽量做到荤素搭配，汤、料适中，每碗分量均匀。若火锅里的汤不够时，应随时添加。火锅有炭火锅、酒精火锅、煤气火锅和卡式火锅等，服务时要注意安全。

2．西餐上菜

（1）上菜方式。西餐上菜服务方式有法式、俄式、英式、美式、意式等。通常一些饭店将几种服务方式混合使用，具体每种方式的服务方法在《西餐服务》章节中有详细介绍。

（2）上菜顺序。西餐宴会的菜点，由于标准和要求不同，菜点道数有多有少，花色品种也不一样。一般上菜顺序为：

1）上面包、黄油（在开餐前5分钟左右送上）。

2）上开胃品，如沙拉、什锦冷盘等。

3）上汤，西式汤分为清汤和浓汤。

4）上副菜，常以鱼虾海味菜品为主。

5）上主菜，多为肉禽类菜肴，如有配菜要紧跟送上。

6）上甜品，如点心、奶酪和水果等。

7）上咖啡、茶或餐后酒。

（3）上菜要求

1）按序上菜。根据客人点菜安排好上菜顺序，即面包、黄油、开胃品、汤、副菜、主菜、甜品、咖啡等，不可颠倒次序。

2）先斟酒后上菜。任何一道需配酒类的菜品，在上桌前均应先斟酒后上菜。

3）上菜顺序。所有菜品上桌时均需遵循先女后男、先宾后主的顺序依次进行。上菜一般用右手从客人右侧进行。

4）先撤后上。每道菜用毕均需撤走用过的餐具（餐盘、刀、叉等）后再上菜，但撤盘前需征得客人许可。还应注意客人刀、叉的摆放，如客人将刀、叉呈人字形搭放在餐盘两侧，表示客人还要食用，不可撤盘；如客人将刀、叉交叉或平行放在餐盘中，则表示客人不再食用，可以撤盘。

5）上甜品前将主菜的餐具及盐、胡椒瓶、玻璃杯等撤去。甜点用毕，从客人的右侧送上咖啡、茶，咖啡杯、茶杯放在垫碟上，碟内放一把咖啡匙，并上糖、奶。

服务提示

西餐上菜的注意事项

- 上菜时要核对，避免上错。
- 认真把好最后一关，发现问题及时解决。
- 注意菜肴台面摆放格局，整形菜肴的摆设朝向，以利于客人观赏，并以示对客人的尊敬。
- 每上一道菜都要介绍菜名和风味特点。
- 某些风味菜肴食用时需搭配佐料和配食，上桌前应先上搭配佐料或配食，然后再上菜肴，以方便客人食用，同时也更能体现菜肴风味。
- 如果菜单中有需要手去皮的菜肴时，上菜同时要搭配洗手盅，吃完菜后一同撤下，并派送温湿巾以便客人擦手。
- 上水果前要将客人面前的餐用具全部撤下，只留酒杯于台面，并摆放水果刀叉。水果叉摆放在看盘的左侧（叉齿朝上），水果刀摆放在看盘的右侧（刀刃朝左），然后上水果盘。
- 待客人用完水果后，从客人右侧将水果盘、水果刀叉一并撤下，然后将茶杯摆放在客人面前，从客人右侧斟倒茶水，同时为客人服务热毛巾。
- 注意控制好上菜速度和节奏。通常是当冷菜食用到1/2或1/3时开始上热菜，热菜每6~8分钟上一道。这要根据客人的用餐进度和宴会主办者的具体要求来安排。因此宴会指挥人员要密切关注，正确指挥。
- 上菜前注意观察菜肴色泽、新鲜程度，注意有无异常气味，检查菜肴有无灰尘、飞虫等不洁之物。在检查菜肴卫生时，严禁用手翻动或用嘴吹除，必须翻动时，要用消过毒的器具。对卫生达不到质量要求的菜肴及时退回厨房。
- 服务员在上菜时要保证操作安全。应做到端平、走稳、轻拿、轻放，大拇指等不可伸入菜盘内，注意上菜卫生。忌讳“推”“墩”“拉”“拽”等，并应注意盘底、盘边要干净。上带汤汁的菜肴应双手送至餐桌上，以免洒在客人身上，更不可从客人肩上、头顶越过，以免发生意外，也不礼貌。

三、分菜服务

1．分菜前的准备工作

菜肴端上餐台之前，服务员要准备好分菜所用的各种餐具及用具。

（1）分菜餐具的准备。分炒菜前，应准备分菜所需相应数量的餐碟。分汤菜前，应准备分汤菜所需相应数量的汤碗与长把汤匙。分蟹类菜肴时，应按相应的人数准备好餐碟与蟹钳等。

（2）分菜工具的准备。分菜服务前，应将分菜所需的工具、用具准备齐全，如分菜所需的餐刀、餐叉、餐勺、筷子、汤匙及垫盘、布巾等。

（3）菜肴展示。当传菜员将菜由厨房送至餐厅，服务员在分菜服务前，应将菜肴端至客人面前（或放在餐台上或端托在手上）向客人展示。

展示的同时，要向客人介绍菜肴的特点、烹调方法等有关内容。当客人观赏完毕后，方可进行分菜服务。展示菜肴时，餐厅服务员应将菜肴的主看面朝向客人，利用转台的旋转，按顺时针方向徐徐转动餐台一周后，再将菜肴分给客人。如端托展示时，应用左手端托，右手扶托，将菜托至与餐台平行的高度。餐厅服务员站立的位置应是第一主人或主宾视线的最佳位置，同时又要照顾到其他客人，如可选在第一主人或主宾斜对面进行菜肴展示。用礼貌用语“请稍等，我来分一下这道菜”，然后再进行分派。

2．分菜工具与使用方法

（1）分菜工具。中餐分菜工具包括分菜叉（服务叉）、分菜勺（服务勺）、公用勺、公用筷、长把勺等。西餐切分工具包括服务车、分割切板、刀、叉、分调味汁的叉和勺等。

（2）中餐分菜工具的使用方法

1）服务叉、勺的使用方法。服务员右手握住叉的后部，勺心向上，叉的底部向勺心。在夹菜肴和点心时，主要依靠手指来控制，右手食指插在叉和勺把之间与拇指酌情合捏住叉把，中指控制勺把，无名指和小指起稳定作用。分带汁菜肴时用服务勺盛汁。

2）公用勺和公用筷的使用方法。服务员站在与主人成90度角的位置上，右手握公用筷，左手持公用勺，相互配合将菜肴分到客人餐碟之中。

3）长把汤勺的使用方法。长把汤勺用于分汤菜，汤中有菜肴时需用公用筷配合操作。

（3）西餐切分工具的使用方法

1）分让主料。将要切分的菜肴取放到分割切板上，再把净切板放在餐车上。分切时左手拿叉压住菜肴的一侧，右手用刀分切。

2）分让配料、配汁。用叉勺分让，勺心向上，叉的底部向勺心，即叉勺扣放。

(4) 分菜用具一般的配用原则。分鱼、禽类菜肴时，用餐刀、餐叉、餐勺相互配合。分炒菜时应使用餐叉、餐勺，也可使用筷子与长把汤匙配合。分汤菜时，应使用长把汤匙。

3．分菜顺序

分菜的顺序一般有两种：一是先依次分送给主宾、副主宾、主人，然后按顺时针方向依次分送，先女后男；二是从主宾开始顺时针为每位客人分让。

4．分菜方法

分菜是宴会服务中技术性很强的工作，在高规格的宴会上，每道菜均需分派给客人。零点餐厅上菜时，对一些整形、带骨、汤、炒饭类菜肴，应帮助客人分派或剔骨。中餐分菜一般有四种方法：餐位分菜法、转台分菜法、旁桌分菜法和厨房分菜法。中餐使用的分菜工具有服务叉、服务匙、公用勺、公用筷、长柄汤勺等。

(1) 餐位分菜法。餐位分菜法是指服务员在每位客人的就餐位置旁用叉勺将菜肴分派到客人的餐盘内的一种分菜方法。如图 2—5—3 所示。分菜前，先核对菜肴，双手将菜肴放到转盘上，展示菜肴并报菜名；然后左手垫上餐巾，托起托盘，右手持分菜叉、勺，右脚前、左脚后，从主宾开始沿顺时针方向逐位为客人进行分菜。分菜时，上身微微前倾，使菜盘与客人餐盘的边缘上下重叠，并做到一勺准、数量均匀，不得把一勺菜分给两位客人。每道菜肴可留下1/10～1/5，以示菜肴丰盛，也可全部分完。此方法适用于分热炒菜和点心。

(2) 转台分菜法。即在转盘上为客人分菜。如图 2—5—4 所示。服务员先将干净餐具有序地摆放在转台上，菜肴上桌并介绍菜名后，左手持长柄汤勺，右手持公筷将菜肴均匀地分到各餐碟中，然后从主宾右侧开始，按顺时针方向绕台，从转盘上取下已盛好菜肴的餐碟递送到每位客人手上。此方法适用于分整形菜肴。

图 2—5—3　餐位分菜法

图 2—5—4　转台分菜法

（3）旁桌分菜法。分菜前，在客人的餐桌旁放置一辆服务车或服务桌，备好干净的餐碟和分菜工具。上菜时，服务员先把菜肴放在餐桌上展示、报菜名并介绍后，将菜肴取下放置在服务车或服务桌上，然后均匀、快速地分到事先准备好的餐碟里；分好后，从主宾右侧开始按顺时针方向绕台用托盘逐位送上餐碟。旁桌分菜应面对客人进行，以便客人观赏。此方法适用于分整形菜肴。

（4）厨房分菜法。厨房分菜法又称“各客分菜法”，是指厨房工作人员根据客人的人数在厨房分好菜，由传菜员用托盘将菜肴托送至餐桌旁，由餐桌服务员从主宾右侧开始按顺时针方向绕台逐位送上菜肴。这种方法通常用来分较高档的炖品汤煲等菜肴，以显示宴席的规格和菜肴的名贵。

5．分菜基本要求

（1）分菜应从主宾开始按顺时针方向依次进行。

（2）分菜工具通常使用服务叉、匙，分汤、羹时使用长柄汤匙，分鱼、面条等时还需要用刀、筷子等。

（3）分菜应主动、迅速，不能等客人开始食用后再分菜。

（4）分菜时不要将手伸入客人的盘碟中或将汤汁带出盘碟外面，滴在客人身上或餐桌上。

（5）分菜时尽量做到一勺准、一叉准，菜量分让做到均匀一致，不要让客人有厚此薄彼的感觉。切忌出现一碟分两勺或多分后收回的现象。

（6）分菜完毕后，菜肴应有一定余量，以示菜品丰盛，也可让喜欢该菜的人添加。如是高档菜肴，应一次分均、分光。

（7）分菜时应均匀，包括荤素搭配均匀、汁菜搭配均匀等。头、尾、骨、刺等不能分给客人。

服务提示

分菜的注意事项

● **手法卫生**。服务人员在分菜前必须把手洗干净、消毒，最好戴消毒白手套进行操作。分菜时注意不要把菜肴撒落在盘外。

● **动作迅速**。为保持菜肴质量，服务人员在操作时动作要干净利索，保证最后分给客人的一份菜肴是热的。

● **品种齐全、分量均匀**。服务人员在分菜前一定要做到心中有数，保证分给客人的菜肴主料、辅料分量合理，数量均匀。所有客人都分到菜肴后，菜盘中最好要留不多于1/10的菜肴，以示菜的宽裕和以备客人再添。

● **跟上佐料**。在分菜时，如遇带佐料的菜肴要将菜肴连同佐料一起分。

案例分析

六六大顺

小张是一家高档餐厅的资深服务员。某个星期天，一对中年夫妇携一双儿女到餐厅用餐。点菜时，先生点了四菜一汤，可是女士一看菜谱上所点菜肴的售价，脸上顿显惊讶。小张看在眼里，马上微笑着主动介绍说："再加一个君子菜炒肉丝好吗？才10元钱，噢，君子菜就是苦瓜，是新鲜的苦瓜，营养丰富，开胃爽口，是清心明目的，而且加上刚才点的一共是六道菜肴，也祝福您万事都能六六大顺。"女士微笑着点头同意。

事后的一次服务培训中，小张对这次营销进行了解释："一般男士带家人来饭店用餐，大多愿点好菜，而女士和家人一起来饭店用餐多是高、中、低档菜搭配，这和大多数女士在家里主管经济开销有很大关系。所以当女士一看到男士点的四菜一汤价格三百多元时，不免脸上一怔。我心里马上明白，她是嫌那位男士点的菜贵了一点，可是又不好意思当着我的面明说，所以我就向她推荐了一个10元钱的君子菜炒肉丝，这样五菜一汤三百多元，而且又有六六大顺的寓意，所以她就愉快地接受了我的建议。而且这一家人进餐厅后一落座，我就发现女士讲话有轻微的四川口音，而四川人对麻、辣、苦的菜是喜欢的，所以我给她推荐了君子菜炒肉丝这道菜。"

分析：

如果餐厅只以提高销售额、推荐高价菜品为营销目标，那就大错特错了。营销的目标是向客人提供满意的产品和服务。评价一项服务好坏的标准，不是看其是否遵循服务标准和规范，而是看客人是否满意。所以，餐厅服务员要善解人意，体谅并关心客人。

推销高价菜品虽然一时提高了销售额，但却影响了二次销售。客人可能会因为一次的"割肉"而放弃下次的光顾，这时餐厅损失的是一位可能有更多后继消费的客人。因此，推销切勿"杀鸡取卵"，应目标长远，以客人满意为最高标准。

第六节 撤换餐用具服务

在餐饮服务中，细节往往最能展现一个饭店的服务水平和管理水平。作为一名优秀的服务人员，不但能提供细致周到的就餐服务，更需要熟练掌握撤换餐用具的时机与技巧，以便为客人创造一个卫生、安全的就餐环境。

一、撤换餐碟、汤碗时机

撤换餐碟、汤碗是客人在就餐过程中一道必不可少的工序，其撤换时机、次数、需求、方式是餐厅服务员必须掌握的一种技能。一般情况下，较高级的酒席、宴会因就餐时间较长，服务环节较多，讲究礼节礼仪等特点，席间最少需要撤换三次餐碟，以显示宴会的规格和服务员的技艺。客人在就餐过程中，遇有下列情况时，可根据情况撤换餐碟、汤碗：

（1）食用过冷菜换吃热菜时。

（2）食用过带骨头、带壳的菜肴时，如排骨、虾、螃蟹等。

（3）食用过鱼腥味食品时。

（4）食用甜食或带糖汁、醋汁等菜肴之前。

（5）食用风味特色、汁芡各异的菜肴时。

（6）食用特殊风味、调味特别的菜肴时。

（7）有洒落的酒水、饮料或异物在餐碟里时。

（8）餐碟内骨头、残渣较多时。

（9）喝不同的汤时均需撤换汤碗。

二、撤换餐碟、汤碗步骤

餐饮服务人员要在客人进餐过程中及时为其更换餐碟、汤碗，随时保持客人面前的餐碟、汤碗是干净的。为客人撤换餐碟、汤碗的步骤如下：

（1）随时关注客人的餐碟、汤碗，准确判断客人撤换餐碟、汤碗的时机。

（2）提前准备好数量充足的餐碟和汤碗，随时准备为客人更换。

（3）服务人员左手托盘，干净的餐碟、汤碗放在托盘的一侧。

（4）服务人员站在客人的右侧，将客人用过的餐碟、汤碗收回到托盘的另一侧。

（5）用毛巾净手。

（6）将干净的餐碟、汤碗放在客人面前。

（7）将撤换下来的餐碟、汤碗整理整齐，送回洗碗间。

三、撤换餐碟操作方法

客人就餐时，餐厅服务员须注意观察其动态，当客人吃完一道菜后，应先询问："可以帮您撤换餐碟吗？"客人给予肯定答复后才能撤换。餐碟更换一般从主宾开始，按顺时针方向依次为需要更换餐碟的客人换上干净的餐碟。具体的撤换方法如下：

（1）撤换前的准备工作。将准备好的干净餐碟在托盘中放好，注意码放在托盘的里侧。

（2）为第一位客人撤换餐碟。服务员左手托盘，侧身站立于客人右后侧约30厘米处，用右手将客人用过的餐碟从客人餐位前平移到客人的身后侧，放入托盘的外侧。用托盘中的干净小毛巾净手，然后为客人送上干净的餐碟。如图2—6—1、图2—6—2所示。

图2—6—1　撤下用过的餐碟

图2—6—2　摆上干净的餐碟

（3）为其他客人撤换餐碟。到第二位客人时，用同样方法撤下用过的餐碟，将第二个餐碟中的骨渣倒进第一个用过的餐碟内，第二个用过的餐碟另起一摞，然后用干净的小毛巾净手，再把干净餐碟送上。剩下用过的餐碟依此法倒去骨渣后放到第二个餐碟上，这样归类可以使餐碟码放稳当。

服务提示

撤换餐碟的注意事项

● 服务员动作轻快、敏捷、大方、面带微笑。

● 左手托盘，在客人右侧用手进行。

● 充分尊重客人，撤换餐碟时，若客人将筷子放在餐碟上，要将筷子按原样摆放回干净的餐碟上。

● 撤盘时不能拖拽，不能当着客人的面擦脏盘，不能将汤汁洒在客人身上。装盘时应注意轻拿轻放，避免打烂餐盘，影响客人就餐心情。

● 特别注意撤换下来的餐碟要和干净的餐碟严格地分开，防止交叉污染。

● 用右手将干净的餐碟送至客人的面前时，一定注意操作卫生，注意手一定要仅触及餐碟的边缘部位。

案例分析

我给您换个餐碟

一天晚上，某饭店来了七八位衣着朴素的客人。他们找了一个角落的位置坐下，开始点菜。值台服务员小段主动为客人介绍了饭店的一些特色菜肴。

用餐期间，小段发现客人们都将骨头、鱼刺等吐在台布上，餐碟只用来放干净的菜。将骨刺杂物吐在台布上，会造成台布的洗涤困难，还不利于收台等工作，而且堆积过多也会给自己的就餐带来不方便。过了一会儿，小段忽然想到，可能是客人不明白餐碟的真正用途，因此，小段立刻用托盘托着干净的餐碟走上前去，对客人说："对不起，我给您换个餐碟。"然后将客人放在桌子上的杂物用筷子夹进盘子里，然后拿走用过的餐碟，换上干净的。客人们看着忙碌的小段，似乎明白了什么。之后，小段发现客人们开始很自觉地将骨头、虾壳等杂物放在餐碟里，而小段一发现客人餐碟里的杂物较多时，便及时予以撤换。

分析：

本案例中的值台服务员小段发现客人不了解餐碟的作用时，用自己的行动和服务告知客人骨刺杂物等应放在餐碟中，服务员会为客人更换餐碟。他的行为使客人了解到餐碟的用途，既没有让客人尴尬，又达到了有利于饭店清洁保养的目的。小段先前撤换餐碟是委婉地告知客人餐碟的正确使用方法，而后他及时、到位地为客人撤换餐碟则体现了饭店的优质服务。

思考与练习

一、思考题

1. 简述轻托的操作方法和步骤。
2. 餐厅折花包括哪些技法？
3. 简述斟酒的服务程序。
4. 如果客人所点的菜肴中有造型菜，该如何为客人提供分菜服务？
5. 高档宴会和一般便宴在撤换餐具时有什么不同的要求？

二、案例题

1．撤换美丽的餐巾折花

某饭店的总经理正在接待几位来自西方国家的同行，宴会厅装饰豪华，宴会桌上餐具精致，晶莹剔透的水晶杯上插着造型各异的餐巾折花。宾主入座后，虽然服务员小秦主动热情地欢迎客人，并按照饭店的规定提供周到的拉椅让座、斟倒茶水等相关服务，但是不仅没有看见客人脸上满意的微笑，反而看见客人盯着餐巾折花微皱眉头。服务员小秦还没有想明白是怎么一回事，就看见客人转过脸来招呼小秦，示意尽快给他撤换一块餐巾。

问题：

1. 根据客人的要求，分析主宾为什么要求撤换餐巾。
2. 如何根据客人的风俗习惯和特殊爱好选择合适的餐巾折花？

2．选错上菜口

张先生、李先生两家到某店就餐，服务员小赵把他们带到了雅间。因为两家的孩子都比较小，不好好吃饭，尤其一见到热闹场合就又打又闹，张先生让孩子在靠近雅间门口的地方坐下，免得打扰大人聊天。在上菜的时候，小赵突然感觉身体被撞了一下，双手端的菜晃了一下，热汤也晃了出来。原来小赵上菜的地方刚好在两个孩子中间，孩子玩耍碰了一下小赵。经过检查，其中一个孩子轻度烫伤，小赵受到了客人的指责，饭店也赔偿了客人相关费用。

问题：

饭店为什么需要赔偿客人？问题出在哪里？

3．预见性服务的重要性

在一次大型宴会上，气氛较为热烈，席间宾主频频举杯，服务员小李托着几杯刚从吧台取出的鲜榨果汁，准备给主餐桌送去。刚走到主人右后侧准备给客人上饮料时，主人忽然起身欲向客人敬酒，一下撞到了刚在桌前停步的小李，顷刻间托盘掉了，果汁洒在了两人的身上。服务员小李立即向客人道歉并赶快用干净的小毛巾为客人擦拭，但是依然引起了客人的极大不满，最后餐厅主管出面道歉并给客人的餐费打了八八折，才算平息了客人的怒火。

问题：

1. 什么原因导致了这场事故的发生？
2. 服务员怎样做才能避免此类事件的发生？

第三章 中餐服务

中餐服务包括中餐零餐、团体用餐等服务方式，不同的服务方式有不同的服务规程和操作标准。因此，中餐厅服务员应严格执行各种服务规程和操作标准，餐厅管理人员也应加强中餐服务与管理，用优质的服务赢得客人的满意。

学习目标

☆ 了解中国菜的特点。

☆ 掌握中餐厅服务礼仪及服务规范。

☆ 熟悉零餐服务的特点。

☆ 掌握零餐早餐和午晚餐服务程序。

☆ 熟悉团体包餐的种类和特点。

☆ 掌握团体包餐预订的方法和服务程序。

第一节　中餐与中餐服务概述

一、中餐特点

我国是一个地域辽阔，民族众多的国家。由于地理、气候、物产、经济、文化、风俗及历史条件的差异，菜肴的风味差别很大，形成了别具一格、技术精湛、流派众多的中国菜。其中，中国著名的“八大菜系”是指具有明显地区特色的肴馔体系，各菜系之间既互相渗透，又有着不同于其他菜系的烹调方法、调味手段、风味菜式、辐射区域等。

1．四川菜

四川菜简称川菜，它形成和成熟于宋、明两代，风格较为突出，清代时已形成一个地方风味十分浓郁的菜系。川菜由成都、重庆两地的地方菜组成，还包括乐山、江津、自贡、合川等地的地方菜。川菜的最大特点是十分注重调味，多用三椒，即花椒、辣椒、胡椒，以麻辣味厚重著称，讲究刀工，加工细致，奶汤白浓爽口，清汤清澈如镜；擅长小煎、小炒、干烧、干煸，炒菜不过油、不换锅，芡汁现炒现兑，急火短炒，一锅成菜。

代表名菜有：回锅肉、怪味鸡、鱼香肉丝、宫保鸡丁、开水白菜、水煮肉片、麻婆豆腐等。如图3—1—1、图3—1—2所示。

图3—1—1　水煮肉片

图3—1—2　麻婆豆腐

2．山东菜

山东菜简称鲁菜，由济南和胶东两地的地方菜发展而成。济南菜是指济南、德州、泰安一带的菜肴。胶东菜是指起源于福山，包括青岛、烟台一带的菜肴。山东菜选料讲究，刀工精细，重视火候，以爆、炒、炸、扒见长。鲁菜讲究丰满实惠，烹调方法全面，口味上注重保持和突出原料本身的鲜味，以清淡鲜嫩为主，汤醇味正，原汁原味。

代表名菜有：葱烧海参、九转大肠、锅烧肘子、油爆双脆、扒原壳鲍鱼等。如图 3—1—3、图 3—1—4 所示。

图 3—1—3　葱烧海参

图 3—1—4　九转大肠

3．广东菜

广东菜简称粤菜。粤菜是个起步较晚的菜系，但由于博采众长、取材广泛、形式多样而广为流传。它由广州、潮州、东江三地的地方菜发展而成。以广州菜为代表。其特点是：选料精细，花色繁多，新颖奇异，口味以清淡、生脆、爽口为主，烹调技法有炒、炸、扒等。

代表名菜有：片皮乳猪、白云猪手、糖醋咕噜肉、三蛇龙虎会、红烧大裙翅、猪肚包鸡等。如图 3—1—5、图 3—1—6 所示。

图 3—1—5　糖醋咕噜肉

图 3—1—6　猪肚包鸡

4．江苏菜

江苏菜简称淮扬菜，由扬州、南京、苏州三地的地方菜发展而成。其特点是：选料严谨，制作精细，注意配色，讲究造型，菜肴四季有别。烹调方法擅长炖、焖、烧、炒，又重视调汤，保持原汁，风味清鲜，肥而不腻，淡而不薄，酥烂脱骨而不失其形，滑嫩爽脆而不失其味。

代表名菜有：水晶肴蹄、常熟叫化鸡、松鼠桂鱼、拆烩鲢鱼头、无锡排骨等。如图 3—1—7、图 3—1—8 所示。

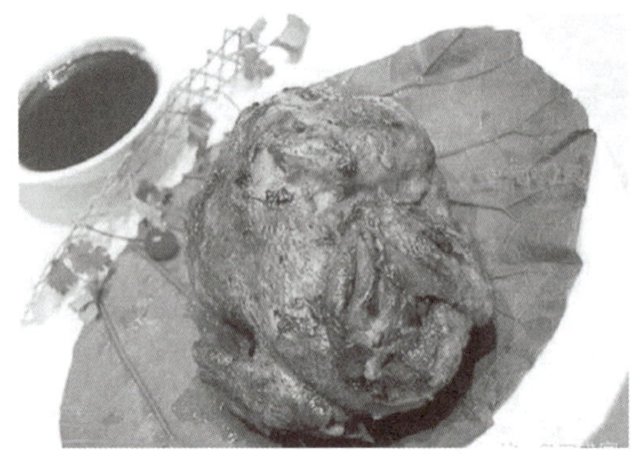

图 3—1—7　常熟叫化鸡

图 3—1—8　松鼠桂鱼

5．福建菜

福建菜简称闽菜，由福州、泉州、厦门等地的地方菜发展而成，其中以福州菜为主要代表。闽菜多以海鲜为原料，素以选料精细、刀工严谨、讲究火候、色调美观、滋味清鲜著称，常用红糟调味，擅长炒、蒸、煨、溜、煎等，口味偏重甜、酸和清淡。

代表名菜有：佛跳墙、淡糟香螺片、鸡茸金丝笋、醉糟鸡、通心河鳗等。如图 3—1—9、图 3—1—10 所示。

图 3—1—9　佛跳墙

图 3—1—10　醉糟鸡

6. **湖南菜**

湖南菜简称湘菜，以长沙菜为主要代表。湘菜常用熏腊原料，口味咸香酸辣，油重色浓，姜豉突出。湘菜以烧、腊、蒸见长。

代表名菜有：霸王别姬、腊味合蒸、冰糖湘莲、麻辣子鸡、发丝百叶等。如图 3—1—11、图 3—1—12 所示。

图 3—1—11　霸王别姬

图 3—1—12　腊味合蒸

7. **安徽菜**

安徽菜简称徽菜，由皖南、沿江、沿淮三个支系构成，皖南菜是徽菜的重要代表。徽菜擅长制作山珍野味，精于烧、炖、烟熏和糖调，重油，重色，重火功，原汁原味，山乡风味浓郁。

代表名菜有：无为熏鸡、屯溪臭桂鱼、八公山豆腐、软炸石鸡、毛峰熏鲥鱼、葡萄鱼、黄山炖鸽等。如图 3—1—13、图 3—1—14 所示。

图 3—1—13　葡萄鱼

图 3—1—14　黄山炖鸽

8. **浙江菜**

浙江菜简称浙菜，由杭州风味、宁波风味、绍兴风味、温州风味四个分支构成，杭州菜为其代表。其特点是：鲜嫩、软滑、精细、注重原味，鲜咸合一；擅长调制海鲜、河鲜与家禽，富有鱼米之乡风情。

代表名菜有：西湖醋鱼、东坡肉、蜜汁火方、干炸响铃、龙井虾仁、西湖莼菜汤等。如图 3—1—15、图 3—1—16 所示。

图 3—1—15　西湖醋鱼

图 3—1—16　龙井虾仁

二、中餐厅特点

中餐厅是提供中式菜点、食品及服务的场所，它是我国饭店餐饮部门的主要组成部分，很多饭店、宾馆都拥有一至数家中餐厅。

1. 装潢设计突出民族文化

中餐厅的室内装饰多以淡雅色或深色为主，厅内悬挂名人字画、摄影、瓷画或挂毯、折扇等物品；有些饭店的风味餐厅受中国宫殿、民居或江南私家园林建筑的影响，追求诗情画意，讲求清、奇、古、雅等。

中华民族悠久的历史和灿烂的文化都可以作为餐厅的主题，如以一定历史阶段为背景提供宫廷菜和官府菜的仿膳餐厅；以特定菜系和美食为主题的中餐川菜厅、中餐粤菜厅及潮洲风味餐厅；以风景名胜、民俗风情、历史人物、神话传说等为主题的餐厅等。这类主题餐厅在取名、色调、灯光、艺术品陈列、绿色植物和服务员的服装、餐台设计以及餐用具的配备、餐巾折花的选择等方面都会同主题相互辉映，以体现中餐厅的特色。如图 3—1—17、图 3—1—18 所示。

图 3—1—17　传统的中餐厅

图 3—1—18　较现代的中餐厅

2. 服务方式多采用合餐制

受中国传统文化“和”的影响，我国的餐饮多采用合餐制。多人围坐一起，不分你我，彼此热情交流、互相礼让夹菜、席间有说有笑、气氛和谐融洽。虽然按照现代人的眼光来看合餐制不是太卫生，但是它也促进了我国餐饮文化的发展。

3. 细致周到的服务礼仪

中餐厅的服务非常讲究服务礼节和操作礼节，中餐服务人员要求掌握各种服务礼节和操作礼节。如仪表礼节、问候礼节、称呼礼节、应答礼节及宴会礼节等。

4. 进餐餐具具有中国特色

中餐厅所选用的餐具是具有中国特色的不同档次、不同规格的瓷质餐碟、味碟、汤碗、汤勺和木制或竹制的筷子等。档次较高的餐厅也选用银质餐具或镀金餐具。

中餐厅餐巾折花选用的是杯花，折叠工艺繁杂，造型美观逼真，根据其摆放位置及美观程度可以标志宾主席位，渲染餐厅气氛，以无声的语言交流宾主之间的感情，也可以显示筵席的规格和档次等。目前也有的中餐厅选用盘花，目的是整齐、统一、卫生。

5. 供应品种符合中国传统

中式菜点自成一家，它与法国烹饪、土耳其烹饪齐名，并称为世界烹饪的三大风味。目前，很多饭店的中餐厅以出售不同菜系的菜肴为前提而划分为中餐川菜厅、中餐粤菜厅等，以满足客人的不同需要。

三、中餐礼仪规范

1. 服务员仪容仪表要求

中餐服务员当班期间的仪容仪表主要包括个人卫生、着装和饰品等方面。

(1) 个人卫生要求。每位餐厅从业人员每天起床后要刷牙、洗脸、沐浴，工作前和上厕所后必须洗手，勤剪指甲，不使用香气浓郁的香水等。女服务员工作时应着淡妆，头发长时应使用发网。男服务员的头发应做到后不及领、侧不及耳、前不及眉，并梳理整齐，不留胡须。

(2) 着装要求。任何工作人员上班时均须穿工装、工鞋，并保持其干净整洁，工号佩戴端正、醒目。

(3) 饰品要求。由于行业工作需要，中餐服务员在当班期间不允许带饰品，特别是耳环、手链、脚链等，但是手表和订婚戒指除外。

2．中餐厅服务规范及礼仪

（1）迎客服务规范及礼仪。迎客服务规范和礼仪包含以下内容：

1）准时到岗。餐厅服务人员须在开餐前5～10分钟再次整理自己的仪容仪表，然后在各自的工作岗位上站好，注意站立姿势，准备迎接客人。

2）微笑迎客。客人进入餐厅就餐时，服务人员面带微笑，欢迎客人，注意根据客人的性别、年龄、职业等具体情况合理称呼客人，不能触犯客人的禁忌。

3）合理引座。引座时，引领员要根据具体情况、具体对象，因人而异地引座。为了尊重客人，一般贵宾光临应安排到餐厅最好的位置；对老弱等行动不便的客人要主动搀扶，并安排在距出入口线路较近的座位；带小孩的客人应安排在距娱乐园较近的地方或者安排到孩子的声音影响不到其他客人的餐桌等。另外，如果餐厅空位较多时，服务员应征求客人的意见，让客人挑选满意的座位。

（2）餐前服务规范及礼仪。客人就餐前应做好问茶、斟茶、撤（加）位、餐巾、香巾及点菜、点饮品服务。如此一系列的服务，均须严格按照服务质量标准，本着方便客人、尊重客人的原则为客人提供。

（3）餐中服务规范及礼仪。在客人就餐过程中，服务人员按照厨房的出菜顺序为客人提供上菜、分菜等菜肴服务，并根据客人所点的饮品提供斟酒服务。除此之外，服务人员还在客人进餐中提供撤换餐用具、续斟等服务。在客人的整个就餐过程中，服务人员要做到眼勤、手勤、腿勤、嘴勤，要眼观六路、耳听八方，不能忽视任何一位客人，而且也要本着尊重客人、方便客人的原则为客人提供高质量的优质服务。

（4）餐后服务规范及礼仪。餐后服务的结束工作也要按照一定的规范和要求进行。首先，餐桌上的用品要清理干净，盐、糖等调味品的容器应收拾在一起并加满调料；其次，清理用具，清洁后的餐用具按要求消毒存放；再次，清理餐具柜、服务台等；最后，整个用餐全部结束后的大清扫，一般由专人负责。

四、中餐服务方式

中餐服务方式按进餐的种类分有零餐服务、团体包餐服务和宴会服务三种形式。

1．零餐服务

零餐服务是餐厅接待中最经常最主要的接待服务方式，它对服务员的要求较高。要求服务人员要根据客人的口音、相貌、穿着、举止等判断客人来自哪里，有什么风俗习惯、饮食爱好和禁忌等，以便为客人提供有针对性的服务。

2. 团体包餐服务

团体包餐是指客人事先预订的人数标准统一、菜式统一、进餐时间统一的一种就餐形式。它一般采取合食和分食两种形式就餐。团体包餐服务中，服务员要按照服务程序进行服务，并注意照顾好特殊的客人，满足他们的特殊需要。

3. 宴会服务

宴会服务是中餐接待中标准较高，要求较严格的一种服务方式。宴会的最高表现形式是国宴。宴会服务不但要从宴会环境、餐台设计、餐巾折花的摆放上体现宴会主题，努力创造符合宴会主题的餐饮氛围，而且要求服务员餐前了解客人的具体情况，就餐过程中严格按照服务程序和标准对客人进行服务，并掌握各种宴会礼节，提供高档次的服务，以满足宴会主办人和客人的需要。

中餐服务方式除了以上三种外还有茶市服务、音乐茶座服务等，这些也是服务员应该掌握的服务方式。

案例分析

菜品档案

北京某饭店旋转餐厅重新开张后，无论是菜品还是服务都上升了档次，不仅得到了客人的好评，而且赢得了更多的回头客。一天，我国资深外交家黄华先生前来餐厅参加一个小型的宴会。厨师和服务员如往日一样，提供了非常到位的服务。餐后，黄华先生对餐厅的菜品赞不绝口。

事隔两个月，黄华先生带着他的夫人又一次光顾该餐厅，服务员微笑着为他们服务。服务员非常熟练地为他们推荐菜品。黄华先生非常惊喜："你们怎么知道我想要点这几道菜？"服务员耐心地向老先生作了解释。原来，这家餐厅服务的特点之一是专门为用餐客人建立客人喜好菜品档案。所谓"档案"就是将客人喜好的菜品或者客人对某一种菜提出的改进意见记录下来，并将客人的名字、菜品的名称等存入电脑中，并要求厨师和服务员做到心中有数。这样客人再次光顾时，无论哪位服务员接待都可以提供最好的服务。

分析：

目前，个性化服务为许多餐饮企业和饭店所推崇，并以此作为服务竞争的利器，但鲜有成功者，原因在于这些饭店忽视了实行个性化服务的基础工作——对客人的了解、对客人信息的搜集。案例中，餐厅对黄华夫妇接待的成功就是得益于该餐厅专门为用餐客人建立了客人喜好菜品档案，为服务员的具体服务提供了有针对性的指导意见。

第二节　中餐零餐服务

中餐零餐服务是指服务人员接待零星而来的、根据菜单自由点菜的客人时所提供的一种服务。它是餐厅接待中最普遍、最经常的一项服务工作，在整个餐厅服务中占有很大的比重。它广泛接触社会不同层次的消费对象，社会影响力大，所以做好此项工作无论是对企业还是对社会都有着十分重要的意义。

一、中餐零餐服务特点

中餐零餐服务的特点主要是通过服务对象对就餐的不同要求来体现的，包括就餐时间的随意性、就餐要求的多样性和就餐场所的选择性三方面。

1．就餐时间的随意性

一般来讲，除非特殊情况，零餐客人很少预订，所以就餐人数不统一，少则一两人，多则十几人或几十人不等；就餐时间不统一，有的在饭店刚开门还没有开始营业前就来到餐厅等候就餐，有的则在营业时间即将结束时才来。针对零餐客人的这一特点，服务员要自始至终精神饱满、热情耐心地为每一位客人提供服务，绝对不能因为客人晚来可能会影响你的下班时间而产生不满，一定要做到善始善终。特别注意营业即将结束时，服务员千万不可早退、脱岗、串岗，以防出现“跑单”现象，造成餐厅的经济损失。

2．就餐要求的多样性

在零点餐厅就餐的客人是来自四面八方的不同社会群体，他们在风俗习惯、饮食禁忌、口味特点、供应方式及服务方式等方面的要求有很大的差异。因此，要求服务人员具备全面系统的理论知识及过硬的服务技艺，根据客人的不同特点和要求，因人而异地进行服务。在服务过程中要做到眼观六路、耳听八方、认真观察、仔细揣摩、主动询问、有问必答，以满足客人的不同需要。

3．就餐场所的选择性

零餐客人对就餐场所的选择大多根据餐厅的环境、价格、供应品种的质量、卫生情况和服务态度、服务质量等而定。所以，零点餐厅不仅要有优美的环境、优质的菜点，而且餐厅服务人员要用优质的服务来赢得客人的信任，使客人高兴而来，满意而归，使“头回客”成为“回头客”，以此提高餐厅的声誉。

二、零点餐厅早餐服务程序

中餐零点餐厅早餐服务方式，因地域不同而有所不同。其中，较为流行的是茶市服务（也称为早茶服务）。茶市服务，原是指使用中式茶壶、茶杯冲泡中国茶叶，按中国传统方式提供的服务；现多指配有点心的早茶、午茶、夜茶等服务方式。

1．餐前准备工作

（1）开餐前，应检查餐厅是否按要求排好餐位，台椅是否排放的整齐美观，餐厅环境是否清洁干净。

（2）备好各种茶叶、开水及餐具。将备用餐具摆放在规定位置上，以便于取用。

（3）注意仪容、仪表，做到仪表整洁。按要求佩戴员工号牌及穿着制服，做好开餐前的一切准备工作。

2．开餐服务工作

（1）热情迎宾。当客人进入餐厅，迎宾员应礼貌微笑待客。问清人数后，将客人带到合适的餐台就座。

（2）拉椅让座。服务员主动上前为客人拉椅让座。注意先女宾后男宾，先老人后年轻人。

（3）问位开茶。问位开茶是餐前必不可少的服务环节。因每位客人的饮茶习惯不同，所以要向客人问茶，然后根据客人需要为客人泡茶。

（4）斟倒茶水。开茶到台后，应该在客人的右侧倒第一杯礼貌茶，通常以七、八分为宜。如客人临时加位，应把茶壶拿到工作台上加适量茶叶，冲水送上，并为新来的客人斟倒第一杯礼貌茶。

（5）下单到桌。根据客人人数填写点心卡，记上台号、茶位，签上服务员姓名或工号，把点心卡送上台，为客人脱去并收回筷子套。如需加位或撤走多余的餐具时，应该左手托盘，右手摆放或取走餐具。

3．席间服务工作

（1）茶位问好后，向客人介绍当天的点心品种，主动协助推荐点心。

（2）餐间服务员要做到勤巡视、勤添水、勤清理台面，主动照顾老幼及残疾人士，照顾坐在边角位的客人，尽量满足客人的合理要求。

（3）服务过程中如发现客人茶壶的茶色较浅时，可酌量加茶叶。

4．餐后服务工作

（1）客人要求结账时，应迅速将点心卡交给收款员计算汇总，打出账单。

（2）值台员要把账单夹在账单夹中，并在客人右侧打开账单夹，告诉客人所需付的金额。客人付款时，值台员要向客人道谢，在客人面前点清账款后交收款员，最后将余额当面点清连同回单交还客人，并礼貌地向客人道谢。

（3）结账时要注意同台中有无搭台的客人，若有，则应分清账单，不可错单、漏单或走单。

（4）如果客人有未吃完的点心，服务员要主动为其提供食品袋或食品盒，并为其打包，以便客人带走。

（5）当客人起身离座时，服务员要向客人道谢并及时帮助客人拉开坐椅，同时，提醒客人带上自己的物品，并再次向客人道谢。

（6）当客人走到餐厅门口时，迎宾员应将客人送出餐厅并感谢客人的光临，同时，要欢迎客人再次光临。

（7）客人离开后，服务员要迅速清理台面。清理台面的顺序为：先收茶壶、香巾及茶杯，再收其他餐具。收餐具时要注意分类摆放，尤其是餐巾要另放，不可靠近油腻物件。

（8）台面清理后，应迅速换上干净台布，重新摆好餐具，准备接待下批客人。

服务提示

早餐服务的注意事项

● 客人中如有小孩，应热情帮忙放置儿童座椅。

● 询问客人饮何种茶时，需要将本餐厅所供应的茶的品种进行简单介绍，以方便客人选用。

● 客人人数较多时，同一台可酌情多用2~3个茶壶。

● 早餐服务进行中，点心推销服务员应注意适时添加品种，切勿空缺。

● 在茶市的就餐高峰期，主管应时常留意各桌的订单是否已送入各部门，如发现在接单处堆积太多或推延太长时间，应立即送入传菜部，再由传菜员送至各出品部门。

● 在茶市期间，服务员须兼顾多张台位，除视察留意本身岗位各台客人，提供及时服务外，也有责任协助其他同事。

● 客人吃完点心后，服务员用托盘将碟、笼及时收走，且要核对点心卡内是否有相应盖章。

● 客人订的食物如果属粉面类，应将适当的碗碟及汤匙排放在台面空位上。

● 发现已订的食物长时间没有上桌，首先应向客人道歉，再到订单接受处查核订单是否送入，接着是到传菜部将台号及食物名称告知传菜主管，由他们去出品部进行查核、催促，自己返回岗位，等待传菜员传出或知会原因。及时跟催是服务员的工作职责。

● 如食物已售罄，服务员应礼貌地向客人道歉，征求及提议改换其他食物。如果客人同意，立即将订单送去传菜部。

● 如需取消卡上某部分食品，应请领班以上主管签名，有订单的应在订单上取消。

● 服务员应经常留意给茶壶添水，尽量避免茶壶盖被打开。最佳方法是礼貌地将茶壶拿起，如茶水充足，茶壶一定较重；如无水，茶壶自然是轻的。

● 切忌在客人面前或台上用水壶加开水。这样容易烫伤客人，服务员应该到服务柜台或热水柜加水。

● 服务员在茶市繁忙时应保持镇定及笑容，切忌丢三落四，忽视某些工作，并忌在场内奔走以防碰撞到客人或桌椅，另外也要留意餐碟是否需要更换。

● 服务员应推着餐车适时在客人之间走动，由客人随时取食。

● 服务员推销时，应将客人所点的食物送到台上，并记得准确地在点心卡上盖印。

● 客人用餐完毕结账时，服务员应礼貌道谢，并将点心卡交到收银柜台，由收银员打印出账单给客人结账。

三、零点餐厅午晚餐服务程序

1. 餐前准备工作

零点餐厅午晚餐的餐前准备工作内容很多，包括召开班前会、清洁餐厅卫生等。

（1）提前到岗。餐前准备工作较多，要保证有充足的时间来做好准备工作，因此服务人员一定要准时到岗，由管理人员组织列队分配布置任务。

（2）清洁餐厅卫生，根据要求布置餐厅。

（3）准备充足的餐用具，以备餐间撤换或翻台时使用。

（4）根据餐厅制定的标准摆设零点席面。在摆台同时检查餐用具的卫生情况，凡发现有破口、有污渍的餐具应及时挑出不用。

（5）召开班前例会。对昨天的工作做一个小结，对今天的工作明确分工，并介绍当天的菜品和酒水的供应情况，包括品种、数量、价格、风味特点等，以便开餐时向客人介绍推荐。

（6）全面检查。要求餐厅环境清洁卫生、布局合理美观、餐用具准备齐全、电器设备完好无损，服务人员服装整洁、工号醒目、精神饱满、仪容仪表端庄。

（7）检查完毕，服务员调整好自己的精神状态，在餐前 5～6 分钟端正地站立在自己负责的餐台旁，做好迎宾的准备。

2．开餐服务工作

各项准备工作做好后，服务员应再次检查仪容仪表，精神饱满地站在工作岗位，准备为客人提供餐饮服务。开餐服务是服务人员接触客人的第一个环节，服务人员要认真对待，真心服务，力争在此环节给客人留下良好的第一印象。

（1）主动迎客。客人走近餐厅，迎宾员应面带微笑，主动为客人拉门，向客人问好，并注意使用合适的称呼，争取给客人留下美好的第一印象。

（2）合理安排座位。引领客人的工作通常由引领员来完成。一般的引领原则是：先里后外、尊重选择、合理调整。将先来的客人往餐厅里档领，使上客高峰时门口不堵塞，也有利于安排后来的客人。在引领过程中，对于提出自己选择座位的客人，引领员应予以满足，不能强制。另外，如果出现某部分过于拥挤，引领员可根据情况灵活调整。在用餐高峰期，引领员对待候座的客人要公平，要根据客人到达和登记的先后次序安排他们入座。

（3）拉椅让座。引领员要协助服务人员主动为客人拉椅，请客人入座。

（4）送茶递巾。客人入座后，服务人员应及时给客人递上准备好的香巾，然后询问客人饮用什么茶水，并礼貌地为客人斟倒第一杯“迎客茶”。

（5）递送菜单，接受点菜。在客人饮茶过程中，服务人员应及时为客人送上菜单，请客人点菜。客人在点菜时，服务人员要从心理学的角度细心观察客人的行为举动，同时为客人提供适合客人心理的优质服务。客人点菜一般应从女宾开始，按顺时针方向进行。点菜时，服务人员应礼貌地站在客人的侧后方 50 厘米处，腰部稍微弯下一点，手持点菜簿，认真倾听客人选定的菜点名称，并适时向客人介绍、推销菜点。如点的菜已暂时售完，应立即向客人表示歉意，并婉转地向客人建议其他类似的菜肴。如有些菜烹制时间较长，应向客人说明原因。服务员要做到神情专注，有问必答，百问不烦，主动推销。当客人点完菜后，要将记录下的菜点复述核对一遍，得到客人的确认。但注意服务人员只能起到参谋的作用，不能喧宾夺主。

（6）推荐酒水。点菜完毕，服务人员应及时递上酒水单，并为客人介绍、推荐酒和饮料，酒和饮料需要另开一份订单。点酒完毕，服务人员也应及时向客人复述以便确认。

（7）递送菜（酒）单。点菜（酒）完毕，服务人员要快速将单据送至各部门。点菜单一般一式三联，一联为提货联，收银台盖过章后送至厨房；二联是存根联，送至收银台，用于结账；三联由服务人员保存，对照上菜。酒水单一般一式两联，一联送至酒柜领取酒水，另一联送至收银台用于结账。

（8）为客人去除筷子套、打开餐巾。

（9）撤去台号、花瓶，准备上菜。

3. 席间服务工作

席间服务是整个对客服务的主要内容和关键环节。作为餐厅服务人员要想客人之所想，将各项席间服务工作做在客人的要求之前，为客人提供高质量的用餐服务。

（1）酒水服务。首先根据客人所订酒水的品种，送上合适的杯具，酒杯一般放在水杯的右侧。再取来客人所订酒水，当着客人的面示瓶、开瓶。开瓶操作要迅速安全，同时不要发出不必要的响声。酒水开瓶后，餐厅服务员应立刻为客人斟倒第一杯酒，斟酒后将酒瓶放在餐桌的适当位置，为上菜做好准备。

（2）菜点服务。菜点服务最重要的一点是要保证菜肴应有的温度。中餐上菜的服务顺序是冷菜先上，接着上热菜、主食、汤，最后上餐后点心、水果等。具体要求有以下几点：

1）餐厅服务员每上一道菜都要及时报菜名。如果是风味菜肴，还要介绍口味和吃法，以增加客人的兴趣。

2）餐厅服务员在上菜时，动作要轻稳，注意不要将汤汁洒在餐台上，更不可洒在客人的衣服上。如果餐桌上已摆满了菜盘，餐厅服务员可先整理一下台面，然后再上菜。上菜时要使用服务敬语提醒客人，防止出现意外。

3）上有配食佐料的菜肴时，应将主菜与配汁同时上桌，或者是先上佐料再上主菜。

4）掌握好上菜的节奏。上菜的顺序要正确，上菜的速度不一定是越快越好。当餐厅服务员为客人上第一道菜时，要主动对客人讲：“对不起，让您久等了！”上完最后一道菜时也应该提醒客人：“您的菜上齐了，请慢用！”，让客人心中有数。另外，上主食和汤的时间要视客人用餐情况和要求而定。

5）遵循“上菜不准推，撤菜不准拉”的原则，严禁菜盘从客人头上越过。

6）上汤时应为客人分汤。

7）询问客人对菜肴的意见，随时准备提供其他服务。

（3）撤换餐具。服务人员根据需要及时为客人提供撤换餐碟、汤碗等服务。如发现客人盘中有了骨、刺等马上主动上前更换餐碟。

（4）巡台。菜肴上桌后，客人在用餐时，餐厅服务员应该在所负责的餐台附近巡视，及时发现客人的需求。如发现客人的杯中酒没有了，马上为客人添加；在规定的时间内，发现客人所选菜品没有上齐，要立即与传菜员联系，尽快上菜；客人食用海鲜类菜肴时，及时送上洗手盅和小毛巾或餐巾纸等，并随时注意餐台台面的清洁工作；观察客人就餐时是否还需增加一些食品和饮料，并及时予以补充。

4. 餐后服务工作

当客人用餐即将结束时，服务员要为客人提供餐后服务工作。餐后服务工作包括结账收款、拉椅送客、收台检查等内容。作为餐厅服务人员，要善始善终，为客人做好餐后服务工作，同时避免跑单情况的发生。

(1) 结账收款。就餐结束，客人要求结账时要及时送上账单，也可在客人吃完甜点时送上。账单不可直接交到客人手里，而应正面朝下，反扣着放在小托盘中，送到客人面前或放在左侧靠近桌边处，并且询问结账的方式。找回零钱时应说："先生，找回您的零钱。谢谢，欢迎您下次光临。"同时，征求客人用餐意见，是否预订下餐等。如果是一对夫妇在吃饭，账单先给男方；几个人同时用餐，应问清楚客人是一起结账，还是分开结账。送账单和找零钱都应用小托盘托送。结账要核算准确，收款要看清票面，点清数字；信用卡结算时，要开好账单，请客人签字。

(2) 拉椅送客。客人用餐完毕客人欲起身时，应为其拉椅，客人离座后应视具体情况目送或随送至餐厅门口，并对离开的客人说："再见，希望您下次光临。"

(3) 收台检查。收台检查需要注意以下问题：

1) 按先口布、毛巾，后酒水杯、碗碟、筷子的顺序分类收拾。收台时要检查有无客人遗留的物品，如有应及时送还客人。无法追送时应交主管处理。

2) 整理台面，落台，收好菜单。

3) 换台布、摆花瓶，打扫餐厅，整理桌椅。

4) 洗涤、消毒餐具，按规定存放餐具。

5) 关闭各种电器设备，填写记录，关好门窗。

案例分析

诚实是职业道德的第一表现

李小林是某餐厅里一名经验丰富、操作熟练的值台服务员。一天晚餐时分，餐厅生意火爆，由于客人太多、座位太挤，李小林一边不停地说着"对不起，请让一下"，一边侧着身子小心翼翼地将一份"上汤菠菜"送到餐桌上。过了一会儿，她意外地发现一位客人搭在餐椅背部的衣服上有两块新鲜的污渍，仔细一看，像是菜汁弄的，那儿正是她刚才上菜的地方。她又看了看客人，发现客人仍在谈笑举杯，丝毫没有察觉。李小林经过短暂的思想斗争，最终决定主动告知客人："对不起，打扰一下，很抱歉刚才上菜的时候，由于我不小心，将您的衣服弄上了菜汁，非常对不起，请您原谅，我马上帮您清洗。"

客人很诧异地望着她，随后拿起那件衣服查看……过了几秒钟，这位客人缓缓地说："小姐，你很诚实，你不告诉我，我也不会知道的！"鉴于李小林诚实的工作态度和良好的职业道德，这位客人执意不肯将衣服给李小林送去清洗，只是轻描淡写地说："没关系，没关系，回家用洗衣液一泡就没事了，你也别把这件事放在心上，没关系的。"

李小林随即向餐厅主管汇报了此事，主管出面向客人道歉，并为此赠送了水果拼盘。当客人起身离开时，李小林又再次道歉，客人笑着对李小林说："你也别太放在心上，每个人都难免犯错，敢于认错并改正就好。"从此，这位客人成为该餐厅的常客。

分析：

"以诚待客""诚信经营"，在争夺客人异常激烈的餐饮竞争中，这样一个简单的原则（也是一个古老的原则）却能发挥出强大的效用。而要真正体现这一原则，则是对服务人员素质的一个巨大考验。

第三节　团体包餐服务

团体包餐是指因某种共同原因由主办人组织在一起的人群，按每人相同的标准同时在餐厅中集体进餐的一种形式。它是中餐服务中很重要的一种服务方式，要求服务员必须了解它的种类、特点并掌握它的服务程序，以便做好服务工作，树立饭店良好形象。

一、团体包餐的种类和特点

1．团体包餐种类

团体包餐的种类很多，常见的团体包餐有会议包餐、旅游包餐和其他类型的包餐等。

（1）会议包餐。会议包餐是团体包餐的一种，包括学术会、研讨会、商业洽谈会、总结表彰会、新闻发布会等包餐。会议包餐是指因参加某个会议而在餐厅集体就餐的一种形式。它的特点是进餐标准低，以日常便餐为主。会议时间少则一两天，多则十几天，所以此类包餐的菜式品种应做到不重样或设计出几份菜单循环使用。会议包餐的进餐标准虽然不高，但要求口味大众化，菜品可口。

（2）旅游包餐。旅游包餐是指由旅行社将参加同一旅游项目的人员组织在一起的旅游团体集体在餐厅就餐的一种形式。旅游包餐一般由旅行社同餐厅协商，统一安排。

（3）其他类型包餐。其他类型包餐包括旅游团队中的领队、导游、司机及随队的其他旅行社人员的“陪同餐”、体育团体比赛活动期间的集体用餐、学生包餐等。

2．团体包餐特点

（1）事先预订。团体包餐不同于零点餐厅可以随到随吃。因为团体就餐人数多，就餐标准统一，所以需事先预订，使餐厅和厨房有一定的准备。在接受预订时必须问清预订人员的身份、单位、姓名、联系电话等，还需要掌握该团体的就餐时间、用餐标准、付款方式、就餐人数及特殊要求等情况，以利于安排餐位和制定菜谱。

（2）以便餐为主。团体客人有明确的活动主题，进餐主要是为满足人的基本生理需求，一般不追求豪华与享受，菜式品种较简单，席间也不需过多的就餐礼仪。团体就餐形式一般采用合食、分食两种。合食是指一桌客人合吃共同的几道菜，有四菜一汤、八菜一汤等标准。分食是指客人每人一份饭菜，各自分开食用，一般是一拼盘菜加一汤。团体包餐客人一般不喝酒，消费标准不高。

（3）人多、面广、要求多。一般会议、旅游团队少则几人，多则几十人甚至于上百人，参加团队的人员（特别是会议餐）具有不同地区、不同民族、不同饮食习惯、不同年龄、不同爱好、不同禁忌等特点。所以，餐厅在按照一般标准照顾大多数客人的需要外，还要特别注意少数客人的特殊情况，对其进行特别照顾。

（4）集中开席，进餐标准统一。不管是会议还是旅游团队都是按事先安排好的日程进行集体活动的，进餐时间也是按进餐习惯事先预订好，一到进餐时间，客人将集中进入餐厅用餐。因此，餐厅的准备工作和组织工作显得尤为重要，特别是常用餐具的配备及菜肴原料的准备情况。另外，还要合理制定团体包餐菜肴，使其制作方法简单，适合大众口味，菜式的品种统一，用餐标准统一。

（5）进餐时间短，服务迅速。团队客人的活动时间安排较紧，进餐时间短，速度快。所以当大批客人进入餐厅急于用餐时，服务员要眼明手快，动作敏捷，用娴熟的服务操作技能和丰富的实践经验，采取灵活快速的供餐方式，尽自己最大努力，缩短客人的候餐时间，以便于节约客人用餐时间。

二、团体包餐预订

1．预订方式

任何团体包餐都需要事先预订，其预订的方式主要有以下三种：

（1）电话预订。此方法适合与餐厅有长期进餐协议的旅行社和其他团体，餐厅对预订人、预订单位较熟悉。对不熟悉的电话预订，要向其讲明最后的留位时间，以减少预订突然取消对餐厅造成的经济损失。

（2）信函预订。此方法适合于外地客人。即客人通过快件信函或传真等讲明预订的各种基本要求，餐厅可根据对方要求填写订餐协议书或合同书，并且反馈给对方，待对方在协议书上签字盖章并付足订金后，此预订才能生效。这种预订方法需要提前一周以上时间办理，且在订餐的前一两天还需要再与对方联系，以便于进一步确定具体事宜，保证包餐的顺利进行。

（3）上门预订。此方法适合社区内的企事业单位和其他社会团体。采用此方法预订时一般预订时间距开餐时间不长，所以要预付订金，也可根据具体情况灵活掌握。如比较熟悉的、信誉好的老客户，可根据情况少收或免收订金，但需经餐厅经理同意并且在预订单上注明“未付订金”字样。

2．预订需要确认的内容

不管是哪种方式，餐厅在接受预订时必须确认以下内容：

（1）预订人的身份。如单位、姓名、职务、联系电话、单位地址，必要时出示能证明身份的有效证件——身份证或工作证。

（2）团体名称及人数。

（3）进餐时间。要确定具体进餐时间、日期、餐次等。

（4）进餐标准。进餐标准可用两种方法确定：一是每桌 ×× 元，二是每人 ×× 元。一般团体客人经常用第二种方法确定用餐标准。

（5）进餐人员特征。其包括进餐人员的国籍、地区、民族、年龄、职业、宗教信仰、风俗习惯、特殊需要等，以便安排合适的菜式品种，并根据要求提供针对性的服务。

（6）服务方式。即进餐是选择共餐式、分餐式还是自助餐式等，在预订时需要讲明。

（7）结账方式。团体餐的结账方式一般是由主办人集体付款。可根据需要选择餐后立刻结账、签单结账或凭餐券结账等方式。

（8）特殊要求。其主要是指客人是否有饮食禁忌和特别爱好等。

以上内容预订时征得主办人确认后即可填写预订单或任务单，分发给餐厅、厨房等有关部门和有关管理人员，提前按预订标准进行包餐准备。

三、团体包餐服务程序

团体包餐的服务程序比较简单，一般包括餐前准备、开餐服务、席间服务和餐后服务工作四个部分。

1．餐前准备工作

由于团体包餐的进餐人数较多，就餐时间短，所以一定要做好餐前准备工作，否则开餐时易引起混乱。

（1）拟订菜单。餐厅部门经理和厨师根据餐厅下达的团体订餐任务单和团体客人的就餐要求、标准等，综合考虑厨房的货源情况和应季时令菜肴，共同拟订团体包餐菜单，尽量做到口味齐全、营养丰富、荤素搭配、菜量适中、有汤有点。在拟订菜单时，要注意安排本餐厅的特色菜肴，还可考虑安排当地的地方风味菜肴等供团体客人品尝。如果会议或旅游团队连续几天在此就餐，在菜单拟订时应做到每餐不同，各有特色，并且要几份菜单循环使用，避免重复。拟定菜单时要写清团体名称、人数、餐位、标准等。

（2）了解情况。在为团体客人提供服务前，服务人员要准确掌握每个团体的用餐人数、进餐时间、用餐标准（包括是否配备酒水饮料）、抵离日期、接待规格等相关内容，以便为客人提供标准化的团体包餐服务。如果接待不同国家或不同民族的客人，还需要了解来宾的口味特点、特殊爱好、生活禁忌等具体情况，并将其体现在菜单上。要保证不触犯客人的生活忌讳，尽量满足客人的特殊爱好。

（3）整理餐厅。整理餐厅时除了做好环境、餐用具的清洁卫生工作外，还要排列整齐餐桌餐椅。排列餐桌餐椅时注意过道的畅通，以方便席间上菜和大批客人同时进出，必要时可增设备餐台，摆放免费提供的主食和酒水等。

（4）准备物品。团体包餐服务要根据摆台要求和不同的服务方式准备相应的餐用具，一般包括摆台用品（如餐碟、汤碗等）、公共用品（如台号、花瓶等）、调味用品（如盐、味精等）、传菜用品（如大小托盘、小推车等）、开餐用品（如暖瓶、茶叶等）以及各种备用餐具等。团体包餐一般不饮酒，如果主办方备有酒水，服务人员应事先将酒水连同开瓶用具一起整齐地码放在服务桌上。

（5）安排餐位，铺设餐台。根据团队的人数和用餐标准，设置专用的餐厅或餐桌，服务员负责按照团体包餐的摆台要求摆设台面。注意每桌客人的人数应基本一致，不可出现一桌人多一桌人少的情况。

（6）全面检查。主要检查环境卫生、餐厅布置、物品配备、电器设备以及服务人员的仪容仪表等。

2．开餐服务工作

（1）主动迎客。客人到来，服务人员要热情迎宾。

（2）引客入座。按照事先安排的餐位，准确引领客人入座。如果客人较多，根据需要适当增加迎宾员或引领员人数，避免造成混乱。

（3）斟茶倒水。待客人全部坐下后，值台服务员迅速为客人冲泡斟倒第一杯礼貌茶，送上餐巾纸，并视具体情况递送小香巾。

（4）准备开餐。等整桌客人到齐或者收齐10张餐券后准备开餐。

3．席间服务工作

（1）上菜上饭。客人全部到齐后，服务员即可通知厨房出菜。若客人席间不饮酒，则需菜、饭、汤一起上桌，或者菜品间隔时间较短，避免出现桌上无盘或空盘等现象。上菜时要报清菜名，上特色菜时要简单介绍其风味或食用方法。菜全部上齐后要告诉客人菜已上齐。主食一般在盆里，供客人自取。上点心时要按品种分盘装，并放在餐桌的对角，方便每位客人取用。

（2）斟倒茶水。在团体客人就餐过程中服务人员要勤巡视台面，发现茶杯中茶水少时及时为客人续斟茶水。

（3）斟倒酒水。如果主办方提供酒水或者有客人自点酒水，服务员需要为其做好斟倒酒水服务。

（4）整理餐台。服务员在席间服务时，对于客人的特殊要求要尽力、尽快给予满足。除此之外，服务员还要随时整理餐台，及时收去客人用过的餐巾纸、空酒杯和多余的餐具、空菜盘等，以保持餐桌的整洁。

4．餐后服务工作

（1）结账收款。客人就餐完毕，服务人员应及时为客人提供结账服务。团体包餐客人的餐费一般由接待方集体结账。如遇个别客人添加酒、菜时，服务员应提前及时告知客人团餐费用不包含此部分，等客人就餐完毕应另外结账收款。

（2）拉椅送客。客人离座时服务人员应及时为其拉椅，提醒客人携带好自己的随身物品，礼貌地与客人道别。

客人全部离店后，服务人员要善始善终，做好结束收尾工作。注意当一桌的客人没有全部用餐完毕时，服务人员不能急于收台。当一桌客人用餐完毕离店后，服务人员应马上清理餐台，按照标准摆好下一餐的餐位。只有等餐厅的所有客人全部离开餐厅后，服务人员方能整理、清扫整个餐厅，做好结束工作。

案例分析

热情过度的服务

2015年12月初的一天中午，李先生陪同一位外宾来到某餐厅就餐。席间，餐厅女服务员满脸微笑，手疾眼快，一刻也不闲着：上菜后即刻报菜名然后分菜，汤来了为客人一碗一碗地盛汤，客人杯子空了马上添茶斟酒，餐碟里的骨刺皮壳多了随即就换，小毛巾用过后即刻换新的，碗里米饭没了赶紧添上……她站在他们旁边忙上忙下，并时不时用一两句英语礼貌地询问他们还有何需要。

吃了一会儿，外宾把刀叉放下，略显无奈地对李先生说："这里的服务真是太热情了，让人觉得有点……"这位女服务员似乎并没有察觉到外宾脸上的不悦，又用公筷给李先生和外宾碗里夹菜。外宾见状，忙用手止住她说："谢谢，还是让我自己来吧。"听到此话，她却说："不用客气，这是我们应该做的。"说着继续给客人们夹菜。

见服务员实在太热情，外宾有点透不过气来了，李先生只得对外宾说："我们还是赶快吃吧，这里的服务热情得有点过度，让人受不了。"于是，他们匆匆吃了几口，便结账离开了这家餐厅。

分析：

在餐厅服务工作中，常常发生过度热情致使客人左右为难的情况。是客人不通情达理吗？当然不是。是服务员未能充分了解客人的需求，提供个性化服务。

本案例中，女服务员并未留心观察客人用餐时的体态表情，在外宾脸上已流露出不悦时，仍然热情地为其提供服务；当外宾略显无奈地对李先生说："这里的服务真是太热情了，让人觉得有点……"时没有领会客人的意思。结果适得其反，给客人造成拘谨和压抑的感觉，引起了客人的厌烦情绪，从而使餐厅失去了潜在的客户。

思考与练习

一、思考题

1. 简述中餐服务的方式。
2. 简述零点餐厅早餐服务程序。
3. 团体包餐有哪几种类型？各有什么特点？

二、案例题

1．您能帮我核对一下吗？

2015 年的一天，一位在北京某饭店的常客就完餐后跟随服务员到收银台结账，当他看到账单上的总金额时，马上火冒三丈：“你们真是乱收费，我们只点了不到 10 道菜肴，哪会有这么高的消费？”餐厅收银员面带微笑地回答说：“对不起，我可以再帮您核对一下原始单据吗？”客人当然不表示异议，立马将账单交给了收银员。收银员一面检查账单，一面对客人说：“真是对不起，麻烦您能帮我一起核对一下吗？”客人点头认可，于是和收银员一起就账单上的项目一一核对。其间，那位收银员小姐顺势对几道其他客人点的价格稍贵的菜肴和饮用的名酒作了口头提醒，以唤起客人的回忆。

等账目全部核对完毕，收银员小姐很有礼貌地说：“谢谢您帮助我核对了账单，耽误了您的时间，劳驾了。”此时，客人知道自己错了，连声说：“小姐，麻烦你了，真不好意思！”

问题：

1. 请说明引起客人不满的原因是什么？
2. 服务员是怎么平息了客人的怒火并让客人认识到自己的错误的？

2．顽皮的大闸蟹

某海鲜酒楼以海鲜出名。某天该酒楼晚餐营业时间，一位服务员将客人点的大闸蟹错误地上到了另一桌，当上错桌的客人津津有味地品尝着大闸蟹时，而点了大闸蟹的那桌客人正在为大闸蟹的迟迟未上而急催服务员。餐厅服务员猛然发现菜肴上错了，但两桌的客人都是店里的老主顾，怎么办？服务员马上告诉了餐厅领班，餐厅领班来到点大闸蟹的客人面前，温和地道歉：“让您久等了！”然后风趣地说：“不知今天的大闸蟹为什么这么顽皮淘气，溜到隔壁的桌上去了！害得你们久盼不到，我们没看住，给您带来了不快，我们当面给您道歉了！请大家再耐心多等一会儿，我们会让厨师再抓一些并尽快把它押解上来。”

客人听她一席话，看她满脸的真诚，都笑了，很风趣地说：“不就是一只蟹吗？下回看住点！哈哈。”领班马上又说：“谢谢各位了！”然后她马上又到另一桌客人面前以贺喜的口吻告诉客人：“你们成了我们店的幸运之星，这只大闸蟹将给你们带来大吉大利！使你们心想事成，恭喜各位了！”客人听后大喜，马上又点了一瓶白酒助兴，用餐气氛达到高潮。

问题：

1. 餐厅上错菜是谁的责任？
2. 当服务员发现上错菜时应怎样及时弥补？

3．菜肴分菜要及时

某日，餐厅婚宴接待完毕后，客人非要要求打折，理由是今天的菜量不够吃，远达不到试吃时候的效果。但是经理老张看着满桌子剩下的整鸡和整鸭，着实觉得有点奇怪。后来客人说能吃的菜没多少，根本不够，而整只鸡和整只鸭因为没有及时分菜而导致客人没有食用。经理老张面对客人的投诉，也是哭笑不得。其实从传统心理来说，婚宴要求全鸡全鸭，但是客人们又大多自持身份，不好意思下手，面对着可口的开封桶子鸡、南京板鸭却不能下口，也难怪他们有意见了！

问题：

客人没有吃饱的问题出在哪里？服务人员应如何避免这种情况再次发生？

第四章 西餐服务

所谓西餐，泛指“西洋的餐点”，也就是西方人的饮食内容及方式。不同的西餐类型有着不同的服务形式，因此，西餐厅服务员应根据相应的服务规程和操作标准，提供优质的西餐服务。

学习目标

☆ 了解西餐的定义和特点。
☆ 掌握西餐主要菜式的组成及特点。
☆ 了解美式服务、法式服务、俄式服务和英式服务的定义。
☆ 掌握美式服务、法式服务、俄式服务和英式服务的程序及优缺点。
☆ 掌握咖啡厅早餐和午晚餐服务的程序。
☆ 了解扒房的定义，掌握扒房服务的程序。
☆ 了解自助餐服务的定义和特点。
☆ 熟悉自助餐的环境布置，掌握自助餐的服务程序。

第一节 西餐简介

一、西餐定义

西餐的定义分为广义和狭义两种。从广义上来讲，西餐是欧美各国菜肴的总称。从狭义上来说，它是由几个拉丁语系的国家所制作的菜肴组合而成的，如有“西餐之母”之称的意大利菜、现今西餐之主流的法式菜等。

二、西餐特点

1．用料精选

（1）选料考究。由于西餐菜肴大多不宜烹制太熟，有些菜还需要生吃，故西餐选料特别考究，力求新鲜精细。猪、牛、羊肉通常选择除皮去骨无脂肪的精肉，如牛肉选脊骨两旁的肉，称之为西冷（Sirloin），是整只牛的肌肉中最好的部分，用它制作的西冷牛扒较嫩滑。

（2）禽类要去头爪，通常不吃内脏。

2．香醇浓郁

（1）广泛使用乳品。西餐中经常选用乳制品作为烹饪作料，可提高口感，增加营养。

（2）大量使用酒类。西餐常用葡萄酒作调料，烹调时讲究以酒配菜，做什么菜用什么酒。

（3）大量使用香料。西餐的调料、香料品种繁多，除了常见的调味品（如盐、胡椒、番茄酱、芥末、咖喱等）外，还常在菜中加入多种香料，如桂皮、丁香、薄荷叶、小茴香、肉桂、甜紫苏、蛇麻草等，以增加菜肴香味。

（4）烹调方法独特。西餐常用的烹调方法有铁扒、烧烤、焗等，其中铁扒最为典型，扒制过的食物可产生浓郁的焦香气味。

3．工艺独特

（1）料形粗大。

（2）投料和操作规格化、标准化。

(3) 主、配料分别制作。

(4) 少司另制，确定口味。

4. 讲究老嫩

(1) 要求火候。西餐就餐客人对火候的要求不尽相同，服务员在接受点菜时，必须问清客人的需求，以便厨师按客人的口味进行烹制。

(2) 牛羊肉通常有五种不同的成熟度，即全熟、七成熟、五成熟、三成熟和一成熟。

(3) 西餐特别讲究肉类菜肴的鲜嫩，以保持养分。

5. 设备考究

(1) 西餐菜肴制作精细，要求制作菜肴的设备质量上乘，使用方便，易于保持卫生。

(2) 西餐餐具摆放规范，质地精美，常用高档的钢制餐具、镀银餐具和纯银餐具等。

(3) 西餐厅大量采用现代科技，从制作技术设备到酒水设备到餐厅装饰等均非常讲究。

6. 讲究营养卫生

西餐菜肴选择原料力求新鲜，注重天然健康；菜肴制作追求营养丰富，口味清淡；提供分餐制服务，重视卫生和健康。

三、西餐的组成和主要菜式

1. 西餐组成

西餐的午餐、晚餐不论是宴会还是便餐，大多由开胃食品、汤、副菜、主菜和餐后甜点组成。

(1) 开胃食品。开胃品包括冷盘、法式馅饼、牡蛎生吃等菜品，作用是引起而不是满足就餐者的食欲。

(2) 汤。西餐中的汤分为浓汤和清汤。汤一般是热的，但也有冷冻的做法，例如奶油浓汤。

(3) 副菜。副菜是在鱼和主菜之间提供的。在现代西餐中，副菜是指小份的意大利面食、海鲜煎薄饼、精制沙拉、小香肠或鱼（如果未选作主菜）等菜肴。副菜虽然不是为了仅仅吊起人们的胃口，但也不能太丰盛，以免抢去主菜的风头。

(4) 主菜。主菜是指一餐中最实质性的菜肴。客人在点餐时往往先确定主菜，然后再挑选别的菜品与之搭配。同样，厨师在设计菜单时也是先确定主菜，再安排其他东西与之相配。

（5）餐后甜点。西餐最后的菜品一般都是甜点，因它是一餐中最后提供的甜品，故称餐后甜点。常见的有冰淇淋、布丁等。

2．西餐主要菜式

西餐主要菜式见表4—1—1。

表4—1—1　西餐主要菜式

菜式名称	组成	特点	著名菜肴
法式菜	法国皇宫菜	制作精细、味道丰富、造型美观	法国洋葱汤、巴黎扒小牛柳、鹅肝酱、凤尾鱼洋葱塔特、黄油脆饼、玛丽特鸡蛋、烩小牛奶油少司等
	法国贵族菜	油重、少司重奶油成分、技术复杂	
	地方风味菜	原料带有地方特色、调味多样味道浓厚	
	新派法式菜	重新鲜度和质地、少司清淡、讲究装饰造型	
意大利菜	北部地区	习惯用黄油、玉米、马乃司少司	意大利面条、比萨饼、玉米菜等
	东部地区	菜肴朴素单纯，多是精心制作的农家菜	
	中部地区	制作简单味道清淡，多用新鲜蔬菜和奶酪	
	南部地区	惯用橄榄油、浓味的红色干面条	
美式菜	加州菜	喜用花生酱调味、营养丰富、口味清淡、低油	炖牛肉、什锦炖肉、水煮龙虾、香蕉布丁、甜土豆排、什锦菜卷、秋葵浓汤、什锦米饭等
	中西部菜	菜肴清淡，不放香料	
	东北部菜	广泛用海鲜、奶制品、菜豆和大米	
	南部菜	喜爱烧烤菜，爱用青菜、菜豆作配菜	
	西南菜	爱以猪肉和牛肉为原料，爱食玉米饼	
	新奥尔良菜	使用当地原料，制作精细、味偏辣	
英式菜	英格兰菜	味道清淡，将传统菜和民族菜与地方菜融合一起	爱尔兰炖羊肉、培根肉土豆、奶酪面包卷、炖牛肉末土豆等
	苏格兰菜	融合了传统的美食，烹调技艺高超	
	威尔士菜	常用羊肉、鳟鱼为原料，用韭葱增香	
	北爱尔兰菜	常以煮和炖的方法制作菜肴	
俄式菜	白俄罗斯菜	广泛使用马铃薯、畜肉、鸡蛋为原料	土豆粥、酸奶油、煮奶酪水果馅饺子、牛肉丸子汤、乌兹别克扒羊肉、油炸甜饺、鸡蛋蔬菜沙拉、物奶烩鲜蘑等
	高加索菜	色调美观、调味多用植物香料和干葡萄酒	
	乌克兰菜	以猪肉和红菜为主原料，以制作酸甜味菜闻名	
	乌兹别克菜	味道丰富，常用孜然、辣椒、伏牛花调味	
	西伯利亚菜	菜肴油大，制作精细	

第二节　西餐服务方式

西餐服务是指服务人员为食用西餐的客人提供的一系列接待服务，包括餐厅布置、餐具摆台和席间服务等。

餐厅的服务方式是指餐厅提供餐饮产品的方法和形式。西餐的服务方式大都起源于欧洲的贵族家庭，经过多年的发展，形成了现在常见的美式服务、法式服务、俄式服务、英式服务等服务方式。

一、美式服务

1．美式服务定义

美式服务兴起于 19 世纪初期，欧洲移民进入美洲大陆时，也将欧洲饮食文化带到美洲。在当时的一些港口城市开设了许多欧洲人经营的餐馆，他们汲取了法式和俄式服务中的精华，并与美国的智慧结合，形成了自成一体的独特服务模式，其提供服务的方式与原来欧式方式不尽相同，后来逐渐演变成现在的美式服务。

美式服务是指服务员根据客人的点菜在厨房将菜肴装盘并加以简单装饰，然后用托盘端到餐厅服务给客人的服务方式，也称为“餐盘服务”或“持盘服务”（Plate Service）。美式服务是一种迅速、经济的餐饮服务方式，一名服务员可以同时为很多客人服务，成本较低。

2．美式服务特点

（1）简单方便。所有的菜肴都会先在厨房内调理，经过适当的摆盘、配色、装饰，再由服务人员从厨房的出菜区一盘盘端出，送到客人身旁。

（2）成本较低。一位服务人员可高效率地为许多客人服务，因此人力成本较为节省。

（3）设备简单。美式服务既简单又迅速，往往不需要华丽的餐厅布置来搭配，也不会出现复杂的服务细节及桌边调理表演，所以不需要很多设备来做上菜服务。

（4）端盘技巧熟练。美式服务要求服务人员须具备熟练的端盘技巧，既不可以打翻餐盘，也不允许弄乱餐盘上的菜肴摆设。专业的端法是可以一次端 2～3 个餐盘上桌，同时也可以以相同的方法收拾空盘子。

（5）运用广泛。美式服务适合于翻台次数频繁的餐厅，如一般的咖啡厅、西餐厅、牛排馆或一般式宴会厅等。

3．美式服务摆台

美式服务的台面摆设，一般按照用餐顺序来排列。如图 4—2—1 所示为美式服务摆台。

图 4—2—1　美式服务摆台

（1）铺桌巾。在铺有软垫的餐桌上铺上桌巾，四边自然向下稍微接触椅面，再以对角方向铺上台心布。

（2）摆放展示盘、餐具

1）摆放展示盘。在座位的正前方，离桌边约 2 厘米处，摆放展示盘，盘上放餐巾。

2）摆放餐刀、餐叉。餐巾左侧摆放餐叉及沙拉叉，叉齿向上，叉柄距桌边约 2 厘米。叉与叉之间 0.5 厘米。在餐巾右侧摆上餐刀，刀口向左，接着摆汤匙，再摆咖啡匙，间距 0.5 厘米。刀柄及匙柄距桌边约 2 厘米。

3）摆放黄油碟、黄油刀。在餐叉前方（上方）摆放面包黄油碟。在面包黄油碟上右侧摆放 1 支黄油刀，刀身与桌边平行。

4）摆放酒杯。以餐刀刀尖为基准，摆放玻璃杯（水杯或酒杯），杯口朝下倒盖摆放。

5）摆放公用具。摆放佐餐用的糖盅、胡椒罐、盐罐等其他公用器皿。

4．美式服务的原则和程序

（1）服务原则。美式服务的一般原则是：所有食品用左手从客人左侧上；所有饮料用右手从客人右侧上；在送下一道菜之前，必须先撤掉用过的餐具和杯子，用右手从客人的右侧收拾餐具及盘碟。当客人坐在墙角处或小房间里时，上述原则可灵活变动。

（2）服务程序

1）在客人进入餐厅安排入座后，服务人员先将水杯上翻摆好。

2）送上菜单供客人参考点选，同时询问客人是否需要餐前饮料的服务。

3）介绍菜肴并解答客人问题后，接受客人点菜，并确认无误。

4）从客人右侧，以右手服务餐前饮料。

5）需在上菜前完成餐具的增减。

6）从客人左侧，以左手服务上菜（面包、黄油、开胃菜、汤、主菜）。

7）须收拾餐具碟时，由客人右侧以右手收拾。

8）在收拾主菜盘时，询问客人是否有其他需求。

9）送上甜点菜单，完成餐后甜点及饮料的点选。

10）从客人右侧，以右手服务甜点及饮料。

11）准备好账单并确认无误后，将账单面朝下置于客人左侧桌面上。

服务提示

美式服务餐盘的端法

● **单手持单盘。**用拇指和掌根鼓起部位压住盘边。为防止留下指纹，指头要向外翻。其余手指贴在盘子下面，起支撑盘子的作用。具体操作如图4—2—2所示。

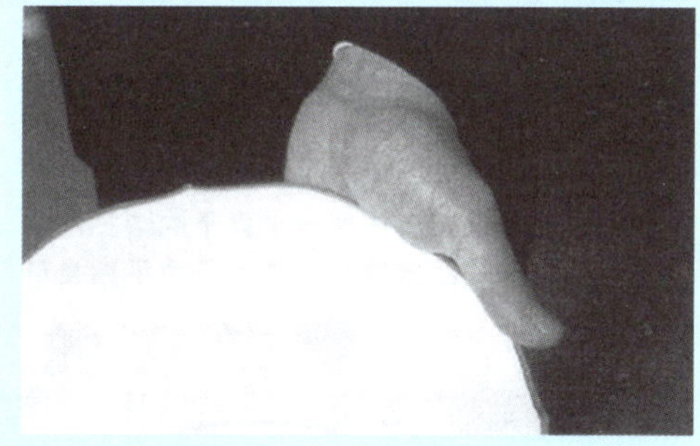

图4—2—2　单手持单盘

● **单手持双盘。**第一个盘子用食指、中指和无名指支撑，拇指和小指贴在盘子的边上。第二个盘子在第一个盘子的上面，用拇指和小指支撑。具体操作如图4—2—3所示。

图4—2—3　单手持双盘

● **单手持三盘**。用左手拇指轻轻压住第一个盘子的边，用食指支撑盘底的凸部分。其他三个手指自然松弛。第二个盘子在第一个盘子下面，是插在拇指根鼓起的部位，食指轻轻贴着盘子，中指、无名指和小指支撑在盘底。端第三个盘子时，把放在第二个盘子下面的小指提到盘子上面，使其处于放松状态。为使第三个盘子不致倾斜，保持平衡，应托住盘底。具体操作如图4—2—4所示。

图4—2—4　单手持三盘

5．美式服务优缺点

（1）优点

1）快捷。一个服务员可以同时为很多客人服务，尤其适用于西餐咖啡厅。

2）高效。它对服务的技术要求相对较低，非专业的服务员经过短期的训练就能胜任，因而在人工成本上是比较节省的。

（2）缺点

1）客人得到的个人服务较少，不属于亲切的服务方式。

2）餐厅经常显得忙碌和欠宁静。

3）不讲求分菜技巧及桌边服务。

二、法式服务

传统的法式服务，是在西餐服务中最豪华、最细致和最周密的服务，是在欧洲国家，特别是英国、法国的高级餐厅里，一代接一代沿袭下来的一种共同服务方式。在一些高级餐厅里，这种服务称为“里兹服务”，因为这种用于高星级豪华餐厅的服务标准是恺撒·里兹于20世纪初创立的。

1．法式服务定义

法式服务是指广泛地使用银器在客人餐桌边的旁桌或手推车上进行最后的加热和烹调，并由服务员或服务员助理用加热过的盘碟盛菜给客人的服务。

传统的法式服务对服务员要求非常严格，专业服务员大部分需在职业学校接受科班训练，并要经过几年的实习之后才能升为助理服务员。助理服务员不能单独从事服务工作，他必须与首席服务员或服务员一起工作两年后方能成为正式服务员。如今常见的法式服务，是把传统法式服务与俄式服务糅合在一起的一种改良后的服务。

2．法式服务特点

（1）豪华细腻。法式服务讲究礼节，提供客人精致的美食，搭配优雅的服务技巧、贵重的银器及华丽的装潢，为客人营造出完美的用餐气氛。

（2）耗时费力。法式服务讲究服务礼节，从每道菜肴的材料准备、器具设备准备，到现场调理表演、服务上桌及清理餐车、准备下一道菜肴的调理，须用到两位服务人员，并花费许多时间去服务，节奏缓慢，用餐的时间相当冗长。

（3）讲究餐具。法式服务大量使用银器，而且种类多、材质好，还有一般餐厅较少见的龙虾叉、田螺夹、田螺叉、洗手盅等银器。而用于桌边烹调的手推餐车也功能多样、布置华丽，还搭配了调理菜肴所需的各项餐具设备。

（4）收费昂贵。由于需要花费相当的人力、物力来提供法式服务，所以费用也相对较高。但对于有高消费能力的客人而言，这既是享受美食、交流感情的过程，也是身份和地位的彰显。

（5）桌边调理。法式服务的一大特色为桌边调理，即事先将食品在厨房内做全部或部分烹调，再用银盘端到餐厅，搭配烹任车及手推餐车，在客人面前做即兴的加工表演后，现场装饰摆盘服务上桌。从沙拉、主菜到甜点都可现场调理。

（6）专业服务。法式服务需要由受过专业训练的服务人员来服务客人，而非一般餐厅的服务人员所能胜任。这些专业人员除了需要在职业学校受专业训练外，还需要经过长久的现场操作实习，才能正式单独作业来服务客人。

（7）供应洗手盅。法式服务在客人享用过用手取食的菜肴，或是用完餐后，会供应由玻璃碗或银汤碗与底盘组合成的洗手盅，加上柠檬片，并附上餐巾，供客人洗手去腥。

3．法式服务摆台（见图 4—2—5）

（1）铺桌巾。在铺有软垫的餐桌上，铺上桌巾，四边自然向下稍微接触椅面，再以对角方向铺上台心布。

（2）摆放展示盘、餐具

1）摆放展示盘。在座位的正前方，离桌边约 2 厘米处，摆展示盘。

2）摆放餐巾。在装饰盘中心摆放折叠好的餐巾。

3）摆放餐刀、餐叉。在装饰盘左侧摆放餐叉及沙拉叉，叉齿向上，叉柄距桌边约 2 厘米。在装饰盘右侧摆上餐刀，刀口向左，刀柄距桌边约 2 厘米。在

图 4—2—5　法式服务摆台

餐刀右侧摆上汤匙，匙柄距桌边约 2 厘米。在底盘正前方摆放点心匙及点心叉，匙在上方，匙柄朝右；叉在下方，叉柄朝左。

4）摆放面包盘。将面包盘放在沙拉叉的左侧，盘上右侧摆放 1 支黄油刀，与餐刀平行。

5）摆放酒杯。以餐刀刀尖为基准摆放红葡萄酒杯，红葡萄酒杯的右下方摆放白葡萄酒杯，左上方摆放水杯，杯口朝上摆放。

6）摆放公用具。摆放佐餐用的糖盅、胡椒罐、盐罐，不摆放咖啡杯。在客人用正餐时间内不供应咖啡（与美式服务不同），通常不用摆茶匙。

4．法式服务的分工和程序

（1）服务分工

1）首席服务员职责。如没有领班时，应先安置客人入席；请客人点菜并做记录；为客人供应所需的酒类及饮料；在准备桌上完成菜肴及点心的最后烹饪工作；给客人送账单及结账收款。

2）助理服务员职责。把首席服务员所记录的点菜单送到厨房；在厨房按菜单要求准备好菜肴，用托盘把菜肴端进餐厅，放在旁桌或手推车上；将首席服务员烹调好的菜肴服务给客人；清理脏盘；在自己可能的范围内协助首席服务员。

（2）服务程序

1）上菜顺序。开胃菜、汤、主菜、配菜、烧烤、沙拉、甜品、咖啡。

2）上菜位置。在法式服务中，除面包、黄油、沙拉和一些必须放在客人左边的东西外，其他一律从右边送上。

3）上汤服务。当客人点汤后，助理服务员将汤用银盆端进餐厅，然后把汤置于炉上保温，其加工的汤量一定要比客人需要量多一些，以方便服务。当助理服务员把热汤端给客人时，应将汤盘置于垫盘的上方，并使用一条叠成正方形的餐巾。这条餐巾能使服务员端盘时不烫手，同时可以避免服务员把大拇指压在垫盘的上面。首席服务员从银盆用大汤匙将汤装入客人的汤盘后，再由助理服务员用右手从客人右侧服务。

4）主菜服务。主菜的服务与汤的服务大致相同，首席服务员将现场烹调的菜肴分别盛入每一位客人的主菜盘内，然后由助理服务员端给客人。例如，需要为客人上牛排时，助理服务员先从厨房端出烹调半熟的牛肉、马铃薯及蔬菜等，再由首席服务员在客人面前调配佐料，把牛肉再加热烹调，然后切好并将菜肴放在餐盘中。首席服务员应注意客人的表示，看其要多大的牛排。助理服务员应用左手从客人左侧将沙拉放在餐桌上。

5）净手盅的使用。当客人用手指拿着将要食用的食品（如鸡、龙虾、鲜水果等）时，应送上净手盅，再送上一块清洁的餐巾。净手盅是一只小的银杯或玻璃杯，放在一个精致的银盘上，中间衬上一块纸垫巾。净手盅内只放1/3的温水以免溅出，在温水中常放入一小片柠檬或花瓣。

6）撤餐具。当客人将餐刀和餐叉并排斜放于餐盘中时，表示客人已经用餐完毕，助理服务员要马上将客人用过的餐具撤下餐台。撤餐具的具体操作方法是，左手托盘，右手将客人不用的刀、叉收走，分类并列摆放在托盘的一侧，然后再将客人不用的餐盘撤下，摆放在托盘的另一侧。为第二位客人撤餐具时，将客人不用的刀、叉收走，和第一次撤下的刀、叉分类并列摆放，同时将第二位客人的餐盘撤下，与第一个餐盘叠放，以此类推。

7）特殊菜肴的配套餐具

①龙虾。若上龙虾，应视其温度摆放冷或热的盘碟。冷龙虾用冷盘，热龙虾用热盘，并上鱼刀、鱼叉、果核剥取器、黄油碟及黄油刀、洗手盅。

②鱼子酱。若上鱼子酱，应放冷却的开胃品碟、小刀叉、茶匙、黄油碟及黄油刀。

③牡蛎和蛤蜊。牡蛎和蛤蜊通常用银盘供应。银盘上面铺有小冰块，牡蛎或蛤蜊放在冰块上面。有时也把牡蛎置于餐桌中央，而客人面前放有盘碟。这时应为客人提供牡蛎叉，并上黄油碟、黄油刀及净手盅。

④蜗牛。用热盘碟盛蜗牛，并提供蜗牛叉、蜗牛夹、黄油及黄油刀、净手盅。将装满带壳蜗牛的银盘置于餐桌中央，银盘上铺有加热的食盐，客人可用蜗牛夹夹蜗牛并用特别的蜗牛叉子吃肉。这一道美味的午餐是与烤面包一起供应的。

⑤新鲜水果。提供水果盘或点心盘、水果叉及水果刀、净手盅。

⑥鲜葡萄。供应鲜葡萄时需要提供特别的服务，餐具包括水果盘或点心盘一个，盛有冰水的玻璃碗一个，剪刀和水果刀、叉各一把，净手盅一个。这样讲究的理由是：在法式服务中葡萄是整串放于玻璃盘并摆在餐桌中央的，客人用剪刀取一部分葡萄，并放进玻璃碗中用冰水洗净后摆在自己的盘碟中，接着可用手或水果刀、叉剥皮取核后食用。

5．法式服务优缺点

（1）优点

1）豪华的服务能吸引客人的兴趣与注意力。

2）讲究餐具，用餐气氛佳。

3）现场烹调可保持菜肴的热度。

4）提供专业服务技能。

（2）缺点

1）客人消费昂贵。

2）服务速度较慢，用餐时间冗长。

3）需要较多的器具设备来协助服务。

4）服务人员必须经过高度专业服务训练。

5）餐厅翻台率较低。

6）营运成本较高。

三、俄式服务

俄式服务起源于俄国，在拿破仑战争时期于欧洲大陆初次出现。当时欧洲以英式服务和法式服务为主，俄式服务因其简单、快捷，立即成为皇宫中很受欢迎的服务方式，现如今有些豪华饭店中也有采用这种服务方式的。

1．俄式服务定义

俄式服务是将食物全部在厨房准备好，并将食物整齐地摆在大银盘里，然后由服务员把大银盘端进餐厅，先向客人展示，介绍菜肴的特色后，再将银盘放到服务桌上。服务人员面对客人把菜肴分盛在客人的餐盘内。一般从主人左边开始，逆时针方向为客人服务。这样的服务方式又称为银盘式服务。

2．俄式服务特点

（1）服务迅速。俄式服务有法式服务的气氛与礼节，但是减少了法式服务冗长的服务方式，省去了现场桌边烹调的环节，改为从厨房端出盛装食物的银盘，再由服务人员服务，提升了用餐服务的效率。

（2）分菜服务。俄式服务讲求由一位服务人员以分菜叉匙服务上菜，将银盘上的食物根据客人的喜好及所需分量依序为客人服务。所以每一位服务人员都必须具备熟练的分菜服务技巧。

（3）气氛愉快。舒适的用餐环境，优雅的用餐礼仪，搭配银制餐具的使用，再加上食物分量可依据客人需求灵活调节，客人可以从容愉悦地用餐，享受个性化的服务。

（4）节省成本。俄式服务以银盘盛装食物，在客人桌边分菜，分配后剩下的食物因尚未经过长时间的搁置，也未受客人自行夹取的污染，所以可在最短的时间内端回厨房再利用，避免造成不必要的浪费。

（5）讲究餐具。俄式服务如同法式服务一样，大量使用银制餐具餐盘，除了需要大量资金购买外，也须十分注意餐具在使用过程中的变化，注重餐具平时的保养及保管。

3．俄式服务摆台

俄式服务的餐桌摆台与法式服务的餐桌摆台几乎相同。

4．俄式服务程序

（1）上餐盘。在分菜服务前，服务人员会先将空的热餐盘和银盘端进餐厅摆在服务台上，以右手持空餐盘，从客人右侧摆放在客人面前，同时以顺时针方向摆放。

（2）上菜、分菜及饮料服务。客人所点的食物会在厨房内准备好，整齐地摆放在银盘上，再由服务人员端进餐厅，由主人左侧开始，以逆时针方向为客人做分菜服务。分菜完毕后，将银盘上剩余的食物送回厨房。分菜时一律用服务叉匙进行。倒酒或饮料时，要从客人右侧进行，以顺时针方向依序服务。

（3）上汤服务。以银盘上菜时，服务人员以左前臂和手掌来支撑银盘，从客人左侧服务，以逆时针方向进行。服务热汤时，先将热汤盘摆在客人面前，从厨房将汤端到客人面前，舀到客人的汤盘内；若是厨房将汤盛在汤杯中，则直接将汤杯放到客人面前。

（4）收拾餐具。收拾餐盘餐具时，要从客人右侧进行，以顺时针方向依序服务。

5．俄式服务优缺点

（1）优点

1）每个餐位只需一名服务员，因而比法式服务节省人力。

2）服务迅速，费用比较节省，但同样能显示其优雅、讲究的特点。

3）空间利用率高，不必为小圆桌、餐车等特殊设备安排额外的空间。

4）所体现的个人照顾较多，同样会使客人感受到特别的关照。

5）因为菜肴事先在厨房分切好，所以能确保每份的分量一致。

6）由于是根据客人需求派菜，多余的食物得到回收，俄式服务所造成的浪费较少。

（2）缺点

1）尽管它是一种比较节省的服务方式，但银制餐具的投资仍是比较大的。

2）用一个大银盘服务，如果几个客人同时点一种菜，意味着要从同一个银盘中给许多客人派菜，那么最后一位客人看到的只是大盘子里余下的最后一份菜，不仅形状凌乱，而且菜也可能变凉。

3）如果同一团体客人中点菜内容不同，服务员就必须分别从厨房端出许多个银盘。

四、英式服务

1. 英式服务定义

英式服务又称家庭式服务，是指由服务员从厨房将烹制好的菜肴传送到餐厅，主人亲自动手切肉、装盘，并配上蔬菜，服务员把装盘的菜肴依次端送给每位客人的服务。调味品、沙司和配菜都摆放在餐桌上，由客人自取或相互传递。英式服务家庭气氛很浓，许多服务工作由客人自己动手，用餐的节奏较缓慢。

英式服务属于一种非正式的服务方式，主要适合于私人宴会或餐厅包厢内，是由主人在服务员的协助下完成的服务方式，也可称为“主人服务”。

2. 英式服务摆台（见图 4—2—6）

（1）铺桌巾。在铺有软垫的餐桌上，铺上桌巾，四边自然下垂，稍微接触椅面，再以对角方向铺上台心布。

（2）摆放展示盘。在座位的正前方离桌边约 2 厘米处摆底盘。

（3）摆放餐具。在餐巾左侧摆放餐叉及鱼叉，叉齿向上，叉柄距桌边约 2 厘米。在餐巾右侧摆上餐刀和鱼刀，刀口向左，刀柄距桌边约 2 厘米。将甜点匙及汤匙，依序摆在鱼刀右侧，匙柄距桌边约 2 厘米。

图 4—2—6　英式服务摆台

（4）摆放面包盘、黄油刀。在餐巾左上方摆放面包盘。在面包盘上右侧摆放 1 支黄油刀，刀身与餐刀平行。

（5）摆放酒杯。玻璃杯（水杯及酒杯）摆在汤匙上方，杯口朝上摆放。

（6）摆放公用具。摆放佐餐用的糖盅、胡椒罐、盐罐等器皿。

3. 英式服务程序

（1）食品和配菜都是盛在方盘中或大碗中送到餐桌上，先由男主人从大方盘中把菜肴分到客人的餐盘中，然后递给站在男主人左边的服务员，再由服务员分派给女主人、声望高的客人及其他客人。

（2）服务员把热汤盘放在男主人面前，男主人盛满每一个汤碗，再由站在男主人左边的服务员根据男主人的吩咐送给每一个客人。在所有英式服务中通常是将第一碗汤递给女主人。

（3）盛满食品的餐盘可由服务员递给每一个客人挑选，也可由客人自己拿取后再挑选自己喜爱的菜。肉是由男主人切分后放在餐盘里，蔬菜和其他配菜是由女主人分到盛有肉菜的餐盘里。

（4）甜点由女主人分好，服务员进行装饰后再递给客人。

（5）所有饮料都是由男主人来调和并服务。

（6）英式服务在加拿大通常不用服务员，所有一切招待客人的工作，都由男女主人来完成。将菜在厨房准备好，盛在大方盘或大碗中送到餐桌并摆放在餐桌中央，由客人自己挑选。

（7）英式服务总是从右边服务，清理盘碗却是从左边开始。这与其他西餐服务方式是有区别的。

（8）英式服务不要求服务员有较高的服务技巧，但服务员要有大量的时间用于清理客人的餐台，如撤下空盘、更换公用叉勺、撤换客人的残盘等。

4．英式服务优缺点

（1）优点

1）不需要复杂的服务流程及相关设备。

2）满足客人食量需求，可以减少食物的浪费。

3）宾主都参与菜肴的取用，用餐气氛热烈。

（2）缺点

1）用餐时，男女主人会相当忙碌地处理食物。

2）宾主都参与菜肴的取用，容易在过程中产生失误，容易发生尴尬的情况。

3）不适用于一般用餐场合。

第三节　零点餐厅服务

一、咖啡厅服务

1．咖啡厅早餐服务程序

（1）咖啡厅早餐摆台

1）铺好台布，将餐椅围着餐桌摆好，餐椅的前沿刚好与台布的末端接触，摆在同一边的椅子成一线，与桌边平行，椅子间的距离均匀。

2）将餐巾折成餐巾花，摆在席位正中，餐巾花间的距离相等。

3）先在餐巾花的右侧摆上餐刀，刀刃向左，再在餐巾花左侧摆上餐叉，叉齿朝上，餐刀与餐叉的距离为 30 厘米，刀把和叉把距餐桌边 1.5 厘米。

4）将咖啡杯垫上杯垫，整套咖啡具摆在餐刀右上方，距餐桌边 4 厘米。

5）将花瓶、台号牌、糖盅、胡椒瓶等集中摆于餐桌的中心位置。

（2）咖啡厅早餐服务程序

1）问清客人是要咖啡还是红茶，尽快为客人上饮品。

2）递呈菜单，推荐当日新鲜水果。

3）记录订单，尽快将订单送到厨房备菜。

4）迅速备妥食物的配料，放在餐桌上。

5）尽快地上客人所要的食物，不停为客人添加咖啡或茶等。

6）征求客人对食物的意见，并询问客人还需要什么服务。

7）客人结账后，应向客人致谢，并欢迎再次光临。

8）清理台上的物品，但在客人尚未离座时不要拿走他们未喝完的饮料杯。

2．咖啡厅午晚餐服务程序

（1）咖啡厅午晚餐服务前的准备工作

1）保持餐厅的卫生整洁，摆台整齐规范，无缺漏。

2）保证本服务区域内的餐桌、座椅、工作台等完好无损、清洁卫生。

3）准备好各种水杯、酒杯、餐具、菜单、备用餐具等。

4）检查并保证音响、照明及一切电器设备运转正常。

5）熟悉当天的特色菜肴。

（2）咖啡厅午晚餐服务程序

1）热忱迎宾，带位入座。

2）服务倒水，服务桌前酒。

3）递交菜单，接受点菜。

4）点佐餐酒，调整餐具。

5）上菜服务，买单结账。

6）诚挚送客，收拾桌面。

二、扒房服务

1．扒房简介

扒房是饭店为体现自己餐饮菜肴与服务的水准，满足高消费客人需求以增加收入而开设的高级法式西餐厅。如图 4—3—1 所示。

图 4—3—1　扒房

扒房的布置要求高雅、富丽、神秘并具有独特风格，一般的设计主题以欧洲文化艺术为背景。扒房的色彩多以暖色为基调。地毯、餐椅、墙壁要求色调协调。灯光较暗淡，吸顶灯、吊灯、壁灯的亮度均能调节，开餐时调得很暗，以餐桌上的烛光照明为主。背景音乐主要播放世界古典名曲，有时安排钢琴现场演奏或小提琴桌边表演。演奏可由客人点曲，从而形成一种浪漫、典雅的气氛。在扒房入口处或中央设置的展示台是用水果、蔬菜、酒品、服务器具等精心设计装饰而成的，其目的是突出餐厅的特色和主题。

扒房所使用的餐具、服务器具既高档又专业化，如银质或镀银的餐叉、餐刀、水晶杯，贵重的烹制车、酒水车、甜品车、手推车，精致的瓷器等。扒房的家具也较豪华，如羊皮扶手沙发、精制方形或长方形餐桌、法兰绒桌垫、全棉桌布等。

扒房服务员以男性为主，着西装佩戴领结，或穿燕尾服佩戴领结。女引座员一般着西式拖地长裙，长裙以黑、红等深色居多。所有服务员能熟练地用英语会话，有些扒房还要求服务员懂法语。

扒房的菜单、酒单印制十分讲究，常常使用皮制封面，菜单中应包括该扒房的经营餐式（法式、意式、俄式西餐）中的主要大菜和风味食品。

扒房的酒水品种齐全，特别注重配齐世界各地所产的著名红、白葡萄酒和其他名牌酒品。

2．扒房服务程序

（1）接受预订

1）自报身份，并问清客人的姓名、预订的座位数及准确时间等。

2）记下客人的特殊要求，如要求留座的位置、预订的菜式、是否需要生日蛋糕等。

3）重复客人的预订，让客人确认并道谢。

4）等客人挂上电话后，预订员才能挂电话。

5）将预订情况立即填写在预订表上，预订登记表应一天占一页纸，以免混淆。

（2）台面布置。扒房的台面布置如图 4—3—2 所示。

1）铺好台布，固定客椅的位置，摆装饰盘。

2）在装饰盘的右侧从左至右依次摆放牛扒刀、鱼刀、汤匙，刀刃向左，刀把和匙把距桌边 1.5 厘米。在装饰盘的左侧从右向左依次摆放牛扒叉、鱼叉、叉口向上，叉柄距桌边 1.5 厘米。

3）在装饰盘正前方从下至上依次摆放甜品叉和甜品匙。叉把向左，叉口向右；匙柄向右，匙面朝上。

4）在餐叉的左侧摆面包盘，距桌边 4 厘米，将黄油刀摆于面包盘内靠右侧 1/3 的位置上。

图 4—3—2　扒房台面布置

5）将水杯摆在餐刀的正前方，与刀尖相距 2 厘米；葡萄酒杯摆在水杯的右下方，与水杯相距 1.5 厘米。

6）将餐巾花摆在装饰盘正中。

7）将调味架和牙签筒按四人一套的标准摆放在餐桌中线的位置上。

8）在餐台中心位置上摆放一个花篮或花瓶。

（3）欢迎客人

1）门口迎候。餐厅领位员或经理在餐厅门口面带微笑，迎候客人。见到客人，主动上前问好，问清客人是否有预订。

2）领位。若客人已订座，迎送员应热情地引客人入座；若客人没有预订，迎送员应礼貌地将客人引领至适当的餐桌。领位时应走在客人前方约 1 米处，且不时回头，把握好客人与自己的距离，切忌只顾自己在前面走，而把客人落在后面。

3）拉椅让座。服务员应上前招呼客人，帮助其就座，拉椅时要按照“女士优先”的原则将其安排在面朝餐厅的最佳位置。

4）铺餐巾。把餐巾打开铺在客人的膝上，按先女后男、先客后主的次序顺时针方向依次进行。

（4）服务餐前酒水

1）餐前酒水介绍。向客人介绍开胃酒或鸡尾酒，记下每位客人所点的酒水，并开出酒水单。酒水订单一式三联，一联交收款台以备结账，二联拿到吧台取酒水，三联自留备查。在一桌有很多客人的情况下，往往需要在草稿纸上画出餐位示意图，按图用缩写或符号记下客人要求，以防止上错酒水。

2）餐前酒水服务。开单后，应尽快将酒水送到客人桌上，按照国际标准，时间不应超过 2 分钟。没有点酒水的客人应为其倒上冰水。服务鸡尾酒时，应用托盘送上，并报出名称，如果由售酒服务员开点酒单，可进行客前鸡尾酒的调酒表演。

(5) 点菜服务

1) 递菜单。因西餐是分食制，每位客人所点的菜式可能不一样，扒房领班应为每位客人呈递一份菜单，呈递按先女后男、先宾后主的次序进行。打开菜单的第一页递给客人，同时介绍当日厨师特选和当日特殊套菜，然后略退后，给客人留出看菜单的时间。客人看完菜单后，立即上前询问客人是否可以点菜，得到主人首肯后，从女宾开始依次点菜，主人最后点菜。

2) 接受点菜。扒房是由领班接受客人点菜，在一般情况下服务员不能接受点菜。点菜时先在草稿纸座位示意图上将相应客人所点菜名写上，然后复述客人所点菜肴的名称，确认后，礼貌致谢，收回菜单，然后认真填写正式点菜单送入厨房。

服务提示

扒房点菜注意事项

- 若客人点法国洋葱汤，要问清是否配柏尔玛干酪。
- 若客人点沙拉，要问清搭配何种沙拉汁。
- 点牛排、羊排应注意问生熟程度。
- 在客人面前制作沙拉时，要把装有各种调料的盆子展示给客人，询问是否需要放每种调料。

(6) 佐餐酒服务

1) 呈递酒单，推销佐餐酒。领班或酒吧调酒师呈递酒单给客人，根据客人所点菜肴，介绍推销与其相配的佐餐酒，并留足客人自己选择的时间。

2) 领班或调酒师订佐餐酒。征求客人用什么葡萄酒（西餐的红、白葡萄酒一般是整瓶出售），如果订红葡萄酒，要问清是现在喝还是配主菜喝，现在是否要打开等。红葡萄酒要盛放在酒架或酒篮中放在客人餐桌上。白葡萄酒则应立即服务，即将白葡萄酒杯放在盛冰块与水的香槟酒桶里，连酒桶架一起端到主人身边。

3) 摆放酒杯。根据客人所点的佐餐酒摆放酒杯，有的餐厅摆位时已准备了红、白葡萄酒杯，如果客人只需要一种葡萄酒，则将多余的葡萄酒杯撤下。

4) 重新摆放餐具。服务员根据点菜单信息，给每位客人按上菜顺序摆换刀、叉、勺，最先用到的餐具放在最外侧，其余刀叉依次向内摆放。

(7) 上黄油、面包。客人点完菜后，服务员按照女士优先的原则上黄油和面包。服务员要注意检查黄油是否够量、形状是否完好，检查面包的数量、种类是否齐全新鲜。注意要先给女士上黄油和面包。

（8）葡萄酒服务

1）在介绍白葡萄酒时，应将准备好的冰桶架端至主人右手边；红葡萄酒要用酒篮。

2）用餐巾托起瓶身向主人展示酒的牌子，让主人确认是他所点的酒后，放回冰桶里，在客人面前用开瓶器将木塞取出，木塞直接递给主人，待主人闻过木塞，确认其所点的酒品没有问题后，再用餐巾擦拭瓶口。

3）用餐巾包裹瓶身，但需露出牌子，先在主人杯子里倒入少许让主人品尝，然后先女后男斟酒，最后再给主人斟至标准量。红葡萄酒斟至 1/2 杯，白葡萄酒斟至 2/3 杯。

4）将斟后的酒瓶放回冰桶，上面覆盖餐巾，随时准备替客人添加。如果酒瓶空了，应征求客人意见是否再订一瓶。

（9）头菜服务

1）根据订单和座位示意图，用餐厅严格规定的服务方式上菜。有的餐厅用手推车将在厨房分盘装好的菜推至桌边，有的餐厅则用银盘分派。一般情况下，上菜时服务员用右手从客人右侧送上，并向客人报出菜名，上完菜后，移走手推车。

2）头菜吃完后，征求客人意见，按先女后男次序用右手从客人的右边沿逆时针方向开始进行撤盘，将头菜刀叉放在空盘里一同撤下。

3）西餐服务要求徒手撤盘，只有玻璃杯具、面包盘、黄油盅等小件物品用托盘撤送。收盘时，用右手从客人的右边按顺时针方向依次撤下每位客人的空盘，撤下的脏盘直接送入洗碗间，分类摆放。

（10）巡台服务

1）撤下空的饮料杯。

2）加冰水。

3）添加佐餐酒。

4）添加面包及黄油（用夹取送）。

（11）第二道菜服务

1）值台员用手推车或旁桌服务方式送上第二道菜，第二道菜直接放在装饰盘内。

2）汤盅需垫上餐巾折成的小荷花，这样既美观又可保温，沙拉木碗与汤盅一样需垫小荷花，以使冷食品保持低温。沙拉汁、奶酪粉等调配粉一律从客人左手边分派。

3）第二道菜吃完后，空菜盘应连同装饰盘一同撤下，餐位上只留下吃主菜的刀叉用具及面包碟。

（12）主菜服务。许多餐厅的主菜是在客人面前烹制表演、切割装盘。值台员要提前做好准备工作，然后由领班进行操作表演。

1）上主菜。菜肴装盘时要注意布局，一般蔬菜等配菜放在大块肉上方，汁酱不要挂在盘边。值台员在客人右侧上菜，上完菜后要报菜，告知牛、羊排几成熟。放盘时，让主菜、肉类靠近客人，蔬菜则靠近桌心。

2）撤主菜盘。当全部客人吃完主菜后，值台员应按先女后男的次序撤走主菜盘刀叉，将面包碎屑扫干净并征求客人对主菜的意见。

（13）奶酪甜点服务

1）推销奶酪和甜点。首先展示放有各式奶酪的木板或手推车，将客人点的奶酪当场切割、装盘、摆位，并配上胡椒、盐盅、黄油、面包、凉蔬菜。待客人吃完奶酪后，将用具托盘撤下，只留下甜品叉、勺及有酒水的杯子、餐巾、花瓶、蜡烛。然后展示甜品车，服务蛋糕、甜点、水果。有些扒房则呈递甜品单，甜品在厨房里准备，但苏珊饼要在客人面前烹制表演。

2）撤走甜点用具。值台员用托盘撤走盛甜点的用具，将咖啡杯或茶杯移到客人面前。

（14）咖啡或茶服务

1）先问清客人喝咖啡还是茶，咖啡必须附带糖及奶精或奶，如是茶则须加新鲜柠檬一片。

2）根据客人需要随后送上糖缸、奶壶或柠檬片，准备咖啡具或茶具，再用咖啡壶或茶壶斟倒。

3）咖啡与茶均须趁热供应，并随时准备添加。在客人离桌前，所有酒杯均应保持原位不动，待客离去后再撤。

（15）餐后酒和雪茄服务

1）展示餐后酒车，询问客人是否在餐后需要点利口酒。

2）用酒水车上准备好的各式酒杯为客人斟倒所点酒类并随之记账。如果客人点了雪茄，要帮助客人点燃。

（16）结账收款

1）只有等客人示意结账时，领班才去账台通知收款员汇总账单。

2）事先征求客人意见。由于西餐厅有些客人要求分餐结账，所以事先应征询客人是否需要分单结账，以便能迅速准确地为每位客人办理结账手续。

3）领班要检查账单是否正确，然后将账单正面朝下放在收银盘上，送到餐桌，有礼貌地询问客人是否还有别的需要。客人若表示不再需要，则将账单放在餐桌上，或放在男主人或女主人左侧，不需读出金额总数，除非客人有疑问。

4）领班将现金、信用卡、支票或签过名字的账单交回收款台，由收款员办理结账手续，在账单第一、二联盖上“收讫”章，领班再用账夹将找的钱和回单交还客人并道谢。

（17）热情送客

1）客人起身离座时，要帮助客人拉椅、穿外套，并提醒客人带好自己的物品，说“谢谢光临”“欢迎下次光临”等礼貌用语，送客人到餐厅门外，鞠躬道再见或晚安。

2）如有衣帽寄存，应主动取递衣帽，并协助穿戴。

（18）收台整理

1）客人离开后，值台员应立即检查有无客人的遗留物品。

2）放好椅子，整理餐巾，用托盘、干抹布清理台面，换上干净台布，重新摆台后，准备迎接下一批客人。

3）收拾餐台时要注意轻拿轻放，不要发出声响，以免影响其他客人就餐，破坏西餐厅的气氛。

案例分析

不吃蛋黄的客人

在某西餐厅的早餐营业时间，服务员小芳注意到一位年老的客人先将鸡蛋上面的油擦掉，又把蛋黄和蛋白用餐刀切开，再就是用白面包夹着蛋白吃掉，而且在吃鸡蛋时没有像其他客人那样在鸡蛋上撒盐。小芳猜测客人可能是患有某种疾病，才会有这样特殊的饮食习惯。第二天早晨，当这位客人又来到餐厅用餐时，未等其开口，小芳便主动上前询问客人：“您是否还享用和昨天一样的早餐？”待客人应允后，服务员便将昨天一样的早餐摆在餐桌上。与昨天不同的是煎鸡蛋只有蛋白而没有蛋黄，客人见状非常高兴。边用餐边与小芳谈起，之所以有这样的饮食习惯，是因为他患有顽固的高血压症。以前在别的饭店餐厅用餐时，他的要求往往被服务员忽视，这次在这家饭店住宿用餐，他感到非常满意。

分析：

在本案例中，客人开始时并没有跟服务员小芳提他的特殊饮食习惯。因为客人以前在别人的饭店餐厅用餐时，他的要求往往被服务员忽视，客人根据经验认为这个餐厅也不会在意这些细节，所以没有必要和服务员提起。但他没想到服务员小芳不仅记住了他的特殊习惯，而且不用客人本人再次提醒就能主动端上已提前去掉蛋黄的煎鸡蛋，让客人感受到被尊重和重视。所以在这家饭店住宿用餐，他自然感到非常满意。

在客人到店消费时，作为服务人员应多观察客人的特殊习惯和餐饮偏好，在下次服务该客人时即可根据客人的具体情况提供个性化服务。

餐饮服务要有预见性，要把客人的需求考虑周到，使客人享受到方便贴心的服务。

第四节　自助餐厅服务

一、自助餐厅服务概述

1. 自助餐厅服务定义

自助餐就是客人自己动手，从摆设陈列各式食物的餐台上拿取自己喜欢的食物，然后回座享用的就餐方式。自助餐厅服务是一种越来越受欢迎的食品服务方式。

自助餐服务有许多优点。一是，菜肴丰富，陈列精美，能引起人们的食欲。同时它还具有品尝性，人们只要花少量的钱，就可品尝到具有地方特色、品种繁多的美味佳肴。二是，一般来说自助餐的就餐速度较快，客人进入餐厅后无须等候，这对赶时间的客人来说无疑是非常方便的。三是，自助餐的菜肴是事先准备好的，故在服务时间内厨房里的厨师可以减少，缓和高峰时期厨房的忙碌和厨师人手紧张的矛盾，服务员的使用也是非常节省的。

2. 自助餐厅服务特点

（1）菜肴分类摆放。自助餐厅常会将菜分为沙拉类、热食类、主菜类、汤类、冷菜类、点心类、水果类、冷热饮料类、现场切割或烹调类等区域，供客人自由选择。

（2）客人各取所需。自助餐的客人不但能品尝自己所喜爱的佳肴，而且候餐时间较短。对于请客方来说，客人到达自助餐厅后可直接到菜台取自己喜欢的菜肴，不存在点菜的问题。这样不但为客人节省了就餐时间，关键是还省去了点菜时众口难调和菜肴档次高低难以决策等难题。

（3）费用固定。自助餐的标准是固定的，它是以就餐人数作为计费标准，而不是按所选用的菜量计算。

（4）注重餐台装饰。自助餐厅经常会利用造型冰雕、蔬果雕、灯光、烛台、雕塑艺术品，或大量新鲜蔬果、食材、花卉等来装饰美化餐台。有时为求丰富美观，自助餐厅会采用价格较贵的餐具器皿，如银盘或大型装饰瓷盘等来盛装菜肴。

（5）注重用餐气氛。有的自助餐厅会配备歌手、乐团等来进行现场表演，以烘托用餐气氛。

（6）服务简单。自助餐的服务也比较简单，除了菜台、酒水台等固定位置需要安排一定的服务人员外，在客人就餐区只需安排少量的服务人员收餐即可，不需要提供细致、周到的餐桌服务。

（7）就餐时间自由。自助餐就餐不受时间限制，早到晚到均可，随到随吃。

二、自助餐厅环境布置

自助餐厅的环境布置应该具有独特的个性，并能以其鲜明的形象给客人留下深刻的印象，同时也要与其精美的菜肴相映成辉。例如，水晶宫似的海鲜自助餐厅，富有浪漫色彩的野味自助餐厅，反映本地风土人情的民俗自助餐厅以及具有乡土气息的田园自助餐厅等。

根据特别活动而设的自助餐厅应按其主题进行布置，并将该主题作为指导思想贯穿于餐厅装潢、背景布置、餐台装饰和食品的推销中去。有可能成为自助餐主题的节日，如圣诞节、母亲节、复活节、情人节、感恩节、元旦、春节、端午节、元宵节、中秋节等，都是饮食促销的大好时机。

1．装饰用品的设计与摆放

自助餐厅非常讲究装饰用品的设计与摆放。自助餐厅在装饰布置时所选用的材料应为突出主题服务，墙壁背景、屏幕、盆栽、旗帜和其他活动装饰都可以作为招揽生意的手段。现代声、光系统更可以使自助餐厅有声有色。除此之外，餐具和陈列餐肴的容器也可以别出花样，除瓷器、玻璃器皿和银器外，木器、竹器、大贝壳等都是能起点缀作用的容器。

2．自助餐台的设计与布置

（1）自助餐台安排。自助餐台也叫食品陈列台，可以安排在餐厅的中间或靠墙的一边，也可以放在餐厅一角；可以摆一个完整的大台，也可由一个主台和几个小台组成。自助餐台的安排形式多样，变化多端，但布置时必须注意下列问题：

1）醒目而富有吸引力。自助餐台要布置在显眼的地方，使客人进入餐厅第一眼就能看到。可用聚光灯照射台面，但切忌用彩色灯光，以免改变菜肴颜色。

2）方便客人取菜。自助餐台的大小要考虑客人人数及菜肴品种的多少，位置安排要考虑客人取菜时的人流走向，避免客人选择菜肴时拥挤堵塞。

3）台布遮住台脚。自助餐台的台布要下垂至离地面 5 厘米处，既要遮住台角，又不能让人踩到。铺好台布后再围上台裙。

（2）自助餐台常见台形

1）I 型台。即长台，最基本的台形，常靠墙放。

2）L 型台。由两张长台拼成，一般放在餐厅一角。

3）O 型台。即圆台，通常摆在餐厅中间。

4）其他台形。如果定制一些不同形状的餐台（如扇面型、半圆型、四分之一圆型等），可根据场地拼接出各种新颖别致、美观流畅的台形。

另外，自助餐台的中央一般布置成大的花篮，用雕塑、烛台、鲜花、水果、冰雕等饰物点缀，填补空白，增强效果。

（3）自助餐台的摆放与布置（见图 4—4—1）

1）客人盛菜用的餐盘放于自助餐台最前端（即靠近入口处的一端），餐盘叠放要整齐，不可堆放太高，以免倒塌。

2）凡热菜必须用保温锅保温。

3）与菜肴搭配的汤汁、调料和装饰物应与这些菜肴摆放在一起。

4）甜食和水果可以单独设台，也可以用分格子大盘盛装。

5）每道菜肴都要摆放一副取菜用的公用叉勺，餐盘前摆放中英文菜牌。

6）所有餐盘不得伸出台边，一般距台边 10 厘米左右。

7）摆放菜肴时注意色彩搭配，做到美观整齐。

图 4—4—1　自助餐台的摆放

8）在摆放技巧上，应将成本较低的菜肴放在引人瞩目的地方，这样客人就会先取食成本低的菜肴，从而减少成本较高菜肴的消耗量。

9）可以分区陈列各个不同国家和地区的特色菜，这是自助餐的又一特点。如果要着意渲染气氛，也可以让服务员穿某国的服装进行服务。

3．餐桌餐椅的摆放与布置（见图 4—4—2）

（1）餐桌餐椅摆放整齐。由于自助餐厅较大，所以餐桌餐椅需摆放整齐，横竖成排，留足通道空间。

（2）设计餐桌时以两人、四人、六人就餐时所用的方桌居多，也可安排少量大圆台在适当的位置。

（3）餐桌上铺设装饰布，餐椅需套椅套。

（4）根据餐桌大小摆放合适数量的餐具。餐具需保持干净、卫生，无污渍、无水渍。

（5）餐桌中心摆放公用具。餐桌中心摆放花瓶、餐巾纸、调料等公用具，这样不但可以装饰餐桌，也方便客人使用。

图 4—4—2　自助餐厅的餐桌餐椅摆放

三、自助餐厅服务

1．准备工作

（1）按自助餐要求，摆放整理好自助餐厅的餐台和餐桌餐椅，并按照菜单准备好各类餐具和用具。

（2）根据自助餐的要求，做好餐台的布置工作，餐台要用台裙围边，台面上要放置好各种装饰用鲜花、各种雕刻或其他艺术品，准备好各种盛放热菜的保温锅等。

（3）按照从冷到热、从素到荤或从淡色到浓色的原则将菜肴分类摆放，并在餐台前端的位置摆放餐碟及其他就餐用具。

2．迎宾工作

（1）热情迎宾。当客人进入自助餐厅时，迎宾员应微笑礼貌待客。问清客人人数后，将客人带到合适的餐桌就座。

（2）拉椅让座。服务员主动上前为客人拉椅让座。注意先女宾后男宾，先老人后年轻人。

（3）餐前服务。提供撤摆餐巾折花服务，询问客人是否需要咖啡或冰水等，也可以根据客人需要提供餐前服务。

3．服务工作

高级的自助餐，常在客人去自助餐厅前，就把开胃品和汤送到客人的餐桌上。饮料、面包、黄油也是由服务员送到餐桌上，服务的规格与正餐一样。

不设座位的自助餐，则将餐具、面包、黄油、甜点和饮料安放在自助餐台上。标准是：客人用的盘子在最前端，餐具、口布、面包、黄油在最后端。开胃品、饮料和甜点可以分别在几处设台，以加快服务速度，避免拥挤。

服务员在提供就餐服务时应做到以下几点：

（1）客人到餐台取食品时要给客人递碟，热忱地为客人服务。用餐过程中要勤巡视，细心观察。客人餐桌上的空碟、空饮料杯要及时撤走。

（2）一个陈列餐盘里如 1/3 已空时，就应该补充或换上一盘满的，否则就会损害食物丰富的形象。

（3）对需保温的食品的电热炉和暖锅要留意照顾，经常检查添加燃料。而需保冷的食品必须备有冰块，盛冰块的碗要时常更换。点燃的蜡烛要保持笔直，不流蜡。暖锅和蜡烛都应离开服务线一定的距离，以避免意外。

（4）在自助餐台后，应设一厨师穿上洁白的服装来照顾餐台，向客人介绍、推荐和分送菜肴；分切大块的烤肉；整理餐台，保持其美观；及时更换和添加餐盘；检查设备，保持食品的热和冷；回答客人问题；如果客人把食品溅出要及时提供帮助。

（5）如果是客人自取自烹的火锅式自助餐，服务员要负责为客人准备火锅并开启点火开关，告诉客人一些特殊食品的烹调方法，提供各种调料，随时加汤和斟酒。

（6）当餐厅发生意外时，如客人打翻盘子，服务员要迅速帮助处理。打翻在桌子上的食物，要立即刷到空盘内，除去污迹，再盖上清洁的口布；打翻在地上或地毯上的食物要立即通知有关人员清洗，在此之前可先盖上一块口布，以免其他客人踩上去。

（7）客人吃完食品和甜品后，要询问客人要咖啡还是茶，然后为客人提供。

（8）客人用餐完毕要求结账时，要尽快为客人结账。

4. 结束工作

营业结束后，服务员要收拾好餐台和餐具，搞好清洁卫生，保持餐厅的整洁美观，检查客人有无遗留物品，烟火是否都已熄灭，然后关闭电源，关好门窗，待主管或领班检查后方可离开。

案例分析

自助餐上的香蕉

有一位美国客人入住某饭店，他个性孤僻，不喜欢言笑，单身。在该饭店住了一周，几乎从不开口，不跟别人打招呼，更难得让人看到一丝笑容。楼层服务员觉得这位客人极难伺候，任凭他们如何笑脸相待，主动招呼，所得到的总是一张冷冰冰的脸，天天如此。

早上，他去自助餐厅吃早饭。当他吃完自己挑选的食品之后，便开始在餐台上寻找什么东西。服务员小梅问他要什么东西，他没吭一声，掉转头便走出餐厅。第二天，小梅又壮起胆询问他，他还是一张冷峻的脸，小梅尴尬得双颊发红。当这位美国客人正欲走出餐厅时，小梅又一次笑容满脸地问他是否需要帮助，也许是小梅的诚意感动了他，他终于吐出“香蕉”一词，这下小梅明白了。第三天早上，那位沉默寡言的客人同平时一样又来到自助餐厅，在一侧一盘香蕉吸引了他的注意力，绷紧的脸第一次有了一丝微笑，站在一旁的小梅也喜上眉梢。在接下来的几天里，饭店每天早餐都会特地为他准备香蕉。

几个月后，这位客人又来到该饭店。第二天一早他步入自助餐厅，原以为这次突然“袭击”餐厅一定没有准备好香蕉。孰料走进餐厅，迎面就是引人注目的一大盘香蕉。这位金口难开的客人见到小梅，第一次主动询问是不是特意为他准备的香蕉。小梅嫣然一笑，告诉他昨晚总台服务已经给餐厅带来了他入住本店的信息。“太感谢你们了！”美国客人第一次向饭店表示发自内心的感谢。

分析：

常言说得好：“于细微处见精神”“精诚所至，金石为开”。饭店服务员面对来自天南地北，性格、文化、风俗习惯不同的客人，细心观察客人的言行举止，摸准其心思，采取灵活机动的服务技巧，提供具有针对性的个性化服务，这是非常重要的。

自助餐准备一些香蕉，这不是一件难事，重要的是去主动探索客人的心理，了解他们的需求。这位美国客人对香蕉情有独钟的信息不仅餐厅知道，连总台都掌握，可见饭店有意建立了每个客人特殊需求的档案。此外，该饭店的信息传递渠道畅通，前厅、客房、餐厅共享客人的相关信息。客人晚上到达，第二天早上餐厅已经有了充分的准备，由此可见对客人的重视。

思考与练习

一、思考题

1. 简述西餐的特点。
2. 简述西餐美式服务的程序。
3. 西餐法式服务有哪些特性？
4. 什么是扒房服务？简述其工作程序。
5. 简述自助餐厅服务的特点。

二、案例题

“补偿”的艺术

王先生和刘先生在西餐厅就餐，服务生小李为他们送红酒，小李刚将倒上红酒的杯子放在王先生面前，刘先生不经意间一抬手将小李托盘中的另一杯红酒碰翻了，红酒洒到了自己身上。小李紧张地不知所措，王先生提醒小李快拿毛巾来，小李拿来了两条干毛巾不由分说地帮刘先生擦起来，小李很卖力地为刘先生擦着，但效果却不怎么好。刘先生说：“你这样擦是不行的。”小李不知是太紧张还是害怕，嘴上说着“是的”，手还在不停地帮刘先生擦。刘先生看服务生没有停下来的意思，生气的大声说：“你听到了吗？你这样擦是擦不掉的。”服务生小李这才惊慌地站了起来，脸色苍白。

这时，餐厅经理走过来，向客人道歉说：“实在抱歉，把您的衣服弄脏了，真是给您添麻烦了。”接着又说：“我能帮上什么忙吗？”客人也觉得不能全怪服务人员，于是摇摇头说：“算了，他已经帮我擦过了。”“真的没关系吗？”餐厅经理温和地问道。“也没什么大问题，要不你帮我拿一块湿巾吧。”餐厅经理马上叫人拿来了湿巾，并收走了两块干毛巾，同时拿出自己的名片双手递给客人说：“这是我的名片，如果需要洗衣服，请与我联系，洗衣费将由我们来付。给您添麻烦了。”客人接过名片客气地说：“这名片我将留着，至于衣服，就不必麻烦了。”

虽然客人在进餐过程弄脏了衣服显得很不高兴，但因为餐厅经理处理突发事件及时、恰当，很注意说话技巧，让客人听了觉得心情舒畅，不但扭转了紧张的局面，也使客人的心情变好了。

问题：

1. “补偿”是否需要一定的艺术？
2. 服务生小李处理不好这件事情的原因是什么？

第五章 宴会服务

宴会是指人们为了社交需要，用一定规格程序组合起来的整套菜点宴请宾客的一种就餐形式，具有社交性、规格化、聚餐式和礼仪性等典型特点。它一般要求较高，特别是在对服务环境、服务程序的设计和菜肴设计等方面的要求是其他就餐形式所不能比的。宴会服务工作的好与坏，直接影响着饭店的营业收入和企业形象，对饭店的经济效益和社会效益有着十分重要的意义。

学习目标

☆ 掌握宴会的种类和特点。

☆ 掌握宴会预订方式和预订程序。

☆ 了解中餐宴会服务的特点，熟悉中餐宴会布置内容。

☆ 掌握中餐宴会服务的基本环节。

☆ 了解西餐宴会台形设计。

☆ 掌握西餐宴会服务的基本环节。

☆ 了解冷餐会、鸡尾酒会的定义和特点。

☆ 掌握冷餐会和鸡尾酒会的服务程序。

☆ 掌握会议服务的准备工作、服务程序及收尾工作。

第一节　宴会概述

一、宴会种类

宴会的种类名目繁多，其划分标准也多种多样。常见的宴会种类有公务宴会、商务宴会、喜庆宴会、民俗风情宴会、保健养生宴会、仿古类宴会、节日宴会、迎送宴会、答谢宴会和纪念宴会。

1．公务宴会

政府部门、社会团体、事业单位以及其他非营利性机构等为重大庆典、交流合作、祝贺纪念或欢迎外宾等而举办的宴会通常被称为公务宴会。公务宴会的最高形式是国宴。

2．商务宴会

商务宴会主要是指各类营利性机构、企业或组织为了一定的商务目的而特意举办的宴会。商务宴会是企业间沟通与合作的桥梁。尤其是随着我国改革开放力度的不断加大，商务宴会在社会经济交往中日益频繁，它也成为饭店与餐饮企业的重要业务之一。

3．喜庆宴会

喜庆宴会是人们为庆祝某一特殊事件而宴请前来祝贺的亲朋好友所举行的宴会。在人们生活中喜庆宴会非常普遍，同时所占比例也比较大。喜庆宴会涉及人们日常生活的方方面面，如结婚庆典、生日祝寿、孩子满月、乔迁大喜、庆功表彰等。

4．民俗风情宴会

民俗风情宴会就是以体现不同国家、不同地区、不同民族的民风民俗为主题的宴会。此类宴会可以选择的主题非常广泛，关键在于如何能够深挖其文化特色，使其在服务员服装和饰物、宴会席间音乐和歌舞以及台面餐具、宴会菜点等方面表现出来，形成一个系统化的、完整的主题，给消费者以全新的消费体验。如 21 世纪初在全国各地流行的具有云南傣族风情的各类饭店，就是以云南当地的菜肴、服务人员着民族服装、席间的少数民族歌舞表演和特色的台面摆设营造出绚丽多彩的民族文化而吸引了众多尝新猎奇的消费者。再如以反映农家生活为主题的农家乐宴会，因其具备远离城市的喧嚣、回归自然的怀抱、品尝绿色环保的菜品等显著特点，现已成为众多城市消费人群的选择。此类宴会常和乡村旅游紧密相关，并受其影响较大。

5．保健养生宴会

随着人们生活水平的不断提高，现代人就餐摒弃了原来大鱼大肉的传统思想，转而追求健康宴饮。所以以养生保健为主题的宴会就成了时代的宠儿。此类主题宴会均以追求健康饮食为目的，除了就餐的环境和设施有利于客人的健康外，在菜肴的选择和烹饪上也从营养、卫生、生态和健康的角度出发，达到通过餐饮为客人健康服务的目的。

6．仿古类宴会

此类宴会以怀旧复古为主题，通过历史的再现，给客人以身临其境的感受。如山东的“孔府宴”、河南许昌的“三国宴”、西安的“仿唐宴”、北京大观园红楼餐厅的“红楼宴”、开封的“仿宋宴”等，都是通过对历史文化的深度挖掘，融入现代科技和文化元素，带给客人“一朝步入画面，一日梦回千年”的新鲜体验。

7．节日宴会

节日宴会是指人们借助于不同的节日，为沟通感情而推出与节日文化内涵相符的宴会形式。因为在节日里人们有了闲暇时间和消费意愿，所以大大小小的节日是宴会销售的良好时机。较常见的节日宴会有“九九重阳登高宴”“中秋佳宴”“除夕团圆宴”“情人节浪漫宴”“圣诞美食宴”等。

8．迎送宴会

迎送宴会的办宴目的有告别、辞行、接风、洗尘等，它在人际交往中非常重要。在举办告别和辞行宴时台面布置不宜十分喜庆和热烈。

9．答谢宴会

答谢宴会是指宴会主办人为了感谢对其已经实施的帮助或即将实施的帮助而举办的宴会。此类宴会的最大特点是表达主人感谢的诚意，所以宴会档次相对较高，就餐环境要求优雅、安静。常见的答谢宴会有谢师宴、步步高升宴等。

10．纪念宴会

纪念宴会是指宴会主办人为了纪念某一重大事件或与自己密切相关的人或事而举办的宴会。设计此类宴会时在宴会环境布置上应突出纪念对象的标志，利用纪念物、怀旧照片、相关作品和熟悉的音乐等来烘托思念、纪念的气氛。

二、宴会特点

1. 聚餐式

聚餐式是宴会很重要的一个特征，它主要是指宴会的形式。我国宴会都是在多人围坐、亲切交谈的氛围中进行的，它一般采用合餐制，宴会就餐人数习惯取双数，如八人一桌、十人一桌、十二人一桌等，其中十人一桌的形式最为常见，喻意十全十美，有吉祥祝福之意。餐桌的选择虽然有方形桌、长方形桌，但正规的宴会都选用大圆桌，象征团团圆圆、和和美美。赴宴者通常由主人、副主人、主宾、副主宾及陪客组成，桌次也有首席、主桌、次桌之分。座位根据来宾的尊卑、长幼及地位的高低依次安排，或根据事先在请柬上注明的台号、席位对号入座。虽然席位有主次，坐位有高低，但大家都在同一时间、同一地点、品尝同样的菜肴、享受同样的服务，更重要的是大家都是为了同一目的而聚集在一起，所以围桌宴饮时很容易沟通，缩短宾主、客人之间的距离，使其产生宾至如归感。

2. 规格化

规格化是宴会内容上的一个重要特征。宴会之所以不同于一般的便餐、大众快餐和零点就餐，就在于它的规格化和档次。一般便餐、大众快餐等是以吃饱为主，对进餐环境、菜肴组合及服务水平等都无过多要求。但宴会则要求全部菜品配套、应时当令、制作精美、营养均衡，盛器、食具等精美、华贵、典雅，上菜程序井然，冷盘、热炒、大菜、头菜、汤菜、甜品、饭菜、点心、水果、蜜脯、酒品等均须按一定的比例和质量要求合理搭配、分类组合、前后衔接、环环相扣。整桌席面的菜点在选配上注重色、香、味、型、器及营养，并且运用菜肴装饰艺术，以独具匠心的拼盘、雕刻、围边，席间穿插造型菜、工艺菜以及选用畅神悦情的吉祥菜名等来装点席面，烘托宴会气氛。同时，盛装菜肴的器皿也丰富多彩，为突出菜肴的精致和名贵，可采用菜盘下用银质底座托放、盛器本身就是盘中菜的实物形状等方式来提高宴会的档次，显示宴会的规格化。

3. 社交性

社交性是宴会作用的一个重要特征。众所周知，宴会可以说是美食汇展的橱窗，它既可以使人满足口腹之欲，又能受到精神文化的熏陶，引发谈兴，陶冶情操，给人以精神上、艺术上的享受。但从另外一个角度来看，国内外的任何宴会均有其举办的目的。大到国家政府举办的国宴、正式宴会，小到民间举办的家宴；远到唐代举办的烧尾筵，近到一年一度举办的迎春宴，都有一定的主题，它们或纪念节日、欢庆盛典，或洽淡事务、展开公关，或活跃市场、繁荣经济，或接风洗尘、欢迎、酬谢，或为了和平与友谊，或为了亲情和友情。总之，人们聚在一起围绕宴会主题，在品佳肴、饮琼浆、促膝谈心交朋友的过程中疏通关系，增进了解，加强情谊，解决一些其他场合不容易或不便于解决的问题，从而实现社交的目的。

4．礼仪性

宴会的礼仪性有两层意思。第一层意思是指饮宴礼仪，要求每位赴宴者都要遵守，正所谓“设宴待佳宾，无礼不成席”。历代的席礼、酒礼、茶礼等均由此而来。第二层意思则是从服务人员的角度去理解的。凡是举行宴会，主人都希望他所请的客人得到无微不至的照顾，都希望享受到与宴会菜品质量相匹配的服务。所以，为宴会服务的人员要经过严格的挑选，不但要求基本操作技能过硬，还要有系统的理论知识和丰富的实践经验，使他们为客人提供的服务遵循一定的程序，讲究礼节礼仪，准确服务好每道特殊菜肴；同时要尊重客人的风俗习惯和饮食禁忌，满足客人就餐时的求食品卫生安全、求尊重等各种就餐心理，从而提高本饭店的知名度。

第二节　宴会预订

一、承接宴会预订的组织

1．宴会预订部

大型豪华宾馆、饭店的宴会部一般可根据需要设立专门的宴会预订部，安排有工作经验、了解市场行情和有关政策、处事灵活的预订员具体负责宴会的预订工作。

2．宴会销售部

规模较大的饭店通常设有专门的宴会销售部来推销宴会服务。宴会销售部比较适合承接提前较长时间的宴会预订，公关销售人员一般只负责预订，不直接参与宴会服务。

3. 餐饮部

规模不大的饭店，餐饮部同时具有推销宴会的功能，以服务带销售。这适合短期预订或小规模的宴会预订。有些饭店餐饮部和销售部均有推销宴会的功能，这要求做好二者之间的协调工作。

二、宴会预订方式

宴会预订方式是指客人与宴会预订有关人员接洽联络、沟通预订信息时所采用的方法。

1. 电话预订

电话预订是饭店与客户联络的主要方法，它常用于小型宴会预订。电话预订的主要工作有接受客人问询、向客人介绍有关事宜、查询核实细节、确定具体事项等。电话预订绝不能让客人久等，因此要求预订员必须熟悉本饭店的宴会安排计划及其他相关资料。如果因某种原因暂时不能准确告诉客人，则请客人留下电话号码并约定下一次通话时间。为避免回电话时忘掉一些重要的细节，预订员手头应设置专用的预订表格，以便及时记录或询问。

预订部为争取主动，一旦获悉客人有举办宴会的意愿，宴会部预订员应通过电话约定会面时间、地点等进行面谈，或者邀请客人亲自来到宴会现场了解情况，这样会更具有说服力，宴会预订成功的概率相对也较大。

2. 面谈

面谈是进行宴会预订较为有效的方法。它常用于大中型宴会、重要宴会和贵宾宴会的预订。预订员与客人当面洽谈宴会所有细节的具体要求和安排，解决客人提出的特殊要求，讲明付款方式并填写预订单，做出日后联络资料，以使用信函或电话方式与客户取得联系。采用此方法预订时，一定要将客人安排在适当的地方，坐下交流，必要时可引领客人参观宴会场地或介绍菜点、服务项目等有关资料。即使未能达成预订协议，也要感谢客人的光临，礼貌地送别客人，并代表饭店向客人表示随时欢迎其再次光临。

3. 信函

信函是饭店与客户联络的另一种方式，主要有书信、明信片、电报、电传等。它常用于促销活动、回复客人询问、寄送确认单等，适合于提前较长时间的预订。收到客人的询问信时必须立即做出答复，因为客人可能会同时向好几家饭店提出宴会预订要求，他最先收到的那份报价单、信件及资料，对他所作的选择影响也最大。注意回复时要附上饭店场所设施介绍、菜单介绍等有关的建设性意见。若客人的信函中留有联系电话，则可考虑先用电话回复。

4．登门拜访兼预订

客人通过以上三种方式预订都是送上门来的生意，但目前各饭店竞争激烈，只采取“守株待兔”、等客上门的办法势必会失去很多客户，所以预订必须采取灵活多样的方式，一要请进来，二要走出去。登门拜访兼预订就是宴会销售部采取走出去的方法来推销宴会。这样既宣传并推销了饭店产品，又达到扩大知名度、促进销售的目的，还为客人提供了方便。比如去年6月18日客人王先生在此宴会厅为其女儿举行生日宴会，作为宴会预订员，应在宴会举办的次日给王先生打电话或致信表示感谢，并征询用餐意见。今年提前一个月也就是在五月中旬就要打电话邀请王先生来本饭店举行生日宴会，客人一般会很高兴地接受邀请。

5．中介人代表饭店向宴会部预订

中介人是指专业中介公司或本单位职工。在饭店条件允许的情况下，专业中介公司与饭店销售部或宴会部签订常年合同，同意其代表饭店为客人预订并收取一定佣金。采用此方式预订时，饭店应注意对中介公司起到监督作用，以防其不遵守预订程序，影响本饭店形象。本单位职工代为预订一般是指饭店较熟悉的老客户委托饭店工作人员代为预订。

三、宴会预订程序

正规的宴会预订应遵循先回答客人有关宴会的各种询问，然后接受宴会预订，最后发送宴会通知单的顺序。

1．回答客人有关宴会的各种询问

预订人员在接受客人询问前，必须详细掌握本饭店可供选择的状况，如宴会厅的面积、高度、采光、通风、装饰、平面形状、朝向、坐式和立式用餐的最大客容量、各种设施情况、饭店所能提供的配套服务项目及设备、各类宴会标准及所提供的菜式风格、菜肴品种、烹调方法等，做到心中有数。在洽谈业务时，要按照宴会预订表的内容向客人了解所有细节，尽量满足客人的要求。

2．接受宴会预订，填写宴会预订单

根据面谈所得到的信息和洽谈结果确定宴会的预订，无论暂时性确认，还是确定性确认，都要逐项填写宴会预订单。接受宴会预订主要是通过填写宴会预订单来完成的。

因各饭店宴会部或宴会厅的规模、档次、风格以及管理模式、方法有所不同，宴会预订单的内容和设计类型也不尽相同。常见的宴会预订单见表5—2—1、表5—2—2。

表 5—2—1　　小型宴会预订单

No.

宴会日期		时间
联系人姓名		电话
主办单位		邮政编码
参加人数（桌数）		每人（桌）标准
有何禁忌		
宴会厅要求		
付款方式		预订金
处理情况		
预订日期		承办人

表 5—2—2　　大中型宴会预订单

No.

<table>
<tr><td colspan="3">预订日期</td><td></td><td>预订人姓名</td><td></td></tr>
<tr><td colspan="3">地址</td><td></td><td>电传电话</td><td></td></tr>
<tr><td colspan="3">单位</td><td></td><td>饭店房号</td><td></td></tr>
<tr><td colspan="3">宴会名称</td><td></td><td>宴会类别</td><td></td></tr>
<tr><td colspan="3">预订人数</td><td></td><td>最低（桌）数</td><td></td></tr>
<tr><td colspan="3">宴会费用标准</td><td></td><td>食品人均费用</td><td></td></tr>
<tr><td rowspan="3">具体要求</td><td>宴会菜单</td><td colspan="2"></td><td colspan="2">饮料</td></tr>
<tr><td rowspan="2">宴会布置</td><td colspan="2">台形</td><td></td><td></td></tr>
<tr><td colspan="2">设备</td><td></td><td></td></tr>
<tr><td colspan="3">确认签字</td><td>结账方式</td><td colspan="2">所交定金</td></tr>
<tr><td colspan="4">处理</td><td colspan="2">承办人</td></tr>
</table>

3. 宴会预订确认

承接了客人的宴会预订并填好宴会预订单后，必须经过举行宴会所涉及的各个部门和主办人的确认后，才算是完成宴会预订的整个工作。宴会预订分暂时性确认和确定性确认。

（1）暂时性宴会预订确认。宴会预订仅仅填写完宴会预订单而未得到所涉及的其他部门和主办人的确认、签字，就是暂时性确认。常见的暂时性宴会预订有以下几种：

1）客人尚未对宴会作最后决定，仍在询问和了解宴会情况阶段。

2）宴会已经确定，而在费用和宴会厅地点等方面仍在进行比较和选择。

3）客人希望的宴会日期有其他预订，无法最后确定日期和时间。

无论是哪种情况的暂时性确认，预订人员都有责任帮助客人尽量排除不利因素的干扰，尽快把宴会确定下来。

（2）确定性宴会预订确认。宴会预订在填写完预订单后，如果得到了所涉及部门、主办单位或个人的确认就是确定性宴会预订。确定性宴会预订在办好宴会预订承接手续后还应填写宴会预订确认书递交给客人。确认书可摘录宴会预订单上的主要项目，如宴会名称、宴会举办日期、宴会举办具体时间、宴会厅名称、参加宴会人数、预订桌数等。

（3）收取定金。为了保证大型宴会活动预订的成功率，同时也为了使客人放心，饭店应向客人收取一定比例的宴会定金。定金的数额一般在30%，也可由负责财务的主管决定，并需得到宴会经理的批准。饭店的常客且享有良好信誉者，可以酌情不付定金。当宴会合同签订后，应在宴请活动簿上注明，所收到的定金应与合同书一同交财务部。

（4）签订宴会合同书。宴会活动一旦得到确认，经过认可的菜单、饮料单、场地布置示意图、宴会步骤细节等资料，应以确认信的方式迅速递交给客人。在一般情况下，要附上第一、第二两联“宴会合同书”，连同交付宴会定金的通知一同递交给客人，经双方签字后生效。宴会合同书的内容与格式如下：

宴会合同书

甲方：××××饭店

乙方：×××公司（个人）

双方为了确保宴请活动的成功举办，特就有关事宜达成以下共识：

宴会举行日期：________________

宴会举办地点：________________

宴会出席人数：________________

最低出席人数：________________

宴 会 菜 单：____

____

____

____

酒 水 饮 料：____

场 景 设 计：____

照相或录像：____

鲜花和植物：____

娱 乐 安 排：____

结 账 方 式：____

其他特殊要求：____

____

说明：

（1）宴请活动谢绝自带菜肴和酒水。

（2）宴会须预收 30% 的定金。

（3）所有费用在宴请活动结束时一次付清。

（4）背面各项条款作为本合同的一部分，已被双方所接受。

客人签名：__________

宴会部预订员签名：__________

_______年_______月_______日

4．向客人说明有关预订制度

（1）预付定金。为了保证宴会预订的确认，饭店可要求已确定宴会日期的客人预付一定数量的定金。定金金额一般为宴会全额的 30%～50%，并告诉客人若超过本饭店规定的时间取消宴会，定金将不予偿还。

（2）参宴人数保证。宴会预订人必须在宴会前一周提供参加宴会的准确人数。对于确认后届时不到的客人，将按全价的 50% 收费。

（3）合约变更。双方若要变动宴会事宜，应及时通知彼此，经协商后另行确定。无法更改的，以签订的合约为准。

（4）取消预订。若在宴会前两周通知饭店取消预订，可以不收取任何费用；若在宴会前一周通知取消宴会，定金将不予退还。

5．发布宴会通知单

宴会正式确定后，预订人员对饭店内部的相关部门应发布一份类似公文的宴会通知单（见表 5—2—3），告知各个相关部门在该宴会中所应负责执行的工作。各个相关部门接到宴会通知单后，必须按照通知单的要求做好相应的工作。与举办宴会相关部门的工作内容如下：

（1）宴会部。根据宴会通知单上所记载的菜单，准备所需的各种器皿，并且安排工作人员备餐。

（2）工程部。依据宴会通知单的要求，派遣电工架设装备或予以支援。

表 5—2—3　　宴会通知单

<table>
<tr><td colspan="8">发布日期：××××年××月××日　　编号：NO.××××</td></tr>
<tr><td colspan="5">宴会日期：××××年××月××日</td><td colspan="2">定金金额：××元</td><td>收据单号：××××</td></tr>
<tr><td colspan="5">宴会名称：××寿宴</td><td colspan="2">付款人：×××</td><td>接洽人：×××</td></tr>
<tr><td colspan="5">联络人：×××　电话：×××××××××
客户名称：　　传真：×××××××××</td><td colspan="3">付款方式：</td></tr>
<tr><td>时间</td><td>类型</td><td>地点</td><td>保证数</td><td>预估数</td><td colspan="2">海报内容</td><td>××寿宴</td></tr>
<tr><td>晚上
6:00—
9:00</td><td>寿宴</td><td>牡丹厅</td><td>10 桌</td><td>11 桌</td><td colspan="2">美工冰雕</td><td>在宴会厅出入口赠送寿宴冰雕一份，摆放合适</td></tr>
<tr><td>西餐厨房</td><td colspan="4">准备寿宴所用蛋糕</td><td rowspan="2">宴会服务部</td><td colspan="2" rowspan="2"></td></tr>
<tr><td>中餐厨房</td><td colspan="4">准备宴会菜肴，菜单如下：</td></tr>
<tr><td>酒吧</td><td colspan="4">准备宴会酒水、饮料</td><td>营销部</td><td colspan="2">准备生日礼品一份，价格适当
是否需要照相或录像</td></tr>
<tr><td>保安部</td><td colspan="4">1. ××月××日×点后，请协助花商进场布置
2. 客人要求当日饭店派人至会场保护礼金
3. 当日客人较多，请派人员疏导</td><td>工程部</td><td colspan="2">1. 致辞台立式麦克风 1 支
2. 准备配合各项程序播放的音乐
3. 协助做好会场的各项设施设备的维护工作</td></tr>
<tr><td>花房</td><td colspan="4">根据客人要求，摆放合适花草</td><td colspan="3">器材收费：</td></tr>
<tr><td colspan="5">预订业务员：</td><td colspan="3">宴会经理：</td></tr>
<tr><td>发送部门</td><td colspan="7"></td></tr>
</table>

（3）厨房。依据宴会通知单上客人所订菜单进货，并做好宴会开始前的准备工作。

（4）宴会服务部。依据宴会通知单上的需求和设计图进行设计、摆放，并做好宴会开始前的各项准备工作，如人力分配、工作计划、服务流程等。

（5）宴会酒吧。按照客人要求准备相应的酒水和饮料。

（6）保安部。按照客人要求，指派保安人员至礼金台协助保护礼金，并协助疏散宴会进场和散场时的人群。

（7）营销部。帮助客人制作海报。

总之，宴会通知单是各部门之间的沟通方式，它在客户的要求和各部门的工作准备中直接起到桥梁作用，确保了各部门之间彼此快速、直接地传达信息，获得最佳工作效率。

案例分析

是谁带错了？

一天晚上，杭州风味餐厅的客人络绎不绝，餐厅迎宾员忙着迎来送往，满头大汗。这时9位客人来到了二楼中餐厅。迎宾员马上迎了过去，满面笑容地问："欢迎光临，请问小姐贵姓？请问您有预订吗？"这位小姐边走边说："我姓王，我们上午就电话预订好了。"迎宾员马上查看客人预订单，发现有一位姓王的小姐预订了"牡丹厅"，于是迅速把这批客人带进了"牡丹厅"。

过了半个小时，餐厅门口又来了12位客人，当客人报出自己是王小姐，昨天已经预订了"牡丹厅"时，餐厅迎宾员发现出了问题，马上查阅预订记录，才发现原来今晚有两位王姓小姐都预订了厅房，而迎宾员在忙乱中将预订了"紫荆厅"的9位客人安排进了能坐12人的"牡丹厅"。餐厅迎宾员立即向客人道歉，并为客人安排了能坐10人的"紫荆厅"。王小姐一看房间非常生气："你们这么大的饭店，居然连预订都会搞错，还开什么餐厅！同意了我的预订就要兑现，我就要去'牡丹厅'，其他的厅房我都不去！"后来在餐厅经理的好言相劝下，客人依然愤愤不平，没有用餐就生气地离开了餐厅。

分析：

预订员应该在为客人预订的时候把客人的中文全名和联系电话记下来，在客人到达时预订员要先核对客人的全名和电话，再把客人带到预订好的厅房就餐。即使带错厅房也应尽量安排客人到座位数与人数相近的房间就餐。

第三节　中餐宴会服务

一、中餐宴会服务特点

1. 宴会服务的系统化

所谓宴会服务并不是专指宴会服务员在客人宴请就餐时所提供的服务，它同时还指从客人问询开始到预订、筹办、组织实施、实际接待以及跟踪反馈等各个环节所提供的服务。宴会服务是宴会各个部门全体员工共同努力、密切配合而完成的工作。

2. 宴会服务的程序化

宴会部各个岗位工作人员的工作目的都是为客人提供高质量的服务，所以宴会服务各个岗位的工作都要按照一定的程序进行，不能先后颠倒，不能有中断或缺项、漏项。宴会服务要求每个环节相互衔接，形成一套完整的程序标准。

3. 宴会服务的标准化

每个饭店的宴会部对宴会服务工作环节都有一定的质量标准，操作规范和服务程序都是服务人员的工作准则，每位服务人员都要按照饭店制定的服务标准为客人提供服务，不允许有背离和疏漏。

二、中餐宴会布置

1. 宴会厅场地布置的要求

（1）要突出主题。根据不同宴会的要求，可以用以下方法来突出宴会的主题：一是利用花卉盆景突出主题；二是选择合适的灯光突出主题；三是利用色彩突出主题；四是利用挂饰突出主题。

（2）要突出主台。突出主台的方法有以下两种：一是利用主桌直径比其他餐桌大突出主台；二是利用主桌台布颜色不同来突出主台。

2. 宴会厅台形布置

中式宴会餐桌布局设计方案可根据桌数的不同来进行布置。

（1）小型宴会台形布置

1）单桌宴会的餐桌应布置在宴会厅的正中间，桌边到墙壁的距离基本相等或对称相等，顶灯对准桌子中心，注意主人位要安排在面门的上首位。

2）两桌宴会的餐桌应视宴会厅的形状或门的方位来布置成横一字形或竖一字形，注意主桌应面门或居右。如图 5—3—1 所示。

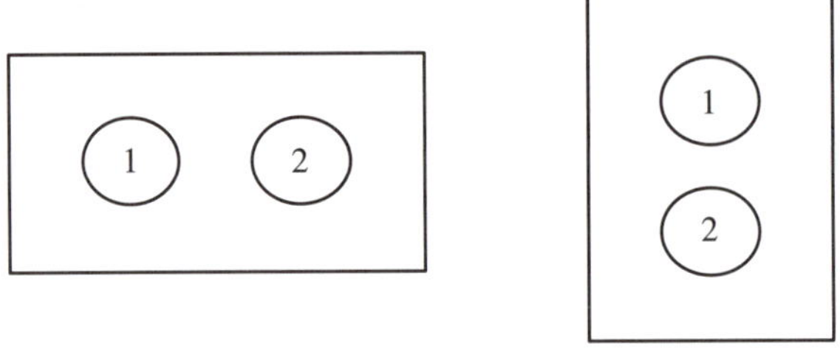

图 5—3—1　两桌宴会台形布置图

3）三桌宴会的餐桌可排列成“品”字形或竖一字形，餐厅上方的一桌为主桌。如图 5—3—2 所示。

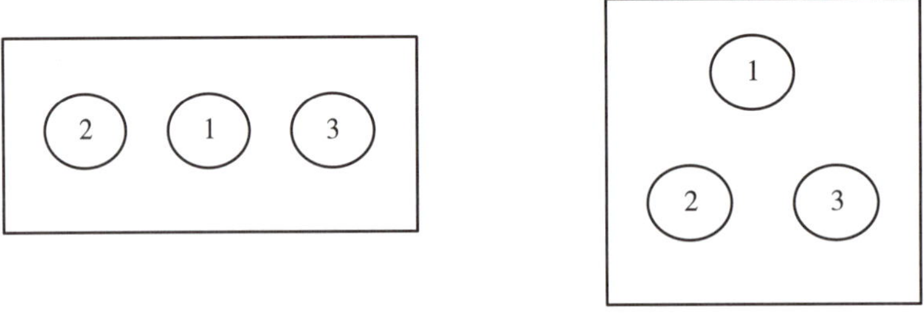

图 5—3—2　三桌宴会台形布置图

4）四桌宴会的餐桌可排列成菱形或正方形，餐厅上方一桌为主桌。如图 5—3—3 所示。

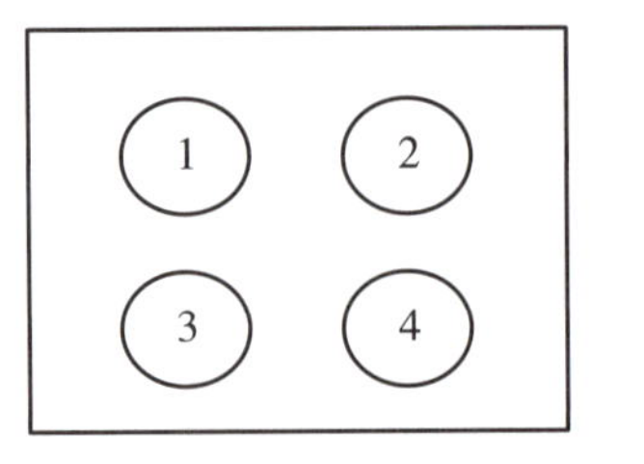

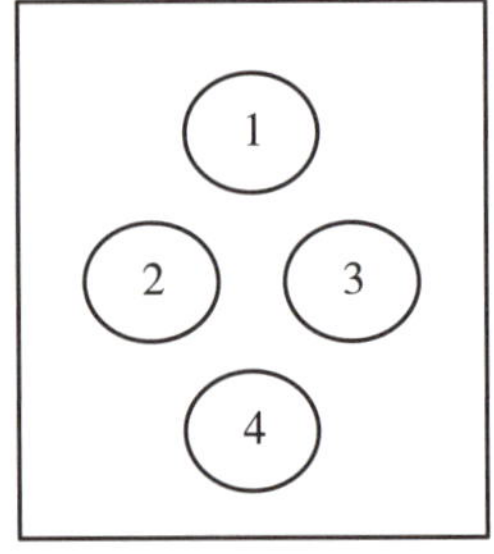

图 5—3—3　四桌宴会台形布置图

5）五桌宴会的餐桌可排列成“立”字形或“日”字形。以“立”字形排列时，上方位置为主桌；“日”字形则以中间位置为主桌设定处。如图 5—3—4 所示。

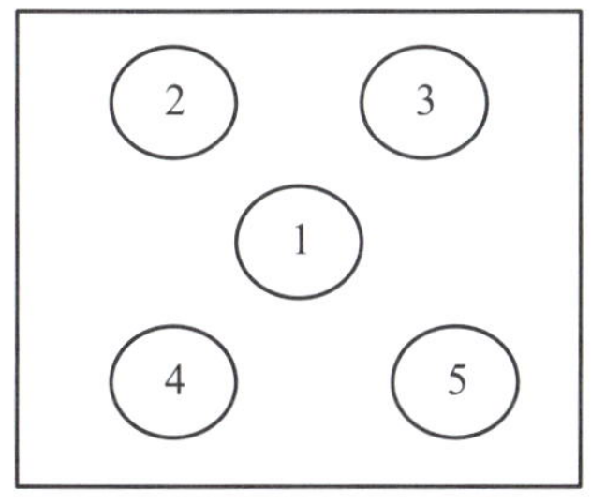

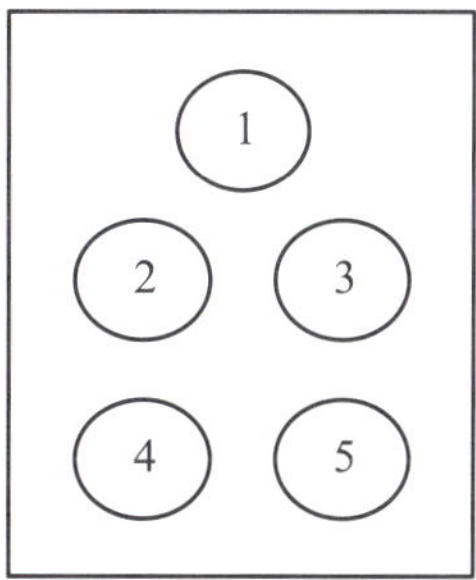

图 5—3—4　五桌宴会台形布置图

6）六桌宴会的餐桌可排列成“金”字形或梅花形。以“金”字形排列时，顶尖一桌为主桌；梅花形则以中间位置为主桌设定处。如图 5—3—5 所示。

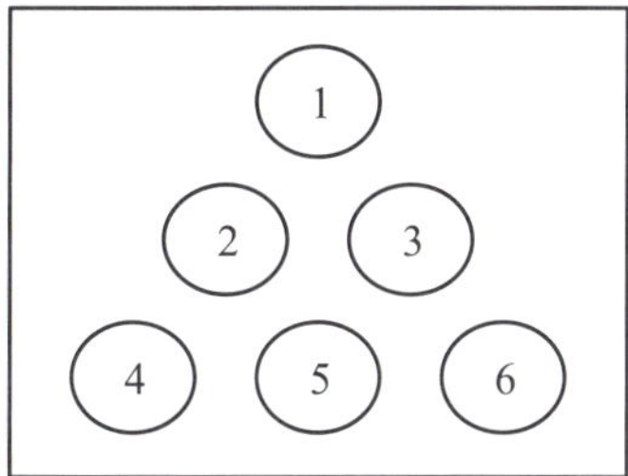

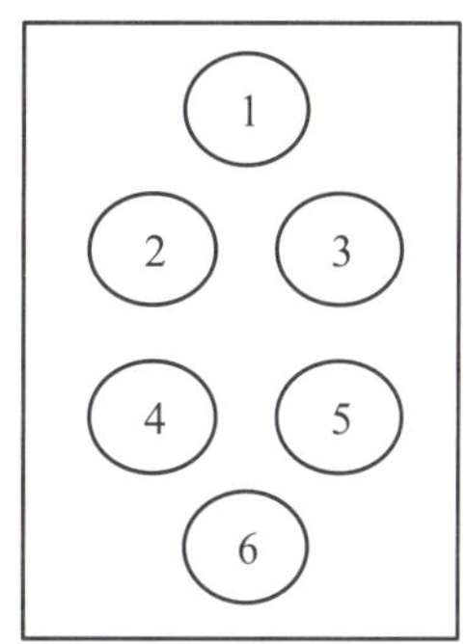

图 5—3—5　六桌宴会台形布置图

7）七桌宴会的台形可根据宴会厅的形状来布置，一般可将主桌摆放在宴会厅的正上方，其余各桌按顺序摆放设计成横长方形或竖长方形；或者把主桌摆放在居中位置，其他各桌摆放成六瓣花形。如图 5—3—6 所示。

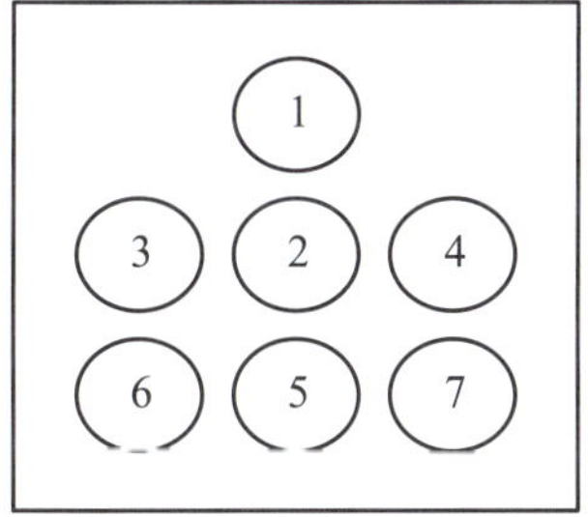

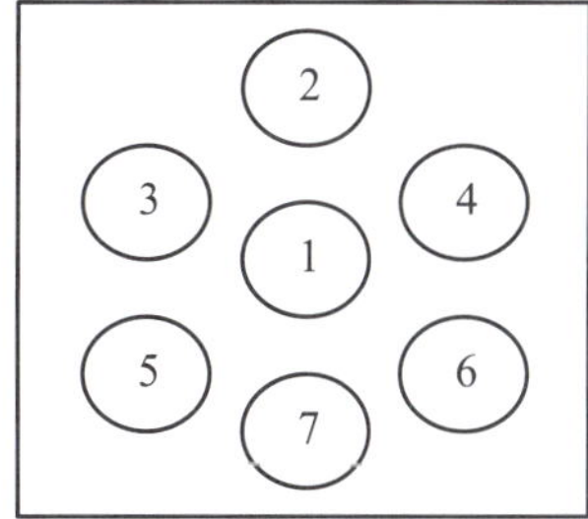

图 5—3—6　七桌宴会台形布置图

8）八桌宴会的台形可根据宴会厅的形状摆放成长方形、长菱形或二三三的形状。要注意突出主桌。如图 5—3—7 所示。

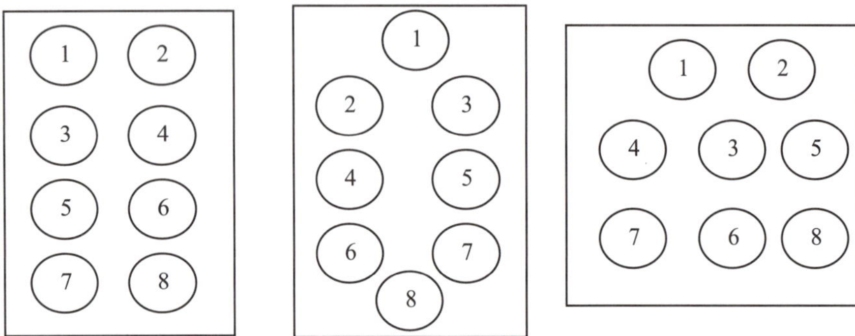

图 5—3—7　八桌宴会台形布置图

9）九桌宴会的台形可布置成正方形或一二三三的形状。如图 5—3—8 所示。

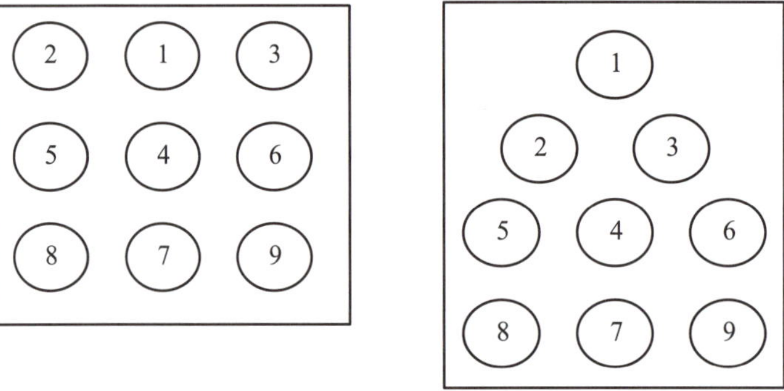

图 5—3—8　九桌宴会台形布置图

10）宴会厅同时举行十桌宴会时，一般情况下要在宴会厅里端专设讲话台，台形布置也可趋于横竖直排的整齐台形。如图 5—3—9 所示。

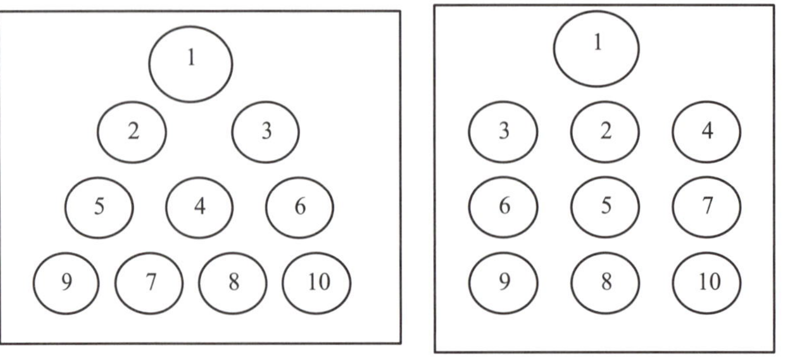

图 5—3—9　十桌宴会台形布置图

（2）中型宴会台形布置。中型宴会在布置台形时一定要考虑宴会厅的具体情况并参照九桌、十桌宴会的台形来布置。如果宴会厅条件允许，也可将餐桌摆成别具一格的图案，但注意餐桌间的距离要大致相等。超过十桌的宴会一般应在主桌的后侧设讲话台和麦克风供宾主讲话致辞用，另一侧可设计乐队或摆放绿化环境的植物。

（3）大型宴会台形布置。布置大型宴会时，其主台可参照“主”字形排列，其他席桌则根据宴会厅的具体情况排列成方格形即可，也可根据舞台位置设定主桌的摆设位置。如图 5—3—10 所示。

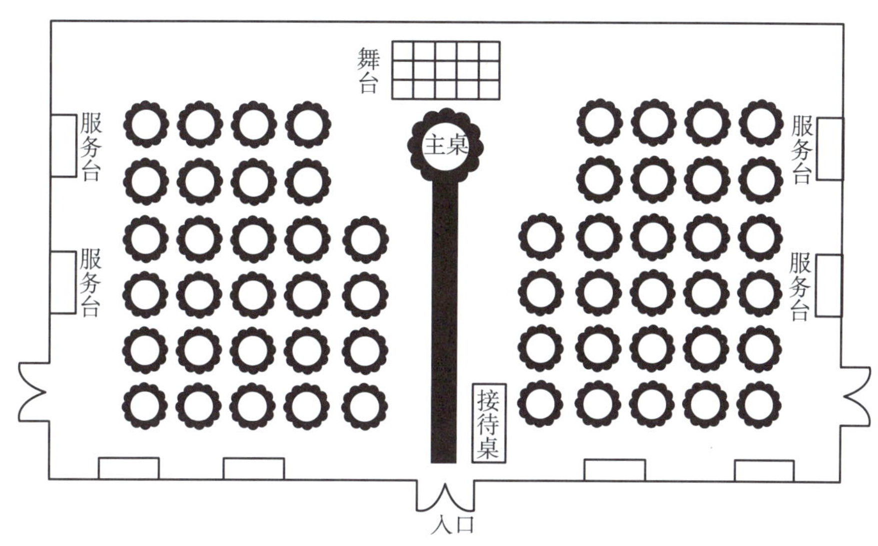

图 5—3—10　大型宴会台形布置图

3．宴会厅台面布置

宴会厅台面布置的艺术性、观赏性都很强，除了按照摆台技术要求铺设台布、台裙，摆设各种餐用具、折餐巾花外，还可利用宴会厅宽裕的场地摆设造型美观的看台或鲜花台面，专供客人观赏以烘托宴会气氛或显示宴会档次。如果宴会厅面积不允许，也可在餐台中心铺花坛、转台外围铺花环等方法美化台面，使客人有良好的就餐情绪。

三、中餐宴会服务基本环节

1．宴会准备工作

由于宴会的要求较高，所以其准备工作也要求非常认真、细致，一般要求做好以下几点。

（1）掌握情况。接到宴会通知单后，餐厅管理人员和服务人员应掌握与宴会有关的下列内容：

1）做到"八知"，即知台数、知人数、知宴会标准、知开宴时间、知菜式品种和酒水要求、知主办单位或个人信息、知付款方式、知主人和主宾身份。

2）做到"三了解"，即了解客人的风俗习惯，了解客人的生活忌讳，了解客人的特殊要求。如果是外宾，还应了解国籍、宗教信仰、禁忌、口味特点和特殊爱好。

3）对于较高规格的宴会，还应掌握宴会的目的和性质、宴会的正式名称、有无席次牌、有无席位卡、有无音乐或文艺表演、有无主办方的具体要求、有关司机接待方式及费用等情况。

4）管理人员根据上述情况，按照宴会通知单的要求和宴会厅的面积和形状设计好餐台排列图，并研究具体措施和注意事项，做好宴会的组织工作。

（2）明确分工

1）规模较大的宴会，要明确总指挥人员。总指挥通常由宴会部经理担任。总指挥在准备阶段，要制定宴会接待服务工作计划，计划要科学周密，切实可行，要向服务人员交待任务，明确规格，提出要求，宣布人员分工和注意事项。

2）在人员分工方面，要根据宴会要求，对礼仪迎宾、主宾席服务、值台服务、跟酒服务、菜品传递、酒水供应、衣帽间服务、贵宾厅接待等岗位有明确分工、有具体任务、有工作标准，并将责任落实到人。

3）做好人力物力的充分准备。要求所有服务人员在思想上高度重视，措施真正得到落实，保证宴会圆满举行。

（3）宴会厅布置

1）场景布置。应根据宴会的性质和规格来进行宴会场景布置，既要体现出隆重、热烈、美观、大方的气氛，又要具有我国传统的民族特色。

①举行隆重大型的正式宴会时，一般在宴会厅周围摆放较大型盆景花草，或在主席台后面用花坛、画屏、大型青枝翠树进行装饰，用以增加宴会隆重、盛大、热烈的气氛。

②中餐宴会通常要求灯光明亮以示辉煌。宴会厅的照明、音响要有专人负责；宴会前必须检查一切照明设备及线路，保证不发生故障；宴会期间要有工程人员专门值班，一旦发生故障要及时组织抢修。

③国宴和正式宴会不要求做过多的装饰，要突出庄重、严肃、大方的气氛。

④正式宴会应设有致辞台，若是有外宾参加的宴会还应设有翻译台。致辞台一般设在主台的正后方位置，翻译台设在致辞台的右侧位置。致辞台上还需要鲜插花来装饰。扩音设备应有专人负责，事先要检查调试，防止发生故障或产生噪音。临时拉设的线路要用地毯盖好，以免发生意外。

⑤国宴活动要在宴会厅的正面并列悬挂两面国旗。国旗悬挂按照国际惯例

以右为来宾方、左为东道主的原则悬挂。由我国政府宴请来宾时，我国的国旗挂在左方，宾方的国旗挂在右方；来访国举行答谢宴会时将国旗相互调换位置。

⑥一般婚宴或寿宴，应在饭店大堂宴会厅入口处设置欢迎性指示牌，在靠近主台的墙壁上挂“喜”字或“寿”字，两旁贴对联。宴会厅可根据宴会性质进行美化装饰。

⑦宴会厅的气味应清新，温度应适宜。夏季一般保持在22℃到24℃之间，冬季保持在18℃到20℃之间。

2）台形布置。台形布置注意突出主桌，按照“中心第一，先右后左，高近低远”的原则来设计。

（4）物品准备

1）按照宴会规格和要求准备好台裙、台布、口布、小毛巾等布件。

2）根据宴会菜单的服务要求准备好各种金银器、瓷器、玻璃器皿等餐具、酒具。

3）配备宴会服务的各种服务用具。

4）根据菜肴的特色，准备好菜式跟配的佐料。

5）根据宴会通知单要求，备好鲜花、酒水、水果等物品。

6）若需冰镇的酒水应按要求提前进行冰镇。

（5）熟悉菜单。服务员应熟悉宴会菜单和主要菜肴的风味特色，做好上菜、派菜和解答客人对菜点提出询问的思想准备。同时，应了解每道菜点的服务程序，保证准确无误地进行上菜服务。

（6）摆台。摆台主要是指餐台、席位的安排和台面的摆设。包括摆设餐桌，铺设台布，摆设餐具，美化席位，安排座椅等。其基本要求是：

1）摆台要符合宴会安排的礼仪形式，要注意突出主台、主宾主人席位。

2）摆台要尊重各民族的风格和饮食习惯。

3）小件餐酒具的摆设要配套齐全。

4）小件餐具和其他物品的摆设要相对集中且整齐一致，既要方便客人用餐又要便于席间服务。

5）花台面的造型要逼真、美观、得体、实用。

6）要保证台面的清洁卫生。

（7）摆设冷盘

1）大型宴会开始前15分钟摆好冷盘，然后斟好预备酒；中小型宴会视客人情况而定。

2）摆设冷盘时，根据菜点的品种和数量，注意菜品色调的分布，荤菜的搭配，菜型的正反，刀口的逆顺，菜盘的间距等。冷盘的合理摆放能给客人带来艺术和美食的双重享受，并为宴会增添隆重而欢快的气氛。

（8）全面检查

1）餐具酒水是否按要求准备齐全。

2）台面摆设是否符合规范。

3）宴会厅的清洁卫生是否达到标准。

4）各种服务用具是否准备齐全。

5）餐酒具的消毒是否符合卫生标准。

6）宴会菜肴的跟配佐料及各类调料是否备齐。

7）照明、音响等系统能否正常工作。

8）服务人员的个人卫生、仪容仪表是否符合要求等。

2．宴会迎宾工作

（1）热情迎宾。根据宴会预订单上的入场时间，宴会管理人员和迎宾员提前在宴会厅门口迎接客人，值台服务员则站在各自负责的餐桌旁准备为客人提供服务。当客人到达宴会厅时，宴会迎宾员要面带微笑、主动热情地向客人问好，表示欢迎，并引导客人到休息室休息。

（2）接挂衣帽。如果宴会规模不大可不设专门的衣帽间，只在宴会厅里侧设衣帽架，安排服务员照顾客人并接衣挂帽。如果宴会规模较大，必须设计专门的衣帽间并安排专人进行服务。接挂衣物时应握衣领，切勿倒置，以防衣袋内的物品掉出来；贵重衣物要用衣撑，以免衣服走样；重要客人的衣帽要凭记忆进行准确服务，贵重物品请客人自己保管。

（3）端茶递巾。客人进入休息厅后，服务员应热情礼貌地招呼客人入座，根据要求递上毛巾，斟上热茶或酒水饮料，并奉上新鲜的果品等。此服务要按照先女士后男士、先宾后主的顺序进行，并注意语言与动作相协调。

3．宴会就餐服务

（1）入席服务。值台服务员在开宴前15分钟左右上冷盘，开宴前5分钟左右斟好果酒，然后站在各自服务的餐台旁等候客人入席。当客人来到席前时，服务员要面带微笑，使用敬语向客人问好并请客人入座，注意照顾好主宾、年老行动不方便的客人和年幼的客人，最后按照先宾后主、先女士后男士的顺序为客人拉开座椅，待客人坐定后即可撤掉台号、席位卡、花瓶、花插等，然后帮客人把餐巾折花拆开摊在客人腿膝上，同时松筷子套，撤去冷盘上的保鲜膜，接着迅速给客人斟上入席茶，递送香巾。

（2）斟酒服务。为客人斟倒酒水前，要先征求客人的意见，根据客人的要求为他们斟上各自喜欢喝的酒水饮料。斟倒酒水时服务员要站在客人身后右侧，右脚在前、侧身而行，左手端托盘，右手握瓶，注意商标朝外，从主宾开始顺时针绕台一周，为客人斟上酒水。如果有客人不要某种酒水，应将其空杯从餐台上撤走。在宾主讲话祝酒时，服务员应停下一切活动，端正地站在靠近墙的位置。主人讲话结束，服务员要及时递上两杯斟好的酒水供宾主干杯用。在宴会中，服务员应随时注意客人的酒杯，见剩下 1/3 杯酒或空杯时应及时为客人续斟，直至客人示意不要为止，如果酒水用完则需要征求主人意见看是否需要再添加。

（3）上菜服务。当冷盘吃去了 1/3 或将近一半时，可征求主办人的意见，然后通知厨房准备上热菜。上热菜时需要注意以下几点：

1）宴会中的热菜要趁热上，并遵循一定的顺序。宴会上菜的顺序各菜系之间略有不同，但一般是冷盘、热盘、大菜、汤菜、炒饭、面点、水果等。

2）要选择正确的上菜位置。一般宴会的上菜口可选择在副主人的右侧，但正规宴会或官方宴会的上菜口则应选择在翻译和陪同之间，而不可在客人之间进行，以防汤汁洒在主宾衣服上。上菜口一旦选定整席就不再更改。

3）每上一道菜时服务员都要后退一步站好，用普通话报上菜名并简介其口味特色、制作方法，有些特殊的菜应介绍其食用方法及传闻典故等。

4）菜肴上桌后服务员要进行合理调整摆放，注意荤、素、色搭配开。

5）上新菜前要先撤旧盘，留出新菜的摆放位置。如果旧盘中还有剩余的菜，可经客人同意分给客人或折合到小碟子中再上餐台。

（4）分菜服务。凡宴会服务员都应主动均匀地为客人分汤分菜。分菜时要胆大心细，掌握好菜的份数与数量，做到分派均匀、迅速、不滴不洒、一叉准、一勺准。凡配有佐料的菜，在分菜时要先沾佐料再分配。分菜时站在客人身后左侧，按照先宾后主、先女士后男士的顺序进行。

（5）撤换餐具。为显示宴会档次、服务质量及菜肴的名贵，也为突出菜肴的风味特点，保持桌面的卫生，在宴会进行过程中需要多次撤换餐碟、汤碗、汤勺及香巾等。重要宴会要求每道菜换一次餐碟，一般宴会席间撤换餐碟的数量不少于三次。撤换餐具时要待客人碟中食物吃完方能进行。撤换汤碗、汤勺，一般是每上一道汤撤换一次。注意先撤后换，从主宾开始，站在客人右侧进行。为保证服务质量，一席宴会至少保证上三次香巾。除此之外，上整形菜、需用手协助吃的菜肴如虾、蟹等均需上香巾。

（6）席间服务。宴会进行中服务员要勤巡视台面。细心观察客人的表情及示意动作，主动为其提供续斟茶水、酒水服务。当客人餐具掉地时不等客人吩咐，及时为客人递上干净的餐具。服务时注意态度和蔼，语言亲切，动作敏捷。当客人吃完水果后撤走水果盘，递上香巾，然后撤走点心碟及刀、叉，摆上鲜花以示宴会结束。

4．宴会收尾工作

（1）结账准备。上菜完毕后即可做结账准备。准确清点宴会所用的酒水等菜单外的费用并累计总数，送收款处由收银员准备账单。若是现金结账可以现收交至收款台；若是签单需核对签单人的证件。结完账后要向客人表示感谢。

（2）拉椅送客。当主人宣布宴会结束时，服务员要及时提醒客人带齐物品。客人起身离席时，服务员要主动上前拉椅以方便客人离席。并视具体情况采用不同的方式欢送客人。

（3）递送衣帽。客人准备离开宴会厅时，衣帽间的服务员根据客人的取衣牌号码，及时准确地将衣帽取递给客人，并礼貌与客人道别。

（4）收台检查。服务员要检查台面是否有客人的遗留物品，如有及时交还客人或服务台。

（5）清理现场。清理宴会现场，搞好地面卫生，将餐桌、餐椅按规定位置复位并摆设整齐。收尾工作做完、领班检查无误后，关好门窗，关闭音响、空调、电灯等，方可离开宴会厅。

服务提示

宴会服务的注意事项

● 宴会服务操作时要做到“三轻一快”，即走路轻、说话轻、操作轻，服务敏捷、动作要快。“三轻一快”是任何服务人员在为客人提供服务时都应遵循的操作规则。除此之外，还要严防服务中出现打碎餐具和碰翻酒杯等情况发生，以免影响进餐气氛。

● 提供宴会服务时，避免左右开弓。即两位服务员不能在客人的左右两侧同时为其提供服务，以免客人左右为难。

● 宴会服务应注意节奏，不能过快或过慢，应以客人进餐速度为标准。

● 参加宴会服务的人员要注意分工协作，讲求默契，当其他环节的服务出现漏洞时，不能事不关己、高高挂起，而应该互相帮助、互相弥补。

● 宴会进行中，当宴会主办人致祝酒词或席间致辞时，服务人员应停止操作，迅速地站立在工作台两侧，保持宴会厅的安静。

● 席间若有参加宴会的人员突感身体不适，服务人员应及时请医护人员协助，并向上级领导汇报，根据需要将客人所食用的食物原样保存，留待化验。

● 宴会结束时，宴会负责人要对完成任务情况进行小结，以利于不断提高服务质量和管理水平。

● 宴会结束后，宴会督导人员或负责宴会预订的人员要对宴会组织者及时回访，调查了解客人对本饭店提供的服务、菜点和卫生等情况的意见等，以便以后能更好地合作。

案例分析

客人不愿付账

北京某大饭店的餐饮营业部接洽了一单总数达60桌的婚宴，每桌2 000元，收入总额达120 000元。这次婚宴是由王先生为其弟操办的，他是饭店餐饮总监舒先生的老客户，两人平时关系比较好。餐饮部十分重视这次婚宴，从拟订菜单、商谈价格到试菜、更改制作方式，历时20多天。各方面的条件都谈妥后，按饭店惯例，王先生交纳了30%的定金，并在菜单及协议书上签名确认。

宴会在饭店风尚厅如期举行，为增加喜庆气氛，饭店特别聘请了经验丰富的尚小姐担任婚礼司仪。当晚各个环节都进展顺利，唯有司仪的一句台词“请一对新人向双方父母鞠躬，以感谢他们的养育之恩”引起了麻烦。这句话是婚礼习惯语，讲出来本身并没有错，但由于她对新郎家世不了解，因此，此话一出便掀起了轩然大波，使原本喜庆的气氛顿时变得凝重起来。

原来，新郎自幼父母双亡，兄弟俩相依为命、感情甚笃，王先生是以兄长名义担任弟弟主婚人的。在听到司仪这句话后，他马上变了脸。当婚礼结束准备结账时，王先生声称按家乡风俗习惯，宴会当晚不能马上买单，要过“三”，即三天后才买单。经过向上司请示及对客户的了解，餐饮部同意了对方的付款方式。

第二天，王先生来电大发雷霆，斥责饭店和司仪安排欠妥，并表示拒绝付账。舒总监见此事出了麻烦，便马上和司仪一同致电向客人承认失误，诚恳道歉，并表示在王先生方便的时候亲自登门拜访，当面致歉。经过一番努力后，王先生情绪才稍有好转，但仍表示付账的事情还得拖几天，他实际上对此事还一直耿耿于怀。谁也没有料到，经过长达两个多月的马拉松式的催款和无数次的道歉，饭店才终于使王先生付清了全部款项。

分析：

本案例不算是一个成功的服务案例。由于饭店没有对这场宴会的准备工作做到“八知三了解”，致使客人产生强烈不满，并因此引发投诉。这场账务纠纷虽不排除客人故意找茬拒付或拖欠账款的意图，但重要原因在于饭店在细微之处出现了差错，结果让客人抓住了“把柄”，不但使饭店的工作陷于被动，而且也使饭店遭受了一定的损失。

饭店出现客人拖欠或拒付款的情况并不少见，最终能悉数收回固然是件值得庆幸的事，但饭店也应从中吸取教训：每次婚宴前，要充分了解新人双方的个人情况及家庭背景、参加婚礼成员与新人的关系、举办人的风俗习惯及婚礼的忌讳等，并根据客人的特殊要求提供相应服务；宴会服务中，要做好每一个环节的工作，加强与客人的沟通，确保客人的个性化需求得到满足，千万不能让客人找到“不满意”的托辞；宴会结束后，要主动征求客人的意见，并尽快做出调整或更改。

第四节　西餐宴会服务

西餐宴会是宴会的种类之一，通常是指按照西方欧美国家传统的进餐方式而举行的宴请活动。

一、西餐宴会布置与服务组织

1．西餐宴会台形设计

（1）一般 20 人以下的宴会可选择一字形台、豪华形台和 T 形台。一字形台和豪华形台一般放在餐厅的中央位置，与宴会厅四侧的距离大致相等，餐台的两端留有充分的余地，便于服务。如图 5—4—1 所示。

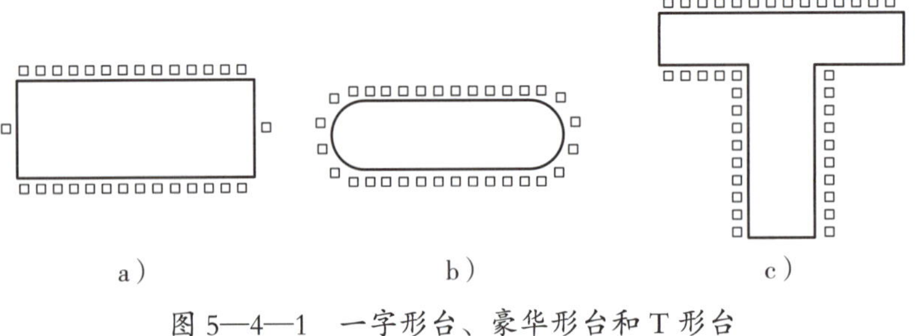

图 5—4—1　一字形台、豪华形台和 T 形台

（2）有 40 人左右参加的宴会可选择 U 形台、马蹄形台和正方形台。注意 U 形台的横向长度比竖向长度短一些。如图 5—4—2 所示。

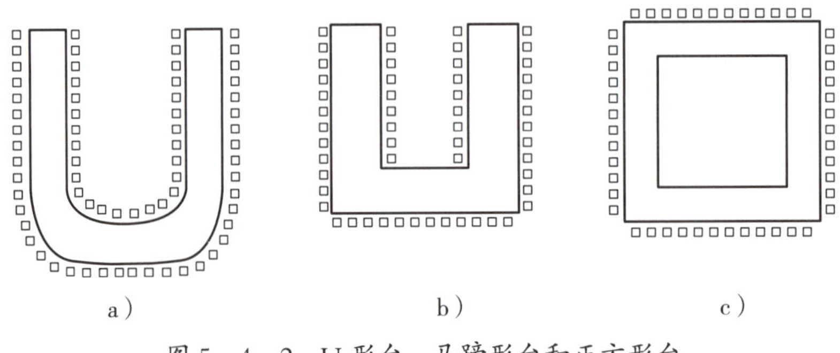

图 5—4—2　U 形台、马蹄形台和正方形台

(3) 60 人左右的宴会可选择 E 形台和梳子形台。注意翼长要一致，竖向要长于横向。如图 5—4—3 所示。

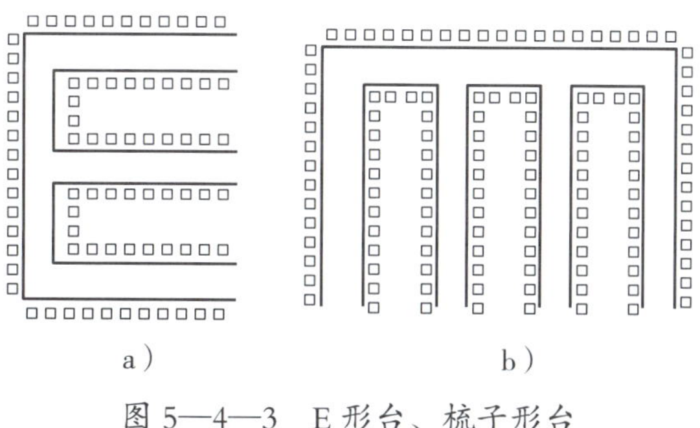

a）　　b）

图 5—4—3　E 形台、梳子形台

(4) 人数超过 60 人的宴会，可根据宴会厅形状选择教室形台、星形台和鱼骨形台等。教室形台主宾席用一字形长台，一般来宾席则用长方形餐桌，注意排列有序，摆放整齐。鱼骨形台与星形台注意各餐桌间的距离要均匀，并留出较宽的主通道，方便客人出入和服务人员操作。如图 5—4—4 所示。

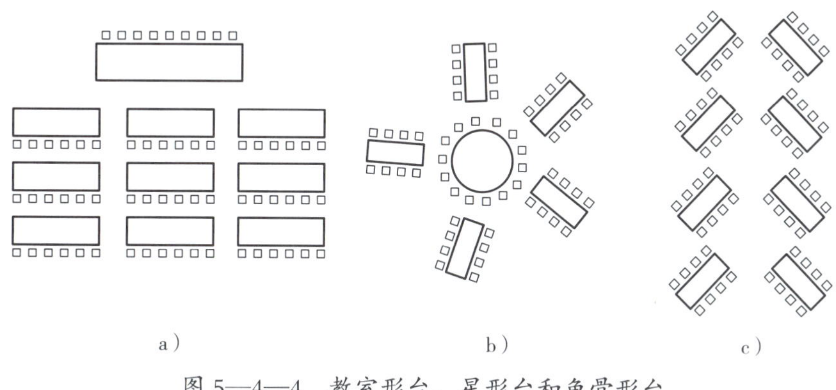

a）　　b）　　c）

图 5—4—4　教室形台、星形台和鱼骨形台

西餐宴会无论采用哪种台形都需注意餐桌间距离不少于 200 厘米，餐椅间距离不少于 20 厘米，并且要摆放整齐、合理、美观。西餐宴会的宾主席位安排与中餐有明显的差别。

2. 工作台设置

西餐宴会工作台要视宴会的规模进行设置。如图 5—4—5 所示。

(1) 西餐小型宴会的工作台可设在宴会厅后门处或宴会厅入口的一侧，工作台上摆放适量干净的餐用具，包括汤碟、面包篮、甜食盘、冰水壶、咖啡壶、糖缸、奶罐、托盘、纸巾及面包．黄油等，要求种类齐全，数量充足，并且保持整洁。

（2）西餐大型宴会工作台设置数量较多，一般在宴会厅后门附近，根据后门数量设置相应的较大的工作台。

（3）西餐宴会厅需要设置数个小型工作台，分别排在宴会厅四周靠近墙壁附近。一般主餐台后面要专设工作台，其他来宾席可根据规模、档次等酌情设计，在服务过程中要注意始终保持工作台的清洁，撤下的餐用具要由副值台员或值台员助手直接送入厨房或洗涤间，不能久放在工作台上。

3．休息室布置

西餐宴会场地一般由休息室与宴会厅两个部分组成，如果没有休息室可临时设计布置一个休息的地方。休息室一般根据参加宴会的人数、主办单位的要求和宴会厅的形状、设备来设置。如图 5—4—6 所示。

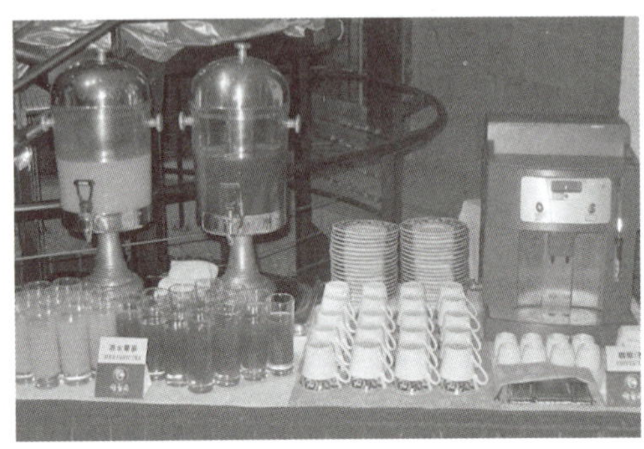

图 5—4—5　工作台

图 5—4—6　休息室

4．宴会服务组织

与中餐宴会服务一样，西餐宴会总指挥或餐厅主管应通过讲解或下达任务单的方法，使宴会工作人员熟悉宴会通知单内容。

宴会通知单内容一般包括：宴请单位，宴请对象，餐别，时间，地点，桌数，人数，宴会规格标准，所需酒水饮料品种、数量，客人风俗习惯、特殊要求和饮食禁忌等。

参加宴会服务的人员通过宴会通知单的内容掌握主要菜式的风味特点，主料、配料及烹调方法。必要时应取得厨师长协助，讲解有关菜品基本情况。服务人员要熟记菜单菜式品种、排列顺序和酒菜搭配规定，以免搞错斟酒与上菜次序。宴会总指挥应根据菜单内容，确定宴会服务所需餐用具的种类和数量，合理分配工作任务和服务区域。

二、西餐宴会服务基本环节

西餐宴会服务环节与中餐宴会基本相似，但要求更加严格。它一般包括餐前准备工作，迎宾服务，冰水、饮料服务，斟酒服务，餐间服务，清台工作，甜点服务，咖啡或茶服务，结账收尾工作等几个环节。

1．准备工作

西餐宴会在开餐前半小时内，需要将一切准备工作做好。准备工作包括以下内容：

（1）宴会开餐前20分钟做好酒水的餐前准备，如检查酒水质量、冰镇、滗酒、温酒等。

（2）宴会开餐前10分钟上齐开胃品，一般每人一份，有时也将开胃品集中摆放在餐桌上，由客人自取或服务员分让。

（3）宴会开餐前5分钟上齐面包和黄油。面包放在面包盘中，注意客人的面包数量应一致，黄油盅摆在面包盘上方。

（4）将宴会厅门打开，迎宾员站在门口迎接客人。

（5）服务员站在餐桌旁，面向门口等候客人光临。

2．迎宾服务

宴会开席前15分钟，宴会厅负责人带领一定数量的服务员或迎宾员提前来到餐厅门口迎候来宾。当来宾到达时，以上人员应面带微笑热情欢迎，主动打招呼问好，并礼貌地将客人引进宴会厅或休息室。

3．冰水、饮料服务

待客人坐定后应收下席位卡，并为其打开席巾铺好，将水杯注入4/5的冰水，蜡烛点燃。然后根据客人需要斟倒矿泉水或其他饮料。

4．斟酒服务

服务员在为客人斟酒前，要将经过客人确认的酒水瓶盖打开，把酒倒出少许，先让主人尝试，经许可再为其他客人斟酒。

5．餐间服务

（1）从客人的右侧为客人上菜。

（2）先给女宾和主宾上菜。

（3）客人全部放下餐具后，询问客人是否可撤盘，得到客人允许后，方可从客人的右侧将盘和餐具一同撤下。

6．清台工作

（1）用托盘将面包、面包刀、黄油碟、面包篮、椒盐瓶全部撤下。

（2）用服务夹将台面残留物收走。

7．甜点服务

（1）先将甜品叉勺打开，左叉右勺。

（2）从客人的右侧为客人上甜食。

（3）待客人全部放下餐具后，询问客人是否可以撤下，得到允许后，将盘和餐具一同撤下。

8．咖啡或茶服务

（1）先将糖缸、奶罐在餐台上摆好。

（2）将咖啡杯摆在客人的面前。

（3）上新鲜的热咖啡或茶。

9．结账收尾工作

（1）当客人结账完毕准备离开时，服务员要主动拉开餐椅，然后站在桌旁礼貌地目送客人离开。

（2）当客人离开后，服务员要及时检查宴会厅或休息室有无客人遗留物品，如有及时送还给客人。

（3）按顺序收拾餐桌，分类收拣餐、用具，清点其数量。特别是银器、金器等高级餐具更应注意分类收拣存放，以防丢失。然后抹净餐台，打扫地面，将陈设物品归位摆好。

（4）工作小结。西餐宴会结束后，应主动征求来宾或陪同人员意见，认真小结接待工作，发扬优点，克服缺点，不断提高服务质量和服务水平。

第五节　冷餐会和鸡尾酒会

一、冷餐会

1．冷餐会定义

冷餐会是西方国家较为流行的一种宴会形式。它以冷盘为主，有时也配少量的热菜；饮料以软饮为主，也提供简单的鸡尾酒；并用较多的点心、水果等招待客人。冷餐会席间气氛轻松活跃，适合于庆典、纪念节日、商务活动和招待大型团队等，有设座、不设座和贵宾设座、其他客人不设座三种形式，但以不设座形式为主。如图 5—5—1 所示。

图 5—5—1 冷餐会

2. 冷餐会特点

(1) 冷餐会的进餐时间没有严格规定，客人早走、晚来都不需向主人解释、道歉，也不为失礼。

(2) 通常冷餐会不安排座位，来宾可在厅里自由活动、随意交流，交际面广。

(3) 冷餐会的设计近似于自助餐设计，但比自助餐的规模大，布置也较华丽，场面壮观，气氛热烈，环境高雅，给客人以舒适、自由的感觉。

(4) 冷盘、热炒、点心、水果、酒水等均可根据主办人的要求提前摆放在食品酒水台上，客人可多次取用。

(5) 举办冷餐会的时间一般是中午 12:00—2:00 或晚 6:00—8:00，每次时间约 90 分钟。

(6) 举办场地不受限制，室内室外均可。若条件允许，可在家中举行冷餐会。

(7) 冷餐会一般由某一团体或个人出面组织主办，未持请柬者谢绝入内。

3. 冷餐会会场布置

从“宴请通知单”上了解参加冷餐会的人数、冷餐会的形式以及冷餐会的台形设计、食品供应品种、布置主题等信息，然后按要求布置会场。一般会场中心多设装饰台，用大型雕刻、花草、食品或器物美化，力求醒目、气派，能吸引人的注意力。整个会场要切合宴会主题和宾主愿望，格调高雅，气氛温馨浪漫。

服务提示

冷餐会的场景布置

冷餐会的场景布置有中式情调、西式情调和中西结合情调三种，但都要注意因时因地，因人而异，目的是突出宴会主题。如布置中式婚庆冷餐酒会时，为了能突出东方民族的风格，体现冷餐会的喜庆气氛，一般以龙凤吉祥图、红烛、宫灯、双喜字等做主要装饰物，灯光较亮，色彩以喜庆色为主，以显示欢腾、火爆、热烈的场面。而圣诞冷餐会最好能体现西方欧美各国的文化传统，以圣诞树、圣诞老人、白雪公主、小木屋、雪橇、气球等做主要装饰物，也可由服务人员穿圣诞老人的衣服扮演圣诞老人向来宾分发小礼品，给来宾以温馨、浪漫、幸福的感觉。

4. **冷餐会食品台摆放要求**（见图 5—5—2）

（1）冷餐会的食品台由若干方形、长方形小餐台拼合而成，呈圆形、长方形、弧形、条形、"S"形、"T"形、"Y"形或多边形。其大小与多少依据进餐人数和食品数量而定。

（2）食品台的摆设除了完整的自助餐台外，如果条件允许，也可将一些特色菜分离出来，专设甜品台、水果台、沙拉台和切割烤肉台等。

（3）布置食品台时应先在餐台上铺上台布，四周围上台裙，台中心可布置冰雕、雕刻、鲜花、水果等装饰物点缀，以烘托宴会气氛，增加立体感。

（4）冷餐会的点心水果台可圆可方，一般 40～50 人设一个；酒水饮料台多设置在宴会厅的四角，一般 60～80 人设一个；收餐台常用小圆桌和小方桌，一般 20～40 人设一个；签名台与礼品台多在大门入口的两侧各设一个。如果主人要求，还可设置带座椅、配食品的主宾台或靠墙长椅，专供贵宾及老人用餐。

（5）餐台的排列须以中心装饰台的菜品台为主体，其他台面或靠边或挂角或倚门或穿插摆放，常用的形式有一侧式、对称式、中心式、排列式、综合式等。

图 5—5—2　冷餐会食品台

5. **冷餐会服务人员职责**

（1）菜点制作员。按食谱要求配料，制作菜点，统一装盘，保质保量地按时将菜点送到席上，不使冷餐会因菜品的匮乏而冷场。

（2）酒水台服务员。负责为客人斟倒迎宾酒和调制简单鸡尾酒，并介绍各种酒水的特点，不停为客人续斟酒水，以保证供应。保持酒水台的清洁，使酒杯摆放整齐，冷餐会结束后，准确清点酒水实耗量。

(3) 菜品台（点心台、水果台）服务员。负责摆放整齐食品，清理餐具，介绍各种食品的特点、口味，请客人取用或协助客人取用；保持食品台的清洁，及时整理和补充食品。

(4) 迎宾员。负责在会场入口处迎接客人，请其签名并登记礼品，敬献迎宾酒，引导其进入会场。

(5) 区域巡视员。在冷餐会进行中，用托盘巡回敬送酒水，清洁餐台，补充餐具和用品，分送纪念品，请客人留言，礼貌道别等。

(6) 清洁员。负责收餐台的工作，清扫卫生，整理宴会厅，归理用具等。

6．冷餐会服务

(1) 准备工作

1) 冷餐会前按本次冷餐会的要求设计并摆好食品台、装饰台、酒水台、讲话台、礼品台和收餐台等，并铺上台布，围好台裙。

2) 冷餐会开始前10～15分钟将所有食品、酒水等分类，整齐摆放在设计好的餐台、吧台上。

3) 播放背景音乐。音乐要柔和，轻快。讲话用的麦克风先调试好，灯光全部打开。

4) 服务员做好上述工作后再次整理个人仪表，然后站在合适的位置，准备迎接客人的光临。

(2) 迎宾服务

1) 宴会主管人员在冷餐会场的入口处设主办单位列队欢迎的地方，摆上华丽的屏风，铺设红地毯。

2) 男女服务员一半在场内，一半排列在入口处附近欢迎客人。

3) 客人抵达会场后，迎宾员要问候客人并表示热烈的欢迎，同时将客人领进会场。

4) 宴会厅主管在入口处掌握来客人数，并将总数和冷餐会的进行情况随时通知厨房，使上菜的速度与冷餐会进行的速度相适应、相协调。

(3) 餐中服务

1) 当客人到酒吧台取酒水饮料时，酒水服务员要礼貌地询问客人的需求，并根据客人的要求将酒品递到客人手中。

2) 客人取食品时，菜台服务员要主动给客人递送餐碟或帮客人拿取和分送食品。服务员还要随时注意菜台，一旦某种菜已经取完或快要取完时，应及时从厨房取出补充，并保持菜台清洁。

3) 主人致辞祝酒时，宴会厅主管要事先安排一名服务员为主人送酒。其他服务员则分散在客人之间给客人送酒。注意动作敏捷、利索，保证每一位客人干杯时手中要有一杯酒或饮品，作祝酒仪式用。

4）服务员要在会场勤巡视，细心观察，主动为客人服务。注意巡视时不能从正在交谈的两个客人之间穿行。若客人互相祝酒，要主动上前为客人送酒。

5）服务人员要及时收取脏杯脏碟，收走用过的餐巾纸等，以保持食品台、收餐台及其他台面的卫生。在送酒、送菜或者送餐具时均需正确使用托盘，而不能直接用手端送。

（4）结束收尾工作

1）结账。冷餐会临近结束时，服务员要及时清点客人所用酒水及餐费等累计总额，待冷餐会结束时由主管或经理负责及时与举办单位结账。

2）送客。冷餐会结束时，客人纷纷相互道别，会场秩序较乱。此时服务员要认真检查会场有无客人遗忘的物品，若有及时送还客人。礼貌地列队送客，欢迎客人再次光临。

3）收尾。等客人全部离开会场后，厨师负责将剩余的菜肴全部撤回厨房分别处理；服务员负责清理餐台、食品台等，将用过的餐用具送洗涤间清洗。然后打扫室内卫生，把物品归还原位。

4）小结。由宴会负责人写出“冷餐会服务报告”备案，并进行当天的服务小结，以便不断提高服务质量。

二、鸡尾酒会

1．鸡尾酒会定义

鸡尾酒会是以饮鸡尾酒为主，以各种小吃为辅的招待会，是西方欧美等各国上层人士进行集会、社交的传统方式。与冷餐会相比，鸡尾酒会显得更为简单和随便，不必过分讲究背景环境和现场气氛，更不用拘泥于礼节。如图 5—5—3 所示。

图 5—5—3　鸡尾酒会

2．鸡尾酒会特点

(1) 鸡尾酒会不设座椅，不用安排席位，客人站着就餐饮酒，也可在室内随意走动，广泛交际。在正式宴会开始前举行的鸡尾酒会又称为餐前酒会。

(2) 举行时间灵活，通常中午、下午、晚上均可。一般与正式宴会时间错开或安排在正式宴会的前面。

(3) 举办酒会的场地不受限制，室内、室外均可。

(4) 参加酒会人员不受时间限制，迟到、早退均不失礼，来去自由，不受约束，减去很多繁文缛节。

(5) 酒会的酒水以鸡尾酒、啤酒为主，另外再加上一些果汁、汽水等软饮料，一般不供应烈性酒和较复杂的鸡尾酒。

(6) 酒会进程简单，时间一般控制在 1 小时之内。

3．鸡尾酒会准备工作

(1) 根据“宴请通知单”的具体细节要求设计台形，摆放餐桌，准备酒会所需的各种设备，如立式麦克风、标题、沿墙长椅、公司旗帜、标记、横幅等。

(2) 鸡尾酒会的吧台由酒水服务员负责在酒会前准备好。根据通知单上“酒水需要”栏准备酒会所需的所有酒水、饮料、冰块、冰桶、调酒用具及足够数量的酒杯等。吧台的设置数量可根据参加酒会的人数决定，吧台分别摆放在靠墙的一侧或大门入口处的两侧。

(3) 食品台上中间陈列各种菜肴、点心。如面包、香肠等，注意摆放整齐。足够数量的甜品盘、小勺、小叉放在食品台的一端或两头，供客人使用。

(4) 酒会的小桌摆设在餐厅四周，桌上放置花瓶、餐巾纸、牙签等物品。有的酒会也根据酒会主办人的要求摆放少量沿墙长椅，供年老体弱者休息时用。

(5) 根据主办单位的要求和宴会厅的情况选用合适的花卉盆景装饰酒会现场，预订时作为一般收费项目计费。

(6) 酒会的音乐一般采用轻音乐或背景音乐，节奏轻快。

4．鸡尾酒会组织工作

宴会厅主管根据酒会规模配备合适的服务人员。会场服务人员一般以一人服务 10～15 位客人的比例配备，专门负责用托盘托送酒水、照管和托送菜点、收拾会场等。酒会中的每一个吧台需配备服务人员 2 人，专门负责将客人要喝的酒水饮料斟倒在合适的杯具里，由客人自取或服务员用托盘进行托送敬让。由于酒会中客人没有固定座位，所以服务人员很难划分服务区域，而只能用分组的方式来服务客人。一般将酒会服务人员分成三组进行服务，第一组负责巡场服务和餐台菜肴、餐具的摆放，第二组负责酒水、饮料的服务工作，第三组负责收拾空杯、残盘及整理会场等。

5. 鸡尾酒会服务程序

（1）迎宾服务。在会场入口处设主办单位列队欢迎的地方，服务人员可一半在会场，一半在门口迎宾。当客人到达，主办单位负责人向客人表示欢迎后，服务员负责将客人领入会场。

（2）酒水服务

1）服务员用托盘托送斟好的酒水来回走动，要集中精力，注意观察，及时将酒水送给客人。

2）专人负责收回客人放在小桌上的空酒杯、空盘，以保持桌面的清洁整齐。

3）吧台服务员负责酒水供应和调配客人所点的鸡尾酒。

（3）就餐服务

1）冷菜一般由客人自取，热菜、特色点心一般由服务员托送。

2）服务员要保证有足够数量的盘、碟、叉，随时撤收空盘，递送餐巾，补充食物。

（4）结束工作

1）鸡尾酒会结束时，要配合主人做好结账工作。

2）服务员要热情礼貌地送客，并表示欢迎再次光临。

3）清洗酒杯、餐具，清扫场地，为下一餐做好准备。

第六节　会议服务

会议服务一般是指饭店凭借其主营业务（客房）的服务资源及客户资源，提供会议场地、会议设施设备及会议服务（包含餐饮及服务人力）的服务业务。对于饭店服务来说，会议服务也是非常重要的服务内容之一。

一、会议服务准备工作

会议服务的准备工作包含以下内容：

1. **掌握会议情况**

(1) 准确了解会议名称。

(2) 熟悉该会议性质。

(3) 掌握会议与会人数。

(4) 了解召开会议的时间。

(5) 熟悉会议休息时间表。

(6) 掌握会议活动范围。

2. **布置会议现场**

进行会议现场布置时要充分考虑会议主办方的意见和建议，并结合本会议室的具体情况出具最优方案。如图 5—6—1 所示。

(1) 根据会议主办人的要求悬挂条幅、会标以及欢迎语等。

(2) 根据会议规模设置会议音响。

(3) 在会议厅里侧设置主席台，布置鲜花、话筒。

(4) 合理配备服务员。

(5) 做好会场清洁工作。

(6) 准备好会议纪念品或礼品（发放），注意会议纪念品或礼品的安全。

(7) 在合适的位置设置会场指示牌。

(8) 根据需要进行礼仪演习彩排。

图 5—6—1　会议现场布置

3. **摆放会议用品**

摆放会议相关用品主要考虑会议的档次，会议用品一般包括以下内容：

(1) 根据会议规格摆放茶具、饮品。

(2) 根据会议规格摆放绿植或鲜花。

(3) 根据会议规格摆放水果。

(4) 摆放会议登记台。

(5) 准备会议签到簿。

（6）根据与会人数准备热水和茶叶。

4．检查准备情况

（1）根据会议检查表的项目逐一进行检查。

（2）重点检查会议设备设施、会议物品等准备内容是否齐全，有无漏项等。

（3）检查准备情况时要认真负责，发现问题及时纠正，无法当时纠正的及时记录，在规定的时间内再次检查，直至完全符合要求为止。

二、会议服务程序

1．会前检查

会前检查一般包括以下内容：

（1）提前半小时打开会议室。

（2）检查会议室温度、灯光以及通风状况。

（3）提前泡好少量茶水。

（4）会前检查麦克风、电源等设备。

（5）了解会议组织者的名字。

（6）与会议组织者沟通，了解会议进程。

（7）了解客人会议结束后的用餐地点和时间。

（8）查看宴会订单，了解付款方式以及本次会议的所有费用。

（9）检查茶歇台的布置，并与会议组织者确定茶歇时间。

（10）在会场门口等待会议开始。

2．引领客人

会议服务员在引领客人时要面带微笑，主动问候，规范引领，争取为客人留下良好的第一印象。

（1）服务员上岗前要按规定化妆、修饰，认真整理工装、工牌，仪容仪表端庄、整洁，精神饱满。

（2）迎宾站立时保持正确站姿，真诚微笑。

（3）会场内卫生整洁，会场所需物品摆放整齐、美观。

（4）来宾到达时要热情迎候，依次接待。

（5）提供服务要主动、热情、耐心、周到，回答来宾问题要得体、明确。

（6）引位要及时，客人入座后 1 分钟内需倒上茶水，递上香巾。

3．会中服务

会中服务要根据会议召开的具体情况进行，以不打扰客人为第一原则。

（1）特别关注主席台客人的香巾、饮品、果盘等使用情况，及时添加。

（2）会场秩序维持服务（清理闲杂人员）。

(3) 会议进行中，每隔10～15分钟，及时添加茶水。

(4) 会议进行中，服务员应站在合适的位置，悉心观察会场状况。

(5) 做好临时出会场客人的引领服务。

(6) 应急情况处理（如火灾疏散、禁坐电梯、失窃、当事人询问笔录、相关人询问笔录、停电、溢水、电梯停机、急症救护等）。

4. 会后服务

会议服务也和餐饮服务一样，需要善始善终，即使是在会后服务阶段出现问题，也会产生100−1=0的效果。所以会后服务要及时、规范、认真。会后服务一般包括以下内容：

(1) 送客人时，要及时提醒客人拿好物品，并致欢送语。

(2) 根据会议要求表及时打好账单，并检查是否有误。

(3) 会议结束后，及时找会议组织者签字或者结账。

(4) 如果结账时有问题，及时通知领班或者经理帮助处理。

(5) 会后清理工作要及时、仔细。

(6) 按规定清洁会场。

三、会议结束工作

1. 开窗通风换气

会议结束后，会议室服务人员应及时打开窗户或排风扇进行通风换气，保持会场空气的清新。

2. 检查设施用品

(1) 撤掉会议物品、桌椅、餐具等。

(2) 清理与会人员遗留物品并及时进行登记。

(3) 检查会场设备、地面是否有破损。

3. 分类整理用品

(1) 检查核对纪念品或礼品的数量，避免短缺。

(2) 分类整理会议物品，在合适的位置摆放整齐，并检查损坏情况。

(3) 及时撤出带入会场的所有物品。

4. 清理会议垃圾

(1) 会议结束时及时清洁会场。

(2) 及时撤出会议垃圾。

5. 做好收尾工作

(1) 向主办方主办人员汇报会议情况、遗留物品、剩余礼品，征求意见，说明情况。

（2）会后总结（部门经理和会议服务人员参加），专题会后服务人员撤出会场。

（3）关闭电源，锁闭会议厅。

思考与练习

一、思考题

1. 简述宴会的种类及特点。
2. 简述宴会预订的程序。
3. 简述中餐宴会服务的注意事项。
4. 西餐宴会服务包括哪几个环节？
5. 冷餐会和鸡尾酒会的区别是什么？
6. 简述会议服务的基本程序。

二、案例题

1. 说到就要做到

一位客人带着他的亲戚到饭店办婚宴，事前与饭店副总经理商议好，在调整修订个别菜的基础上，每桌宴席再优惠10%。而到办婚宴那天，由于饭店副总经理忙于其他工作，忘记把原订的口头协议告诉餐饮部，结果在婚宴结束结账时，客人与收银员出现争执。那位客人非常生气，再加上刚喝完酒，红着脸找到副总经理，开口就指责副总经理不讲信誉。这时副总经理猛然想起原来的协议没有告诉餐饮部，于是他立即向客人道歉，并通知餐饮部妥善处理此事。

问题：

1. 请问餐饮经营者怎样才能做好“诚信服务”？
2. 试述饭店经营管理者按规范程序工作的重要性。

2. 会议前的茶水服务

上海一家四星级饭店会议室里，参加会议的客人提前到场了，其中有几位是饭店的常客，来早的几位客人想去拜访一下总经理。接待员把与会者引领到大堂边的一个接待室，客人落座后，接待室的服务员在每位与会者面前摆上茶杯，然后用手从茶叶筒里取出茶叶，依次放入每位与会者的茶杯中，接着用暖水瓶往杯子里倒水。5分钟后，服务员尚未把滚烫的开水倒完，总经理来了。与会者没喝上一口水就离开接待室前往会议室了。此次会议前的茶水服务宣告失败。

问题：

1. 此次会议前的茶水服务为什么是失败的？请分析这一茶水服务失败的原因。

2. 如果此次提供茶水服务的服务员是你，你将怎样为客人提供满意的茶水服务？

第六章 菜单知识

菜单是饭店餐饮部门为客人提供的食品和饮料的项目清单。餐厅将自己提供的具有各种不同口味的食品饮料，根据人们的用餐习惯排列并印制出来，供客人点餐时使用。菜单不仅是餐饮服务设施的基础，也是餐饮服务生产和销售活动的依据，是餐饮服务最重要的推销工具。

学习目标

☆熟悉菜单的作用和分类。

☆掌握菜单的内容。

☆熟悉菜单的编排顺序和菜品的选择原则。

☆熟悉菜单的制作方法。

☆熟悉宴会菜肴选用原则和宴会菜肴设计程序。

☆了解宴会菜单制作要求。

第一节　菜单的作用与分类

菜单一方面体现了饭店餐饮服务的规格水平和风格特色，另一方面又直接影响着餐饮服务的经营成败。菜单是餐厅经营的关键和基础，它并不是一份简单的产品目录，而是餐饮企业管理的总体纲要及餐饮产品和服务的宣传材料。

一、菜单作用

在餐厅的经营和销售工作中，菜单是联系客人与餐厅之间的桥梁和纽带，它反映了餐厅的经营方针，标志着餐厅产品和服务的特色及水平。正确认识菜单的重要作用是合理制订菜单的前提。

1．菜单是沟通产品信息的桥梁

餐饮企业通过菜单向客人介绍产品，推销服务；客人则根据菜单了解菜品的类别、特色、名称及价格。两者通过菜单开始交流，信息得到沟通，双方的要求都得到满足。另外，报纸、电视以及其他形式的广告虽然也能向潜在客人传递企业产品的信息，但均不如菜单来得直接和有效。

2．菜单是餐厅服务人员为客人提供服务的依据

菜单是餐饮企业菜品品种、菜品价格范围、菜品烹制方式、菜品内容简介、菜品图片展示及其他内容等非常重要的展现形式。它是餐厅服务员为客人提供服务的重要依据，能有效地反映餐饮企业的风格和特色以及经营服务水平。

3．菜单是餐饮工作的纲领和核心

菜单是餐饮工作的关键性聚焦点，它以多种形式影响和支配着各项业务活动。例如，食品原材料的采购储存要以菜单为依据，厨房生产和餐厅服务人员的配备以及饮食生产设备设施的配备要以菜单为指南等。

4．菜单是餐饮成本控制的重要工具

在拟订菜单时，有一项重要的工作就是做成本核算，即对菜单中所列入的菜品原料成本进行认真核算，确保饭店正常经营。如果一味地追求菜肴的创新和食用效果或原料的高档新奇，那么，很有可能只获得客人的称赞，却得不到经济效益。因此，菜单成本核算做得好与坏，直接影响餐饮企业的经济效益。

二、菜单分类

随着餐饮市场需求的多样化，各餐饮企业采用了灵活多变的经营策略。它们在生产方法、产品类型、产品组合方式、销售技巧、地点和时间等方面，采取了许多具体措施，形成了不同形式的餐饮产品。将这些产品用文字、图片和数字表示出来就形成了各种各样的菜单。表 6—1—1 为几种常见菜单类型。

表 6—1—1 常见菜单类型

分类依据	菜单种类	特色
用餐时间	早餐菜单	①以简单、营养为主 ②分为中式早餐及西式早餐
	早午餐菜单	①用餐时间在早上 10 点左右 ②菜色通常介于早餐与午餐间 ③客人同时解决早餐、午餐
	午餐菜单	①以简便为主 ②通常以客饭、套餐、便当等方式拟订菜单
	午茶菜单	①下午 2:00—5:00 之间 ②简单的茶点或自助餐方式
	晚餐菜单	①用餐时间较长，所以菜色都较为精致 ②价格比午餐高
	夜餐菜单	①多在晚上及就寝前供应 ②简单低热量、少油腻的餐点
餐厅经营类型	饭店菜单	①规模较大的饭店分类较细，菜色涵盖较多 ②规模小的饭店只专精于中餐或西餐的经营
	咖啡厅菜单	①强调简单、迅速、方便 ②菜单内容种类较少 ③价格低廉、经济实惠
	酒吧菜单	①菜单内容以酒类、饮料及小菜为主 ②主食项目较少 ③营业时间多为夜晚
	客房送餐菜单	①在最短时间内提供餐食，所以菜单内容较有限 ②强调烹调简单、快速且运送方便 ③通常客房服务须加收服务费
	外带菜单	①常见于快餐业 ②客人可选择电话订购专人送达，或自己拿取的方式 ③菜单内容多以较易携带的食物为主
外观	桌上型菜单	①通常制作精美，以类似卡片或簿子的形式出现 ②在内容上会将食物分类

续表

分类依据	菜单种类	特色
外观	桌垫式菜单	①菜单上可有实物的照片，并搭配食品及饮料项目的价格 ②有的是折成三角形或立体形的印刷品 ③通常以小型餐厅及非正式餐厅使用较多
	悬挂式菜单	①内容多为当日推出的菜品，其中包含菜名、菜肴特色及价格 ②常见形式有：立架式、垂吊式、海报式 ③此种展示方式可凸显餐厅的风格，吸引客人注意
用餐对象	老人菜单	①强调低脂、低油、少盐、少糖 ②以重营养、易咀嚼为要求
	儿童菜单	①菜单设计营养、分量不要太多 ②注意造形可爱及色彩鲜艳，以激起儿童的食欲
	宗教菜单	注意少数宗教有其禁忌的饮食，如佛教徒以素食为主，不可掺杂肉类等
企业经营策略	零点菜单	①菜单的每一道菜品都标明价格 ②客人从菜单中选择自己需要的菜品组成完整的一餐
	套餐菜单	餐厅根据客人的需求，将一整套食品饮料组合在一起，以一个价格出售给客人
	混合式菜单	零点菜单和套餐菜单两者的结合
	固定菜单	①菜单基本稳定，不作经常性调整 ②菜单上的菜肴都是餐厅的代表作品
	循环菜单	①按一定天数的周期循环使用的菜单 ②常用于长住型饭店的餐厅及机关企事业单位的食堂
	即时性菜单	①根据某一时期内原料的供应情况而制定的菜单 ②多用于特种餐厅，如自助餐厅、快餐厅或小吃店等
	特殊菜单	为适应客人的多样就餐需求和就餐方式，推出的各种特殊菜单，如特殊推销菜单、儿童菜单

1．根据用餐时间分类

（1）早餐菜单。为早餐提供的饮食产品目录和价格表称为早餐菜单。早餐菜单一般分为中式菜单和西式菜单，也有中西结合式菜单。具体还可以细分为：

1）欧陆式早餐套餐菜单。具体内容包括：各式面包、黄油、果酱、水果、果汁、咖啡或茶。

2）美式早餐套餐菜单。具体内容包括：各式面包、黄油、果酱、鸡蛋、火腿或香肠、水果、果汁、咖啡或茶。

3）命名式早餐套餐菜单。可根据某一地区、饭店或餐厅的名字命名，其内容应体现它本身的风味和特色。例如，命名为南京早餐的套餐，内容包括苏式汤包或豆沙包、炸油条、什锦酱菜、豆浆或白米粥、中国名茶等，体现了我国南方面点特色及酱小菜的风味。

（2）早午餐菜单。欧美较流行，较大型的餐厅或饭店才提供。通常是针对早上较晚进餐的客人而设计的，所以菜色通常介于早餐与午餐之间，用清淡可口的早点搭配少许较丰盛的菜肴，同时解决客人的午餐问题。

（3）午餐菜单。午餐在一天的中间，它是维持人们正常工作和学习所需热量的重要一餐。午餐菜单具有价格适中，服务速度快，菜肴品种以实惠为主的特点。西式午餐的菜肴常包括开胃品、汤类、三明治、意大利面条、海鲜、禽肉、畜肉、蔬菜、沙拉、甜品和饮料。中餐的午餐和晚餐菜单很相近。但是，现代的生活和工作节奏使得中餐厅的午餐菜肴朝着快速服务、经济、实惠和富有营养等方面发展。

（4）午茶菜单。在下午 2:00—5:00 间，是针对中午来不及用餐或下午休息聊天的客人设计的。若以中式菜单出现，大多是一壶茶搭配两三样小点心；若以西式菜单出现，则可以是简单的咖啡或茶搭配一块蛋糕或几片饼干；也有较丰盛的自助餐方式，菜色较多，可让尚未吃午餐的客人有较多的选择。

（5）晚餐菜单。晚餐是一天中最主要的一餐，不论是欧美人还是我国人民都非常重视晚餐。欧美人把晚餐称为正餐，因此，晚餐菜单实际上是正餐菜单。人们经过了一天的紧张工作和学习之后需要放松一下，享用一次丰盛的晚餐。大多数宴请活动都在晚餐中进行。由于客人晚餐时间充裕，对晚餐的消费有心理准备，因此，许多饭店和餐馆都为晚餐提供了丰富的菜肴。由于这些菜肴的制作工艺较为复杂，制作和服务时间较长，因此，其价格较高。

知识链接

传统西餐晚餐菜单内容

（1）开胃菜肴，包括水果鸡尾酒、熏鱼、香肠、腌鱼籽、生蚝、蜗牛、对虾、虾仁和鹅肝制作的冷菜。

（2）汤类，包括各种清汤、奶油汤和海鲜浓汤，法国洋葱汤、法国派尼汤等。

（3）海鲜类，包括使用嫩炒、炸、扒、水煮等方法制作的鱼、虾、龙虾等菜肴，带有传统式和现代式的各种调味汁和装饰品。

（4）蔬菜类，包括用法国豆、西兰花、芦笋尖、豌豆、菜花、茄子和球芽甘蓝等制作的菜肴。

（5）马铃薯制作的各种菜肴。

（6）舒伯特（sorbert）配上饼干。

（7）烤肉，包括畜肉、家禽、野禽、野兔。上桌时配上沙拉。

（8）甜点，包括蛋奶酥，各种水果冰淇淋，慕斯，各种奶油、香料与甜酒制作的饮料，各种小点心。

（9）辅助菜（各种小碟）。

（10）各种奶酪。

（11）各种水果和干果。

(6) 夜餐菜单。一般将晚上10点以后的用餐称为夜餐。夜餐菜单具有清淡、量小、价格比较低等特点。菜肴以风味小吃为主。如西餐夜餐菜肴常安排开胃品、沙拉、三明治、主菜、当地小吃和甜品等5～6个品种。

2. 根据企业经营策略分类

(1) 零点菜单。零点菜单的价格档次较宽，能迎合不同层次的客人的需求。中西餐零点菜单上供应品种的排列方法不同。中餐菜单以食品内容分类，如冷盘、肉类、海鲜类、禽类、面点类、汤类等；西餐菜单则以进餐顺序分类和排列，如开胃菜、汤类、沙拉类、海鲜类、肉类、甜品等。

零点菜单适用于旅游饭店的各类正餐厅、风味餐厅、咖啡厅等。零点菜单示例如下：

精选美食		飞禽类	
千岛明灯豆腐	38元	脆皮炸乳鸽	38元/只
越南吊烧鸡	38元	当红炸子鸡	30元
秘制佛跳墙	188元/位	港式左宗棠鸡	36元
冷盘类		炸香酥鸭	40元
卤水金钱肚	28元	**蔬菜类**	
吊烧琵琶鸭	38元		
麻皮乳猪件	38元	方鱼炒芥兰	18元
凉拌木瓜丝	28元	发财素菜	25元
农家蒸拌野菜	12元	生炒时蔬	10元
燕鲍翅		蒜茸炒时蔬	10元
鸡茸烩燕窝	168元/位		
竹笙酿官燕	480元/位	**煲仔类**	
金牌太极大鲍翅	328元/位		
滋补鲨骨汤炖鲍翅	258元/位	萝卜牛腩煲	26元
高汤干烧天九翅（现场制作）	488元/两	生蒜牛展煲	28元
皇牌原只吉品鲍	480元/位	潮式凉瓜排骨煲	28元
极品二头青边鲍	880元/位	支竹黄鳝煲	38元
招牌十头南非鲍	680元/位	姜葱鸡子煲	168元

续表

深海海鲜（每 500 克计）		汤羹类	
生滚（豉汁蒸）鲍鱼仔	16 元 / 只	干贝醉竹笙	10 元 / 位
清蒸（红烧）加洲鲈鱼	68 元	酥皮洋葱汤	28 元 / 位
清蒸（避风塘炒）花蟹	88 元	红炖水鱼裙羹	28 元 / 位
日式三文鱼刺身	98 元	八宝冬瓜盅	88 元 / 个
竹节虾（白灼、椒盐、碳烧）	128 元	**面饭类**	
白灼（XO 酱爆、刺身）象拔蚌	480 元	广州炒饭	20 元
清蒸（红烧）老鼠斑	1 280 元	金银馒头	26 元
肉　类		黄金大饼	28 元
黑椒煎牛柳	42 元	香麻软枣	28 元
蚝皇牛肉片	28 元	**甜品类**	
菠萝咕咾肉	22 元	鲜果碟	18 元
金沙蒜香骨	30 元	珍珠红豆沙	6 元
美果肉丁	25 元	生磨西米露	6 元

（2）套餐菜单。根据客人的不同类型和经营上的不同需要，可编制多种类型的套餐菜单，最常见的有：

1）普通套餐菜单。普通套餐通常是将一个人或几个人吃一餐饭需要的几种主食、菜肴或饮料组合在一起以包价销售。

2）团体套餐菜单。团体套餐菜单是针对旅行社组织的团队、各类会议客源而制定的。团体套餐通常需要大批量生产和同时服务，这种菜单上不宜选用做工精细的菜肴，因而团体套餐价格比较经济实惠。会议套餐菜单示例如下：

七味冷碟 芙蓉鸡片 酱爆肉花 三鲜海参 双冬扒鸡 松鼠桂鱼 鸡火鱼圆汤 扬州炒饭

3）宴席菜单。宴席菜单体现饭店或餐厅的特色。宴会菜品讲究外形美观、做工精细，通常应是本餐厅中比较有名的美味佳肴，同时，还可根据不同的季节安排一些时令菜肴。宴席菜单经常根据宴请对象、宴请特点、宴请标准或宴

请者的意见随时制定。宴席菜单示例如下：

婚宴菜单

每席￥2 188元（每席十位用）

美点双辉
百年好合
幸福炒饭
双喜伊面
清蒸生猛桂花鱼
金菇云丝扒青菜
当红脆皮鸡
龙凤双喜鱼翅
翡翠桂花蚌香螺片
金巢夏果鸳鸯带子
生灼九节虾
鸿运乳猪拼盘
奉送水果拼盘

在拟定宴席菜单时需要注意以下问题：

①要根据不同的费用档次设计几套菜单，每个档次备几种菜单供选择。

②要反映不同类型宴席的特色，婚宴要讲究体面和吉庆气氛，生日宴要准备生日蛋糕、长寿面等。

③宴席菜单要多配用装饰菜和食雕工艺，要注意配用合适的盛器和餐具，合理巧妙地使用装饰菜，对菜点起到点缀衬托作用，使宴席锦上添花。菜品名称要尽量典雅，给宴席增加气氛。

④宴席菜单的设计要求外观漂亮，但印制成本要低，一般可让客人带走。在菜单上不要忘记印上餐馆名称、地址、预订电话号码，以便进一步推销餐厅，提醒客人再次光顾。

⑤菜单要有一定的灵活性。在招待宴会生意时，可采用菜单样本，菜品安排留有一定调整余地，让客户可自由更换一些菜品。

（3）混合式菜单。最初的混合式菜单是由一份零点菜单及一份套餐菜单印制在一起的。目前，在欧美国家流行一种改良型套餐菜单，它集中了零点菜单和套餐菜单的优点，以套餐菜单形式为主，但同时欢迎客人再随意点其中任何主菜并以零点形式单独付款。混合式菜单示例如下：

国际海洋商业午餐	
Choice of Salad	**（二选一）**
Southwest Salad	西南花园沙拉
Caesar Salad	凯撒沙拉
Choice of Soup	**汤品（二选一）**
Daily Soup	今日特汤
Clam Chowdr	蛤蜊奶油巧达汤
Choice of Entrée	**（三选一）**
Mexico Chicken Quesadilla	墨西哥鸡肉起司饼
Spaghetti with Tuna Cream Sauce	尼斯鲔鱼奶脂面
Shrimp Jalapeno Sapghetti	虾仁辣味西南面

（4）固定菜单。使用固定菜单的餐厅一般要求就餐客人人数较多而且经常流动，固定菜单对于用餐者相对固定的餐厅则不适用。固定菜单与其他形式菜单相比，其优缺点如下：

1）优点

①菜单内容相对稳定，至少在数月之内将是固定不变的。所以一经合理拟定，便能长期使用。因此，可以省去餐厅管理人员不少精力和时间。

②有利于生产和管理的标准化控制。由于每天都使用同样的菜单，供应相同的菜式，使得餐厅在采保管理、加工烹调、成本控制等方面便于规定标准的控制方法。生产固定的菜品，使用标准的操作方法和程序，也容易得到质量标准化的产品，便于创造名牌菜，产生回头客。

③有利于员工劳动力的安排和设备用具的充分使用。由于每天供应的菜式相同，劳动力和设备的合理调配、控制相对地变得容易，从而使饭店能更合理、更有效地使用人力和物力。

2）缺点

①由于菜式固定不变，客人会因对菜单产生厌倦情绪而更换餐厅。如果菜单长期不更换，最终会造成客源减少。

②菜单的灵活性小，不能随季节变化而更换品种，也不能随原材料价格波动而变换菜肴品种或价格，因而有时会使餐厅亏损。对市场就餐习惯和潮流的变化，也难以迅速适应。

③菜品生产的操作多为重复性劳动，容易使厨师和服务人员感到工作单调疲劳，影响生产积极性。

（5）循环菜单。使用循环菜单的饭店必须按照预订的周期天数制订一套菜单，即周期有多少天，这套菜单便应有多少份各不相同的菜单，每天使用一份。

与固定菜单相比，循环菜单较易设计得丰富多彩，客人和员工都不会感到菜式单调，客人对菜式品种的要求容易得到满足。然而，使用循环菜单的缺点也很明显。由于头一天的菜式不大可能在第二天的菜单上再出现，所以餐厅对当天未售出的菜难以再推销；在劳动力的安排上也不如固定性菜单容易计划；同时，由于菜式品种众多，饭店必须储藏大量的食品原料。

（6）即时性菜单。即时性菜单是指仅供当日使用的菜单，它既不固定，也无循环周期。这类菜单常为规模较小的餐饮企业采用，如自助餐厅等。即时性菜单优缺点如下：

1）优点

①灵活性强，能迅速适应客人的需求、口味和饮食习惯的变化，能根据季节和原材料供应的变化及时变换菜单。这样既能反映时令特色又能降低食品成本。

②可充分利用库存原料和剩余食品。

③可充分发挥厨师的烹调潜力和创造力，生产出较多的创新菜，并减少员工的工作单调性。

2）缺点

①菜单品种更换较频繁，对原料的采购和保管、食品的生产和销售难以标准化，管理比较困难，所以一般供应的菜品较少。

②菜单制作频繁，耗费时间，员工也需不断的进行培训，适应新菜单带来的新的服务项目的要求，比如摆台、分菜等。

（7）特殊菜单。特殊菜单包括以下几类：

1）特殊推销菜单。餐厅通常根据不同季节、不同节日和不同场合进行推销。例如冬季推出砂锅菜、火锅、辛辣热菜等，夏季推出清凉菜，节日里推出圣诞大餐菜单、春节菜单、复活节推销菜单等。餐厅还可以根据菜系推出菜品推销菜单，例如烧烤菜品系列推销菜单等。

2）儿童菜单。儿童菜单的设计要注意以下问题：

①艺术设计要吸引儿童的兴趣。

②选择妈妈放心、儿童喜爱的菜品。

③附带赠品。

3）客房送餐菜单。客房送餐服务是对因某种原因不能或不愿去餐厅就餐，或在餐厅就餐时间以外要求用餐的客人所提供的服务。客房送餐菜单的特点是：

①食品饮料品种不多，加工不太复杂。

②菜品制作精细，质量较高，放置后质量不易降低。

③客房送餐菜单价格高于其他菜单的价格。

客房送餐菜单示例如下：

请于凌晨 2:00 以前填好此卡并置于门外把手上，我们将按您的要求为您提供服务。

房号：　　　份数：　　　日期：　　　签名：

如欲指定时间送餐，请用笔圈上。

7:00 AM—7:30 AM　　7:30 AM—8:00 AM

8:00 AM—8:30 AM　　8:30 AM—9:00 AM

9:00 AM—9:30 AM　　9:30 AM—10:00 AM

美式早餐

任选一款果汁

(　)橙汁　(　)番茄汁　(　)菠萝汁　(　)西柚汁

鲜鸡蛋两个，款式任选

(　)煎蛋　(　)炒蛋　(　)波蛋

搭配

(　)火腿　(　)烟肉　(　)香肠

多士或早餐面包　牛油　果酱

(　)咖啡　(　)红茶

欧陆式早餐

任选一款果汁

(　)橙汁　(　)番茄汁　(　)菠萝汁　(　)西柚汁

多士，早餐面包或丹麦包

(　)咖啡　(　)红茶

第二节　菜单内容编排

一、菜单内容

一份完整的菜单通常由菜品的名称和价格、菜品介绍、告示性信息和餐厅的背景资料四部分组成。如图 6—2—1 所示。

图 6—2—1 菜单内容编排

1. 菜品的名称和价格

菜品的名称会直接影响客人的选择。因此，菜单上菜品的取名应注意贴切、易懂和文采美等几个方面，要如实地反映原材料、配料情况、烹调方法和地方特色。根据国际菜单法规，菜品名称和价格必须要具有真实性。这种真实性包括：

（1）菜品名称真实。

（2）菜品质量真实。

（3）菜品价格真实。

（4）菜单上列出的产品应保证供应。

（5）外文名称翻译准确。

2. 菜品介绍

菜单除了要有充满情趣、雅致贴切的菜品名称外，每道菜品还应带有描述性的说明，以简洁的文字描述出该菜品的配料、制作方法和独特风味。

菜品的描述性说明能帮助提高客人点菜的兴趣，解除他们的疑惑，让他们充分了解菜品的配料、特点、烹调方法和特殊的服务方式等，引起他们的食欲，从而有力地促进销售。例如中餐中的许多菜名，即使译成英文，国外客人读了以后也不得要领。如“佛跳墙”“叫化鸡”等。为此，中餐菜单除列有中文菜名、外文菜名外，还应在外文菜名下使用描述性说明文字。

菜品的介绍必须恰如其分，实事求是。介绍的文字不宜过多，否则会使客人感到厌倦，也会使菜单拥挤不堪。

3. 告示性信息

餐厅在菜单上需要向客人特别说明的情况，称为告示性信息。一般包括以下内容：

（1）餐厅的名字。通常安排在封面。

（2）餐厅的特色风味。一般写在餐厅名字的下方。

（3）餐厅的地址、电话和商标。一般列在菜单的封底下方。

（4）餐厅的营业时间。列在封面和封底。

（5）餐厅加收的费用。在菜单的内页下方注明。

4．餐厅背景资料

有的菜单上还介绍餐厅的历史、特点、名厨名菜等。我国许多著名的饭店都有深厚的文化底蕴，如天津的利顺德大饭店，已经历了一百多年的风风雨雨，不仅形成了许多著名的菜品系列，还留下了众多名人的足迹。这些都可以在菜单中加以宣传，增加客人对餐厅的了解和兴趣，不失为一种极佳的推销手段。

二、菜单编排顺序

1．菜品类别编排顺序

进餐如同演奏一首乐曲，有前奏，有高潮，也有尾声。乐曲的各个组成部分不可颠倒，进餐次序也同样不能错乱。编排菜单时，除首先必须注意次序不可错乱之外，还要设法把主要菜式安排在最显眼的地方。

单页菜单的中央部位、对折菜单的右首页中央部位、三折菜单的中心部位以及四页菜单的第二页和第三页，一般最受客人的注意。因此，在编制菜单时，应设法把那些重点推销的菜品安排在这些最显眼的地方。如果由于菜单排列顺序的限制而不能做到的话，则应将这些重要的菜品加框边或饰纹，或以不同的字体印刷，以引起客人注意。

菜品在菜单上的位置对于菜品的推销有很大的影响。要使推销效果显著必须遵循两大原则，即最早和最晚原则。列在第一项和最后一项的菜品最能吸引客人的注意，并能给客人留下最深刻的印象。因此，应将盈利最大的菜品放在客人第一眼和最后一眼注意的地方。经过调查，客人几乎总是能注意到同类产品的第一项菜品和最后一项菜品。

不少饭店习惯对菜品进行编号，以方便客人点菜，这无疑是一种极好的做法。但编号时应注意，根据心理学研究结果，客人往往对各类菜的第一号菜特别注意，他们总觉得第一号菜应是这一类菜中的最佳者。因此，在安排菜品次序时，应把最适宜的品种列在第一号位置上。排在首位的菜品价格并不一定最高，但它应该是餐厅希望其销量最大的。以三文鱼、龙虾和烤鸭为例，三文鱼和龙虾是高价菜而烤鸭是低价菜，但烤鸭为餐厅挣得的利润高于三文鱼和龙虾，所以该排在第一位。

每类菜品的最后一项往往比中间的更能吸引注意力，特别是菜品项目较多的栏目，最后一项应列些次重要推销的菜品。

2．重点菜品推销

重点菜品是餐厅菜单的主角，没有它们，就可能无法很好地突出餐饮特色和餐饮档次。饭店应加强重点菜肴的推销。具体应注意以下问题：

（1）重点菜品用别于一般的粗大字体排印。

（2）重点菜品应有更详尽的促销性文字介绍。

（3）采用方框或彩色色块和其他图形突出重点菜品。

（4）重点菜品应用更丰富的色彩点缀，用彩色图片衬托。

在菜单的布局上，重点菜品应放在菜单的重点推销区。单页菜单应以横线将菜单对分，菜单的上半部是重点推销区。对折菜单的右上角为重点推销区，该区域是以上边及右边的四分之三作出的一个三角形。使用三折菜单时，人们首先注意其正中位置，然后移到右上角，接着移向左上角，再到左下角，之后眼光又回到正中，再到右下角，最后回到正中及正中之上方。有关研究表明，人们对正中部分的关注程度是对全部菜单关注程度的七倍，因而中页的中部是最显眼之处，应列上餐厅最需要推销的菜品。

三、菜品选择原则

1．迎合目标客人的需求

设计人员在设计菜单菜点前要充分了解市场需求和客人情况，以便能更好地迎合目标客人的需求。了解客人情况包括客人对什么样的菜肴感兴趣，目前市场上哪些是主要消费对象，哪些是潜在消费对象，以及他们对菜肴有哪些不同的需求等。了解市场需求需要经常做市场调研，密切关注和分析其他饭店各类菜单及菜品的销售状况，还要注意阅读各种报刊所报道的和餐饮业有关的文章，甚至广告及杂志等，并将其中有价值的信息收集汇总，然后进行分析、总结，也可以到其他饭店进行访问和亲身体验，其目的都是了解和发现一些受客人欢迎的新菜品，以便满足客人的需要。

2．计算食品原料成本和获利

（1）菜品的类别、每类菜品的数量、不同等级菜品的比例合理。

（2）确定饭店毛利率，根据毛利率计算菜品的成本与销售价格。

（3）掌握不同菜品的畅销程度。

（4）掌握不同菜品的销售对其他菜品销售的影响。

3．考虑食品原料的供应情况

食品原料供应往往受市场供求关系、采购和运输条件、季节、饭店地理位置等因素的影响。在确定菜品时须充分考虑到各种局限性，尽量使用当地出产、供应充足的原料。

4．要适应餐饮市场新变化

菜品要经常更换，推陈出新，不断地给人以新的感觉，防止客人因对菜单发生厌倦而易地就餐。菜品的更换可以同季节因素结合起来，安排时令菜肴，使客人能及时品尝到新鲜的时令菜。同时还要顾及客人对营养的要求，顾及社会时尚如减肥、健身等对菜品提出的新要求，充分考虑食物对人体健康的作用。

5．考虑菜单品种的平衡

（1）价格要平衡。每一类菜品的价格应尽量在一定范围内有高、中、低档之搭配。

（2）原料搭配要平衡。适应不同口味、不同禁忌和饮食习惯的客人的需要。

（3）烹调方法要平衡。在各类菜品中应有不同烹调方法制成的菜肴。

（4）营养要平衡。要注意各种营养成分的菜肴搭配合理。

四、菜单制作

一份雅致动人、色调得体、洁净明快的菜单不仅读起来赏心悦目，而且能给客人带来舒畅的心情。菜单的制作应能体现出餐厅的高雅服务和经营风格，并能反映出餐厅的整体形象。图 6—2—2、图 6—2—3 是常见的菜单制作成品。

图 6—2—2　菜单封面

图 6—2—3　菜单内容与字体

菜单的制作主要包括以下环节：

1．菜单制作材料选择

如何选择菜单的制作材料，取决于饭店使用菜单的方式。菜单可分为一次性菜单和长久性菜单两种。一次性菜单印在轻巧、便宜的纸上，不必考虑纸张的耐油、耐磨等性能，多用于客房送餐菜单、快餐厅菜单、早餐菜单等。长久性菜单多用于正餐菜单，应当选用质地精良、厚实的重磅覆膜纸，如铜版纸和效果典雅的特种纸。这些纸经过特殊处理，防水、防皱、耐磨、耐油污，使用时间长，价格较高。

2．菜单规格大小选择

菜单的尺寸大小应根据餐饮内容、餐厅规模而定，与餐厅面积、餐桌大小和座位空间相协调。美国餐厅协会调查结果表明，菜单最理想的尺寸为 23 厘米 ×30 厘米。其他一些比较常见的尺寸有：小型的 15 厘米 ×27 厘米三折式，中型的 17 厘米 ×35 厘米三折式，大型的 19 厘米 ×40 厘米三折式、25 厘米 ×35 厘米对折式和 28 厘米 ×40 厘米单页式。

知识链接

菜单的尺寸

在确定菜单尺寸时，一要使客人拿起来方便，二要与本餐厅销售的食品、饮料品种的多少相适应。菜单页码不宜过多，每页纸上文字占总篇幅的面积不能超过 50%。篇幅上的空白会使字体突出、易读，并避免杂乱。菜单的四周空白应当宽度相等，给人予均匀之感，左右字首应排齐。

3．菜单字体选择

旅游饭店餐厅的菜单多使用中英两种文字。中文字体最常用的为印刷体。印刷体较为正规，容易阅读，应用较广。餐厅名称可选用富于艺术性的美术体和书法体，但书法中的草书、篆书实用性不佳，应慎重选用。英文字体常见的有罗马体、现代体和手写体。罗马体仿效古代刻在雕像上的碑文字体，由于线条粗细相同，看起来清楚透明，一目了然，是菜单所用的最基本字体。现代体形状正规，线条无粗细变化，看起来很简洁，也较常用。手写体流畅自如，线条富于变化，但有时不宜辨认，适宜作菜品类别的标题。

菜单中文字大小的选择也有一定的原则。英文字体大小是以“点”计算的，而中文字体大小是以标号来说明的。通常，菜单选用 12 点以上的英文字体，4 号以上的中文字体。两行文字之间要有足够的行距，不要将文字排得过密。现代餐厅为制造舒适而浪漫的气氛往往采用较柔和的背景灯光加上桌上的烛光，菜单上的文字在这种光线下也要让人看得清楚。

4．菜单封面设计

一份设计精良、色彩丰富得体而又实用的菜单封面常常是一家经营有方的餐厅的醒目标志，因此，菜单的封面设计必须适合餐厅的经营特色。菜单封面的颜色或是与餐厅设计的色彩相协调，或是与餐厅设计的颜色成反差，使之相映成趣。菜单的封面应采用覆膜的重磅纸制作，这样水和油污不易留下痕迹，四周也不易卷曲。

5．菜单色彩图片运用

利用色彩装饰菜单，方法十分简便。可以用一种色彩加黑色，也可以将七色全部用上，还有一种办法就是利用色纸。

菜单设计中如使用两色，最简便的办法是将类别、标题如肉类、蔬菜类、海鲜类等字印成彩色，如红色、棕色、蓝色、绿色或金色等，具体的菜肴名称和价格则印成黑色。在这里需要遵循的原则是：只能让少量的文字印成彩色。因为大量的彩色文字读起来既困难又伤神，人的眼睛最容易辨读的是黑白对比色。

选用色纸能使菜单显得更精美，且不增加印刷成本。为增加菜单的易读性，色纸的颜色不易太深。为菜单增加色彩，还有一种简便而且便宜的方法，就是采用宽彩带，以纵向、斜向或横向粘在或包在封面上，改善菜单的外观并起到装饰作用。

菜肴彩照配以菜名、文字介绍，是宣传推销的极好手段。彩色照片能直接且真实地展示餐厅所提供的菜品，是展示以及销售食品最为有效的方法。当然并不是所有菜肴都可以配有彩色实例照片，一是因食品同品种繁多，二是因成本太高。印有彩色照片的菜肴应该是餐厅最愿意销售的，希望引起客人注意并购买的菜品。彩色实例照片的拍摄和印刷质量十分重要，若质量低劣，则不如不印。

第三节 宴会菜单

一、宴会菜肴选用原则

宴会菜肴设计不同于一般的菜点设计，它必须以突出宴会目的为中心，以宴会主题为导向进行设计，并且要遵循一定的原则。

1．准确把握客人的基本特征

凡预订的宴席，在菜肴设计前，宴席设计人员及宴会部厨师长等首先要了解客人来自哪里，有什么不同的就餐习惯、口味特点及特殊爱好等，特别是对于不同国家、不同地区以及不同民族的客人，更应准确把握客人的基本特征，使菜肴设计得更有针对性。

2．明确宴席价格与菜肴的关系

宴席设计人员在进行菜肴设计之前，第二个要考虑的因素就是宴席价格。宴席价格是宴席菜肴设计的基础，它决定了宴席菜肴的选料，影响菜肴的档次和规格。除此之外，菜单成本核算也必须是在确定了售价、规定了毛利率的前提下进行。

宴席价格的确定方法一般有两种：一种是每席售价，另一种是人均消费标准。相对来说，人均消费标准更合理、更恰当些。在日常经营活动中，常常会遇到这种情况：客户预订了一桌 1 000 元的酒席，宴席设计人员制定菜单时，通常按 100 元／人的标准核算，结果每席却坐了 12 位甚至 13 位客人，这样很显然制定的菜单不太符合宴席实际。因此，饭店在宴席预订时，最好要掌握人均消费标准，并以此为依据，进行菜单设计。但是宴席设计人员必须明白，价格标准的高低，只能在原料的使用上、做工的精细上有所区别，而宴席的整体效果不能受到影响，即在规定的标准之内，把菜点搭配好，做到使宾、主、饭店都满意。这正是宴席菜肴设计的巧妙之处。

3．了解宴会的基本情况

宴会基本情况包括宴会的主题、举办宴会的时间以及宴会的规模三个因素。

首先，作为宴席设计人员在进行宴席菜肴设计之前，必须了解主办单位或个人举办宴会的目的和意图，根据其目的和意图来编制宴席菜点。例如为庆贺某公司或商场开业而举办的宴会，在菜肴设计时不妨安排一些“吉利鱼排”“黄金大饼”“财源滚滚”之类的菜肴。

其次，举办宴会的时间主要是指午间举行宴会还是晚上举行宴会，除此之外还指从接到宴席预订信息到宴席正式开始之间的时间，这两个时间都将直接影响菜单的拟定和编制。一般情况下，午宴举办时间要比晚宴举办时间相对短些，在菜品设计时要充分考虑这种差异性，多在晚宴安排一些制作工艺复杂、耗费时间的工艺菜和造型菜来满足客人的要求。另外，如果从宴席预订到宴席正式开始的时间充足，也可以多安排一些此类菜肴。反之，如果是午宴或者是临时预订的宴席，则整桌菜肴要在确保及时开餐的前提下才能考虑变化。

最后，宴席菜肴还要考虑宴会的规模。如果是单桌宴席，可以考虑选用适合单份烹制并满足其他要求的菜肴；如果是十几桌甚至是几十桌宴席同时举行，则有一些特殊菜肴烹制起来就略有些困难了，如拔丝菜等。所以了解宴会规模也是宴席菜肴设计的前提条件。

4．充分发挥本店专长

所谓饭店的专长，除了指硬件设施，如独特的炊具餐具、先进的基础设施以及足够大的宴会厅场地等外，还包括软件水平，如厨师的技术水平、服务员的素质水准、本店所提供的服务程序和经营特色等情况。

5．宴席菜肴要结合季节特征

宴席菜肴设计要符合气候转换的要求，如原料的选用、口味的调配、质地的确定、色泽的变化以及冷热干湿的搭配等都需体现时令的特征。

一方面，要合理选用应时当令的原料。任何原料都有生长期、成熟期和衰老期，只有在成熟期上市的原料才营养丰富、质地细嫩，带有自然的鲜香，并且也最适宜烹饪。比如，鱼类的最佳食用期分别是：鲫鱼、鲤鱼、鲢鱼、鳜鱼 2～4 月，鲥鱼 4～6 月，鳝鱼小暑，甲鱼 6～7 月，草鱼、鲶鱼、大马哈鱼 9～10 月，螃蟹“九团十尖”。又如，蔬菜类的韭菜和白菜则是按照“初春早韭，秋末晚菘”的原则选用的。

另一方面，菜肴的口味也要依照节令的变化来调配，“春季酸味出头，夏季清淡微苦，秋季适中偏辣，冬季浓重多咸”一直是我国餐饮业按照季节变化调配口味的主导方向。日常生活中，人们比较喜欢在冬春季节饮白酒，制作菜肴多用烧、扒以及火锅等，调味浓厚，并突出咸酸口味；相反，在夏秋季节则习饮啤酒，制作菜肴也多用炒菜和冷盘，调味清淡，偏重鲜香。

6．合理搭配宴席菜肴的营养

宴席设计者在安排菜肴时要多从宏观上考虑整桌菜肴的营养是否合理、是否适合客人的需求，以及各菜肴是否易于消化、便于吸收等，还要考虑各菜肴原料之间的互补效应和抑制作用。

一般情况下，在理想膳食中，脂肪含量应占 7%～25%，碳水化合物含量应占 60%～70%，蛋白质含量应占 12%～14%，同时宴席还应提供相应的淀粉、维生素、粗纤维、矿物质以及微量元素等。

二、宴席菜肴设计程序

1．突出宴席风格

一桌好的宴席，应该突出某种风格，这种风格可以是一个地区的风格，也可以是一个民族的风格，还可以是本饭店的风格或者某一主厨的风格等。总之，整个宴席菜肴要有别于其他地区或其他饭店。我国饮食的风格流派是以“菜系”

来划分的，不同的菜系、不同的风味流派在菜肴选料、调味、烹调方法等诸多方面都表现出各自的特点。具体实施时，主要通过采用地方特色烹饪方法和调味手段，选用地方独特烹饪原料，烹制地方特色菜肴，并配置与之相适应的特色餐具等方法来实现。宴席风格基本确定后，才能进行下一步的工作，即围绕宴会主题，选用合适的菜肴，借以烘托宴会气氛，满足人们的就餐心理。

2．分析宴席成本

设计宴席菜单有两大步骤：一是选出合适的菜肴；二是将这些菜肴按一定顺序排列起来。那么怎样选择菜肴呢？要想使所选菜肴与宴席规格相符，就应先明确菜肴的取用范围，如菜肴的类别、每类菜肴的数量、各类菜肴的等级等，所有这些都与宴席档次密切相关。在选择菜肴时，为了防止宴席成本分配不合理，出现头重脚轻、喧宾夺主、满员超编、尾大不掉等比例失调现象，应先按照宴席结构将宴席成本合理分配，这样，每类菜肴有了大致的成本分配后，就便于决定使用什么质量的原料了。总之，宴席成本的分配是为选择合适的宴席菜肴做准备的，它可限定菜肴的取用范围，这样更有利于设计人员进行设计。

3．掌握宴席菜肴数量

宴席菜肴数量包含两层意思：一是指整套宴席的菜肴总数，二是指每道菜肴的分量。宴席菜肴数量是宴席设计的关键，数量合理会令客人既满意又回味无穷。灵活掌握宴席菜肴数量首先要确定菜肴总数。注意不要触犯客人的数字忌讳，并且要符合宴会主题。此外，宴席菜肴总数是确定每道菜肴分量的基础。一般情况下，每道菜肴分量应以每人平均能吃到500克左右净料为原则，当然这并不完全绝对，有时还要因人而异。比如赴宴人员大部分是体育运动员，那么人均食量会相应增大；如果赴宴人员以退休老知识分子为主，则人均食量应相应减少。

除此之外，设计人员还应了解宴席菜肴总数与菜肴分量成反比。即若宴席档次低，应根据情况安排合适数量的菜肴，并且每份菜肴的数量要相对多些；若宴席档次高或者客人以品尝风味菜肴为目的，则菜肴总数可根据情况增加，而每道菜肴的分量可相应减少，并且要求菜肴品种形式丰富，制作方法精巧。

4．择定必用菜肴

明确了整桌宴席所用菜肴的种类、每类菜肴的数量及大致规格后，接下来就要确定必用的菜肴了。必用菜肴的选择应以菜单编制方法为前提，还要分清主、次、详、略，讲究轻、重、缓、急。

一般来说，第一步要考虑宾主的要求。凡答应客人的菜肴，都要安排进去，并尽量使之醒目。第二步要考虑饮食习俗，当地同类酒席的常用菜肴则优先考虑，以显示地方风情。第三步要发挥主厨所长，推出本店的拿手菜、看家菜或亮出本店的名点、名小吃等，借以提高本店的知名度。第四步要考虑最能显现宴会主题的菜肴，展示宴席特色。第五步要考虑季节因素，注意安排刚上市的土特原料，以突出季节特征。第六步要考虑货源供应情况，安排一些既物美价廉，又便于调配花色的品种，以便平衡成本。

注意，这一步只要求选出必用菜肴，所以不必列齐所有食品。

5．确定核心菜肴

核心菜肴是整桌宴席的主角，没有它们，宴席就不能枝干分明，但具体哪些菜肴是核心菜肴，各地看法不尽相同。一般来说，头菜是整桌宴席的“主帅”；冷拼是宴席的“门面”；甜菜和素菜具有解腥去腻，调节营养平衡的特殊作用；座汤是宴席中最好的汤；面点是规格最高的点心。它们的质地能直接反映宴席的特色和规格，故可作核心菜肴优先考虑。特别是头菜和座汤，是体现宴席档次的主要菜肴，所以必须使其在选料、制作以及装盘上明显高于其他菜肴。必用菜肴和核心菜肴一经确定，其他配套菜肴便可相应安排，使整个宴席形成一个完整的美食体系。

另外，宴会菜单初稿排出后，还须逐一审定。对于不理想的菜肴，要及时调换；重复的、多余的部分也应坚决删去，避免出现满员超编的情况。

三、宴会菜单制作

宴会菜单的制作对计算机应用能力、图片编辑能力、色彩美学等的要求较高，所以很多饭店都聘请专门的艺术设计师担此重任。设计人员必须具有一定的文学功底、艺术修养和审美情趣，能从艺术和实用角度把宴会菜单的色彩、字体、版面、图画等巧妙地融合为一体，使其对客人有较强的吸引力，并能成为宴会厅及餐台设计中的装饰品。常见的宴会菜单如图 6—3—1 至图 6—3—3 所示。

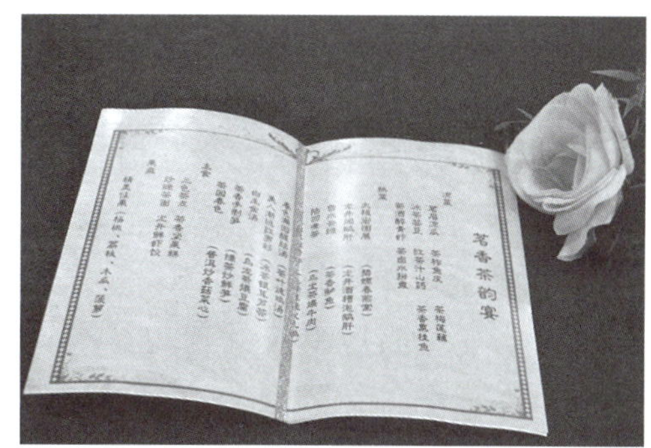

图 6—3—1　茶宴菜单

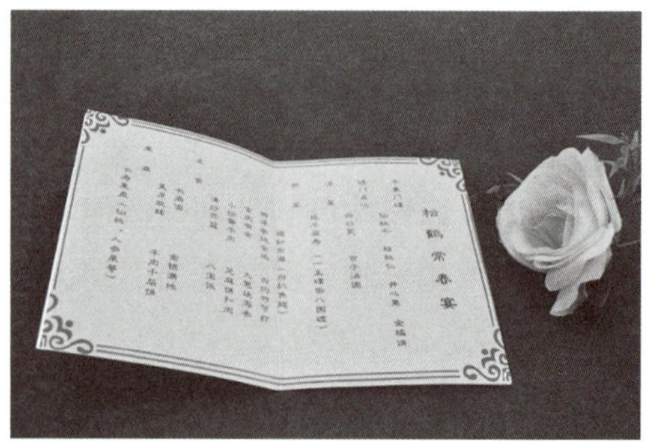

图 6—3—2　寿宴菜单

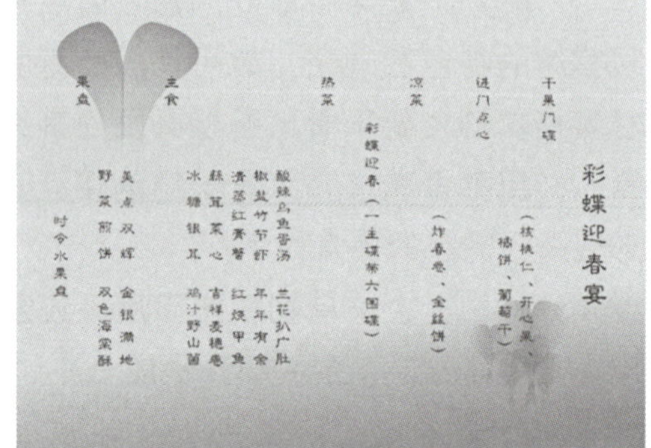

图 6—3—3　迎春宴菜单

1．宴会菜单文字

宴会菜单的文字常见的有打印和手写两种方式。一般情况下，较正规的宴会都采用打印的方式，但也有的宴会为了能更好地突出中餐特点而选用毛笔书写方式。采用手写方式时字体要用正楷，字迹要工整、端庄、娟秀、清楚。如果有外宾，菜单最好用中、英文两种文字书写，但要注意中文在上，英文在下。

2．宴会菜单颜色

宴会菜单的颜色或亮丽、或温馨、或华贵，并要与宴会厅的装饰以及餐台的色调相协调、相统一或者互相衬托，也可以根据不同的宴会主题来选用不同的色调、不同颜色的宴会菜单，以衬托宴会主题。

3．宴会菜单规格尺寸

宴会菜单的规格尺寸要以“客人拿起来舒服，阅读方便”为准则。美国餐厅协会曾对此做过调查，其调查结果表明，宴会菜单的理想尺寸为 23 厘米 ×30 厘米。人们普遍认为，此规格的菜单看起来舒服，尺寸大小合适。如果尺寸太大，客人拿起来不舒服；尺寸太小，则文字相应会过密，阅读起来不方便。

4．适当配备菜肴图片

宴会菜单配备插图时注意不需要将所有菜肴的插图进行罗列，而是将有代表性的一道或两道菜肴的图片作为底色或在文字空白处进行展示，增加宴会菜单的美观性。

四、宴会菜单赏析

1．西安“八景宴”

冷盘：古城十三花

大菜：松子扒熊掌

晚霞映牛舌

灞柳雪花鸡

曲江雏鹌宴

金枣晨钟糕

渭水团鱼汤

草堂烧八素

雪山汆金鱼

果点：烽火蜜鲜果

古城四细点

2．四川风味宴席

四冷拼：怪味鸡——菠萝、灯影牛肉——泡菜、盐水胗肝——姜汁黄瓜、麻酱腰片——兰花莴笋

四热炒：鱼香鲜贝、小煎鸡米、少子蹄筋、红粉虾仁

大　菜：干烧酥鲍、樟茶鸭子、叉烧酥方、八仙燕菜、粘枣泥卷、干煸冬笋、鱼香茄饼、口袋豆腐

点　心：水红萝卜酥、担担面

3．广东风味宴席

冷　菜：白斩清远鸡、烧鹅、叉烧肉、酥虾、炸腰果、牛腩、姜汁海蛰、盐鸡、熏鱼

热　菜：鼓汁蟠龙鳝、爽口牛肉丸、蒜子瑶柱脯、清汤鱼肚、脆皮大肠、海棠豆腐、护国菜、子萝鸭片、厚菇芥菜、碧绿花枝片

点　心：成珠鸡仔饼、皮蛋粥、马蹄糕

4．潮州风味宴席

冷　菜：卤水拼盘（带四小碟）

热　菜：上汤龙虾、椒盐三文鱼头腩、川椒炒螺片、鲍汁扣鹅掌、蒜子扒鱼唇、葱油鲜带子、干椒鸡肾、云腿科甲瓜、蒜蓉蒸丝瓜

点　心：美点双辉

水　果：时令水果拼盘

5．山东风味宴席

冷　菜：糟口条、辣白菜、烤牛肉

四热炒：糖醋鲤鱼、芝麻虾排、油爆双脆、椒油白菜

大　菜：扒原壳鲍鱼、大虾、清氽蛎子、奶汤鱼翅、清蒸加吉鱼、山东蒸饺、九转大肠、三美豆腐、烧煨面筋条、糟煎茭白

点　心：福山拉面、煎饼

水　果：水果拼盘

6．杭州“西湖十景宴”

冷　菜：三潭映月（花色拼盘带八围碟）

热　菜：断桥残雪（鲍鱼、河虾、地力、鱼脯、蛋白糕、火腿、香菇、笋丝、香菜）

平湖秋月（大桂鱼等制成一鱼双味，炸烩而吃）

苏堤春晓（鹿蹄筋、鸡脯、鹌鹑等制成）

柳浪闻莺（豆芽、鸡丝、火腿丝、熟青椒丝制成）

南屏晚钟（南瓜盅，内装冰糖燕窝）

双峰插云（八宝鸭装盘后造型）

雷峰夕照（清蒸河鳗、爆鳝、蟹黄、鱼卷制成）

曲院风荷（扒排翅造型而成）

花港观鱼（鱼、裙边、冬笋、胡萝卜、鸭掌制成）

点　心：吴山天风（吴山酥油饼）

知味停车（知味观小笼）

7．寿宴

一彩盘：松鹤延年（象生图案）

四围碟：五子献寿（五种果仁镶拼）

四海同庆（四种海鲜镶拼）

玉侣仙班（芋艿鲜蘑）

三星猴头（凉拌猴头菇）

八热菜：儿孙满堂（鸽蛋扒鹿角菜）

天伦之乐（鸡腰烧鹌鹑）

长生不老（海参烹雪里蕻）

洪福齐天（蟹黄油烧豆腐）
罗汉大会（素全家福）
五世其昌（清蒸鲳鱼）
彭祖献寿（茯苓野鸡羹）
返老还童（金龟烧童子鸡）
一座汤：甘泉玉液（人参乳鸽炖盆）
二寿点：佛手摩顶（佛手香酥）
福寿绵长（伊府龙须面）
一寿烟：吉林人参烟
二寿茶：湖南老君茶
湖北仙人茶
一寿酒：山东至宝三鞭酒
二寿果：河南仙柿果
上海北芒蟠桃

思考与练习

一、思考题

1. 什么是菜单？它有哪些作用？
2. 简述菜品的选择原则。
3. 菜单制作包含哪几个环节？
4. 简述宴会菜肴设计程序。

二、案例题

客人误读菜价

2015 年的秋天，王先生带着客户到某风味餐厅去吃烤鸭。大家入座后，王先生开始点餐，点餐时王先生估算了一下今天的费用大概在 800 元，除烤鸭外还有 6 道菜肴，其中有一道是“清蒸鲜鱼”。不一会儿，一道道菜就陆续上桌了。客人们喝着酒水，品尝着鲜美的菜肴和烤鸭，颇为惬意。大家酒足饭饱，王先生准备结账。服务员拿过来账单后王先生愣住了，餐费合计 1 464 元。于是王先生要求核查，核查时发现菜单上标价 298 元的“清蒸鲜鱼”变成了 745 元。王先生非常生气，质问服务员怎么回事，服务员解释说鲜鱼是按重量收费的，共计 2.5 斤，合计 745 元。王先生仔细查看菜单，果然发现在“清蒸鲜鱼 298 元”后面跟着较小的“/ 斤”字。王先生非常生气，说是因为后面的字太小没有看清楚，服务员当时没有提醒而拒绝付账；服务员却说当时客人没有询问也有责任。一时之间双方僵持不下。最后，王先生叹了口气很无奈地说，“结账吧，我们以后再也不会来这里用餐了。”

问题：

1. 本案例中，餐厅的菜单设计存在什么样的问题？
2. 服务员怎样才能提高对客服务的质量？

第七章 餐厅服务管理

餐饮部是饭店唯一生产实物产品的部门，它把食物通过销售和服务直接提供给客人消费，服务过程较长。因此，餐厅相关管理人员应做好服务过程的控制和管理工作。

学习目标

☆了解员工健康检查制度，掌握员工个人卫生要求。

☆熟悉食品加工环节的卫生要求。

☆掌握员工的安全管理知识和餐厅消防安全知识。

☆掌握食物中毒事故的处理程序。

☆掌握餐厅突发安全事故的处理方法。

☆了解餐厅环境营销、气氛营销、服务营销和产品营销的方法。

☆熟悉餐厅餐具的种类，掌握餐厅餐具的使用与保养。

☆熟悉餐厅常用的设施设备种类及其使用和保养方法。

☆熟悉餐厅投诉产生的原因，掌握投诉处理的程序、标准及原则。

第一节 餐厅卫生知识

一、做好员工健康检查

1．新进员工健康检查

餐饮从业人员上岗之前必须到当地防疫站进行健康检查，待各项指标合格并取得卫生检疫机构颁发的健康证后方可上岗。

2．员工定期健康检查

除了餐饮企业新进员工上岗前需要体检外，餐饮从业人员也应定期进行体检，一般每年一次，确认身体健康并取得卫生检疫机构颁发的健康证才能继续从事餐饮工作。

二、员工个人卫生要求

1．具有健康意识

（1）由于工作量较大，餐厅服务人员需要注重保持身体健康。

（2）患感冒、腹泻等疾病的员工在身体恢复后才可以上班。

（3）如果工作期间突然患上传染性疾病，工作人员必须向本部门负责人汇报，并及时到医院就诊，由本部门负责人负责将其安排到合适的岗位或者休息，直至康复。

（4）发现手指、手掌等部位有破伤时应包扎好，并带好橡胶手套，以防止伤口感染和污染食品。必要时可向本部门负责人申请休息或调离到其他不会导致食品污染的岗位。

2．讲究个人卫生

（1）工作服。工作服应经常换洗，并定期消毒，不得穿潮湿、有油渍、有污渍等的工作服上班。尤其是从事窗口服务和餐厅服务的人员。

（2）头发和胡须

1）应经常清洗，不得有油腻、污垢等现象出现。

2）男士不得留超过衣领的长发，不得留鬓角，不得留超过 0.2 厘米的胡须。

3）女士不得留披肩发，若头发长到可盘起来的程度时，在工作时应将长发盘在工作帽内或将其用发卡夹牢。

（3）指甲

1）勤剪指甲，指甲不得超过 0.1 厘米。

2）不得涂指甲油。

3）指甲缝里不得有明显的污垢。

（4）洗手

1）工作人员在上岗、进行窗口服务工作前必须洗手消毒，手接触不洁净的物品后应及时清洗；清洗好的手应主动沥干，或用烘干机烘干，不得用抹布尤其是不干净的抹布抹干。

2）工作人员在上洗手间后应及时洗手，洗手应在洗手间内进行，不得在操作间内的水龙头中清洗，以免水池或其他食品被污染。

3）处理垃圾后，工作人员应及时洗手消毒。

3．注重工作卫生

（1）工作时不可有抓头发、挖鼻孔、掏耳朵等有碍卫生的不良动作。

（2）不可直接对着食品咳嗽、打喷嚏及叹气等。

（3）对直接入口的食品或与口直接接触的物品，在生产、服务过程中应使用工具。

（4）在售菜窗口内，工作人员不得吃东西、随地吐痰等，若有外来人员入内吃东西、随地吐痰等应及时制止。

三、餐厅服务卫生要求

1．餐具、用品卫生控制

餐具、用品都必须进行严格的消毒，要求做到：一刮、二洗、三冲、四消毒、五保洁。一刮即刮去残羹剩料、食物残渣；二洗即用洗涤剂洗去油污；三冲即用流动的干净的清水冲洗；四消毒即用沸水、蒸汽、电子消毒柜或药物进行消毒；五保洁即将洗净消毒后的餐具、用品移入保洁设施内备用，以防再次污染。此外，还需注意以下问题：

（1）每日下班前将用过的设备、刀具、器皿、砧板、操作台、抹布等用品清洗干净，防止霉变。

（2）对清洗后的餐具可采用煮沸、蒸汽、红外线、紫外线等物理方式消毒，也可采用消毒剂进行化学消毒，并在储存中保证清洁无菌、无污染。

（3）桌布、餐巾、窗帘、椅罩、桌裙等应定期清洗。

（4）由于台布和餐巾直接与餐具接触，所以每次清洗后还应进行消毒、熨烫。员工折叠餐巾折花必须洗净双手并在平盘内操作。

2．环境卫生管理

（1）在生产与经营过程中，为了保证食品的质量和员工的身体健康，需要控制生产和经营场所中的温度和湿度。如冷冻室温度在 −18℃以下；冷藏室温度在 0～4℃之间；厨房和餐厅平均温度一般要保持在 24～28℃，相对湿度保持在 40%～65%。

（2）采用自然光线或荧光灯为室内提供充足、自然的光线，避免对食品颜色产生错觉。为减少油烟和潮湿气体在室内聚集，可以采用通风罩、换气扇、自然通风等措施保持室内空气流通。

（3）保持地面清洁，玻璃光亮，家具设备洁净。定期清扫天花板及四壁，做到无蛛网、无油污。

（4）采取防止老鼠、蟑螂、蚂蚁、苍蝇、蚊子等虫害进入及滋生的各项措施。

（5）有固定的专用于堆放垃圾的场所，并经常消毒，保持清洁，防止成为蚊、蝇、细菌的滋生地。

第二节　餐厅安全管理

一、员工安全管理

1．建立安全管理制度

（1）安全问题要常抓不懈，警钟长鸣，做到例会必谈。

（2）安全措施要落实到位，责任到人。

（3）安全知识要普及，做到人人皆知。

（4）安全规定要上墙，做到人人必守。

2．定期参加安全培训

（1）全体工作人员上岗前必须通过安全操作知识培训。

（2）新员工上岗操作重要设施设备，必须在师傅的指导下熟练完成操作过程。主管（厨师长）每日巡查各岗位操作情况，随时纠正违规行为。

（3）全体工作人员熟知设施设备安全操作规程，了解设施设备基本运行原理。

3．建立安全档案

作为餐饮企业，要根据本餐厅的安全情况查缺补漏，建立准确的安全档案，并引以为戒。

4．注重工作安全

（1）工作时严禁在现场嬉笑打闹，酗酒上岗及过度疲惫上岗。

（2）安全责任到岗到人，全面深入树立“安全第一，重如泰山”的思想。

（3）全员有责任提出改进安全管理及防患于未然的合理化建议，并严格要求自己，提醒他人，统一协助。

（4）工作中凡登高、下低、搬运重物等必须由他人协助，避免一人独立操作。

（5）各班组严格履行交接班记录，多余料品归库，设备用具归位，闭锁门窗。

二、餐厅消防安全知识

1．员工消防责任

（1）员工必须严格遵守防火安全制度。

（2）熟悉个人工作岗位的工作环境、操作设备及物品情况，掌握安全出口的位置和消防器材的摆放位置。

（3）懂得消防设备的使用方法，了解消防器材的保养措施。

（4）严禁员工将货物堆放在消防栓、灭火器的周围。

（5）严禁在疏散通道上堆放杂物，确保疏散通道的畅通和灭火器材的正常使用。

（6）如发现异色、异声、异味时，需及时报告上级有关领导，并采取相应措施进行处理。

（7）当发生火灾、火警时首先保持镇静，不可惊慌失措，迅速查明情况向消防中心报告。报告时要讲明地点、燃烧物质、火势情况、本人姓名、工牌号等，并积极采取措施用附近的灭火器进行火灾初期的扑救。

（8）救火时必须无条件听从消防中心和现场指挥人员的指挥。

（9）如果发生火灾等需及时关闭电源，积极疏散本店内的客人。

2．楼面防火制度

（1）在餐饮服务中，若有客人的烟头、烟灰、火柴棒等掉在烟灰缸外，服务员在撤掉台布时必须拿到后台将脏物抖净，以免因卷入火种而引起火情。

（2）在日常清扫垃圾时，要将烟灰缸内的烟灰用水浸湿后再倒入垃圾桶内。

（3）餐厅的出入口和通道不得堆放物品，要保持畅通。门钥匙要有专人管理，以备使用。

（4）餐厅的各种电器设备必须经常检查，如发现短路、打火、跑电、漏电、超负荷运转等现象时，应及时通知电工进行检修处理。

三、食物中毒的处理与预防

人们在日常生活中由于吃了被细菌、真菌毒素、化学物质污染或本身就含有毒性物质的食物，从而引起的急性中毒性疾病，就称为食物中毒。

1．食物中毒特点

（1）有共同的致病食物。所有的病人都在相近的时间内吃过某种共同的致病食物，与食物关系比较明显，没有进食这种食物的人，即使同桌进餐或同屋居住也不发病。发病范围局限在食用该种有毒食物的人群中，停止食用这种有毒食物后，发病就很快停止。

（2）潜伏期短。发病呈急性暴发过程。集体暴发食物中毒时，很多人在短时间内同时或先后相继发病。一般潜伏期在 24～48 小时以内。

（3）患者的临床表现大致相同。大部分病人的症状相似，多为急性胃肠炎症状。

（4）没有传染性。停止食用有毒食物或污染源被清除后不再出现新的患者，人与人之间没有直接传染性。

2．食物中毒预防

（1）细菌性食物中毒的预防。细菌以裂殖的方式进行快速繁殖，其繁殖速度与环境中的氧气、温度、湿度、营养和酸碱度密切关联。预防细菌性食物中毒的有效措施一般来说不外乎两个方面：一是减少或彻底杜绝各种有害细菌对食物的污染，二是对被细菌污染的食物或食品进行彻底的灭菌处理。

1）防止沙门氏菌的污染及中毒。沙门氏菌是一种生长在动物体肠道内的致病菌。生鲜的家禽肉类、家畜肉类以及各种蛋乳品等，都是沙门氏菌的污染媒介。主要预防措施是：生产人员定期做健康检查和保持个人卫生，杜绝带菌者进入工作区，保持加工区域的环境卫生，防止鼠类、蚊蝇昆虫的侵害，杜绝熟食品在室温下长时间放置，加工原料应防止交叉感染，养成良好的卫生操作习惯等。

2）防止副溶血性弧菌的污染及中毒。副溶血性弧菌又称为致病性嗜盐菌，广泛生长在海水中。海产品、海盐以及海盐腌制的食品都是致病菌的媒介。主要预防措施是：利用冷冻和冷藏防止致病菌的生长与繁殖，加热杀菌，避免生食海产品，注意防止原料及容器的交叉感染等。

3）防止葡萄球菌的污染及中毒。葡萄球菌是一种容易感染到人的身体内外的细菌，该细菌本身没有毒素，但其繁殖所产生的排泄物对人的皮肤、组织会产生过敏性感染。主要预防措施是：员工保持个人卫生，避免有感冒、皮肤感染、鼻炎、咽喉炎等病症的人员进入工作区域，注意冷藏原料食品保持低温。

4）防止肉毒杆菌的污染及中毒。肉毒杆菌主要是随泥土或动物粪便污染食品，它的生长繁殖需在无氧情况下厌氧生长。通常引起此类中毒的食品是肉类罐头、臭豆腐、腊肉以及发酵制品等，高温加热可以杀菌。主要预防措施是：防止劣质或过期罐头制品进入食品的加工生产环节，在肉制品和鱼制品中加入食盐可起到抑制细菌生长繁殖的作用，注意原料的净加工，防止受到土壤和粪便的污染。

5）防止黄曲霉毒素的污染及中毒。黄曲霉毒素是黄曲霉菌的代谢产物，具有较强的致癌性。主要预防措施是：注意原料的保管，如花生、大豆、大米等粮食类原料应在低温干燥环境中储存，以免高温潮湿而发霉产生毒素，避免发霉的花生、大豆、大米、面粉等混入加工食品而导致中毒。

（2）化学性食物中毒的预防。化学性食物中毒的发生原因非常复杂，主要包括砷、铅、有机磷、有机氯、有机汞、多环芳烃类等化学物质，直接或间接地对人体产生作用而发生中毒。主要预防措施是：

1）从具有质量保证的渠道采购原料，防止使用加工纯度低的色素、盐、碱、葡萄糖等。

2）禁止使用装过含砷、有机磷等农药的容器盛放粮食和其他食品。

3）不使用含有有毒物质的器皿、容器、包装材料。如不使用铅、锌、铜、锡等材料的容器，不使用聚乙烯、聚丙烯等塑料包装材料。

4）加工各种原料要洗涤干净，特别是蔬菜要进行浸泡，水果要削皮处理，降低有机农药的残留。

5）厨房要谨慎使用各种消毒剂和杀虫剂。

6）加强原料和食品的保管，远离各种化学物质和药剂。

7）食品生产过程中使用的化学物质或食品添加剂，必须符合食品卫生标准要求，禁止使用质量不合格的食物添加剂。

（3）有毒动、植物食物中毒的预防。有毒食物主要是指食物本身有毒素或发生变化而产生毒素，食用后导致过敏反应、腹泻呕吐，甚至死亡。有毒食物中毒的原因很多：原料采购时混杂有毒品种，如食用菌混杂有毒的真菌；原料加工纯度不够而造成有毒物质的残留，如棉籽油中残留棉酚、棉酚紫、棉绿素等毒素；原料储存不当而发生变化产生毒素，如土豆发芽产生龙葵素；原料腌制产生亚硝酸盐而发生中毒；原料本身死亡而产生毒素，如鲭鱼、金枪鱼、黄鳝、甲鱼等死亡后产生毒素；食用过量的富含维生素A的食物而发生中毒，如狗肝、鱼肝以及野生动物肝脏等。主要预防措施是：

1）区别各种食物，防止互相混淆。

2）严格规范原料的保管，加强原料选择环节的质量鉴定，严格按操作要求生产各种食品。

3）不加工出售有毒或腐败变质的鱼类食品，尤其是青皮红肉鱼类。

4）对含组胺较多的鱼类，应注意烹调方法，减轻其毒性。例如水浸、盐浸、加醋、清炖，加雪里蕻或红果少许都可降低组胺含量。

5）加工前应对菌类进行鉴别，对于不能识别有无毒性的种类，需经有关部门的鉴定，确认无毒后方可食用。

6）马铃薯应在低温、无阳光直射的场所储存；发芽较重及变黑绿的马铃薯不得加工食用；烹调马铃薯时加些醋，以破坏龙葵碱。

7）食用芸豆时应使其充分熟透，避免食用沸水焯过和旺火快炒的芸豆菜肴。

8）苦杏仁中毒多发生在杏熟季节，多见于儿童因误食生杏仁所致。由于氢氰酸遇热挥发，故在加工杏仁时应充分加热，敞开锅盖使其失去毒性。

9）木薯不能生吃。加工去毒方法主要是去皮、水浸、煮熟，新鲜木薯内皮含氢氰酸90%左右，故剥去内皮后再进行加工十分重要。浸泡木薯的水及薯汤不宜弃于池塘内，也不宜喂牲畜。

（4）人为投毒的预防。食物中毒的另外一个情况就是人为投毒。人为投毒防不胜防，作为餐饮企业主要是要加强厨房内部的安全防卫管理，以防止个别人为了报复或达到其他的目的，而在菜肴或食品及食品原料中故意投毒。

3．食物中毒事故处理

每个餐饮人员都希望在日常的餐饮管理工作中，不出现食物中毒事件。但假如有客人食用了本餐厅提供的菜肴而身体不适，管理人员和员工应沉着冷静，忙而不乱，尽可能控制势态，及时加以处理。其基本处理步骤如下：

（1）记下客人的姓名、地址和电话号码（家庭和工作单位）。

（2）询问具体的征兆和症状。

（3）弄清楚吃过的食物和就餐方式，食用日期、时间，发病时间、病痛持续时间，用过的药，过敏史，病前的医疗情况或免疫接种情况等。

（4）记下接诊医生的姓名和医院的名称、地址和电话号码。

（5）由本企业的医生在场协助处理，了解病情，掌握现场资料。

（6）立即通知由餐饮部经理、厨师长等人员组成的事故处理小组，对整个生产过程进行重新检查。

（7）将相关信息告知给本企业的医生，以便更好地处理事故，如确认是食物中毒则承担一切责任。

（8）查明同样的食物供应了多少份，收集样品，送化验室分析化验。

（9）查明这些可疑的菜点是由哪个员工制作的，对所有与制作过程有关的员工进行体检，查找有无急性患病或近期生病及疾病带菌者。

（10）分析并记录整个制作过程中的情况，明确有可能在哪些地方、食物如何受到污染、哪些地方存在细菌，以及这些细菌在食物中繁殖的机会等。

（11）从厨房设备上取一些标本送化验室化验。

（12）分析并记录餐饮生产和销售最近一段时期的卫生检查结果。

四、突发安全事故处理

1．客人吵架、打架处理

（1）发现客人吵架或打架时，餐厅的服务人员应立即上前制止。如果发现个人力量单薄，应及时上报部门负责人或其他管理人员（领班、厨师长、承包组长等）前来处理。

（2）制止的原则

1）劝阻对方住手、住口。

2）让争吵或打架的双方或一方离开餐厅。

3）若持有器械进行打架的，应先对持有器械的一方予以制止。若双方或一方因醉酒而打架，则应先劝阻比较清醒的一方。有伤员时应先送往医院或劝其到医院就诊。

4）在努力制止依然无法平息时，应立即拨打 110 进行报警。

5）制止争吵或打架时切记不可动粗，不以恶语相向，应以“大事化小，小事化了”的原则平息事态。

6）若吵架、打架地点离售卖窗口较近，售卖窗口工作人员应防止食品被污染。

7）各餐厅厨师长应及时检查食品的安全情况。

8）事发部门负责人应在事后填写突发事件处理报告，向企业汇报处理经过及结果。

2．客人醉酒闹事处理

（1）醉酒者如果失去理智，处于不能自控的状态下，易对自身或其他人造成伤害。因此，工作人员发现有醉酒者时应立即向本部门负责人汇报，由本部门负责人采取控制和监督措施。

（2）本部门负责人处理客人醉酒闹事时，应尽可能地劝其离开餐厅，若可能则应通知其家属、朋友等领回。

（3）对于部分醉酒严重者，可以让其吃些水果（橙子、梨、苹果等）或糖醋萝卜，也可以让其饮用绿茶等有助于醒酒的食品。等其清醒后再让其离开餐厅。

（4）若醉酒者有危害社会公共秩序的行为，则可向公安机关（110）报告。

（5）事件处理过程中应防止食品污染，各餐厅经理、厨师长应及时检查食品的安全情况。

（6）事发部门负责人应在事后填写突发事件处理报告，向企业汇报处理经过及结果。

3．客人摔倒事故处理

（1）客人摔倒主要是指客人在本餐厅就餐时因地面积水、就餐椅断裂、疾病以及其他本部门原因或其个人原因导致的摔倒。

（2）在出现客人摔倒情况时，现场人员发现后应立即上前扶其起来。若自己因故不能离开岗位时，则应通知其他人员上前协助。任何坐视不管的行为都应该受到谴责和惩罚。

（3）现场人员将摔倒的客人扶起来时，应询问其有无受伤，并扶住该客人就近休息。若有出血或皮肉红肿等情况发生时，应到本部门办公室领取相关药物进行初步治疗。若受伤较重或出现昏迷不醒等不能自理的情况，应立即向本部门负责人或其他现场管理人员汇报，由本部门负责人或其他现场管理人员委派一名员工陪同其到就近的医院就诊。如果受伤情况严重，应拨打 120 进行求救，同时在有可能的情况下通知其家属。

（4）现场人员还应仔细询问或检查摔倒的原因，若为本部门的原因（如地面积水、就餐椅断裂等），应立即采取相应措施或告知现场管理人员进行解决。若客人受伤较严重，本部门负责人应立即以电话等方式向公司进行汇报，并会同公司积极解决。处理该事项时应遵循“大事化小，小事化了”的原则。

（5）事发部门负责人应在事后填写突发事件处理报告，向企业汇报处理经过及结果。

4．烫（烧）伤事故处理

（1）员工被蒸汽、开水、热菜、热油、火等烫（烧）伤后，用冷水冲洗后及时到本部门办公室用酒精、棉签消毒后再用烫伤药膏进行初步治疗。

（2）若情况较严重，烫（烧）伤面积较大时，应立即到烧伤医院治疗。

（3）若需人员陪同时，则由现场管理人员安排一位同事一同前去。

（4）处理烫（烧）伤事故时，伤口应避免接触任何东西，尤其是脏的东西（如抹布等），不得私自揭开紧贴伤口上的衣服，以免伤口创面进一步扩大。

（5）烫（烧）伤人员若需继续工作，应到本部门领取塑料手套，戴上手套再进行工作，并防止手套脱落造成污染。

（6）较为严重的烫（烧）伤事故，应由本部门负责人及时以电话、书面等方式进行汇报，向企业汇报处理经过及结果。

案例分析

有毒的沙拉

小张是一名饭店管理专业的大学生，今年9月，她进入本地一家四星级饭店的西餐厅进行实习。

一天中午，来了一位熟客，一如既往地要了混合沙拉。这位客人从来不使用饭店的沙拉调味汁，而是习惯于自己调配可口的调味汁。根据领班的指示，小张来到厨房，很快在拐角搁置调味品的地方，找到了色拉油、鸡蛋、盐、胡椒等，把它们分别盛进空瓶里，可最要紧的西泽醋却找遍各处都找不到。最后，在柜台下边开着的门里，发现一个装洋酒的瓶子里装有“西泽醋”（自认为）。于是，急忙把它倒进辣酱油瓶中。上述佐料全都备齐后，送给了客人。客人拌好佐料后，浇在了早已备好的青菜上，开始就餐。客人刚吃了几口，突然从嘴里吐出沙拉，接着就不断地咳嗽，客人用手帕捂住嘴，站起来跑进卫生间。小张被这突如其来的情形吓了一大跳，马上告诉了领班。领班到卫生间一看，客人正在漱口，很痛苦地说：“那个沙拉有毒……”

领班听罢大吃一惊，急忙把客人领到医务室。

果真有毒吗？领班回到餐厅用嘴尝了一下放在桌上的沙拉，舌头麻酥酥地感到异常。于是，一一查对了用料，发现“西泽醋”好像有问题。当询问到“西泽醋”的来源时，小张说：“别的材料全都从调味用品存放地方取来，唯独西泽醋找不到，我认为也许搁在橱柜里，打开下面一看，见空洋酒瓶里装有西泽醋，我就把它灌进辣酱油瓶里，拿给了客人。”

当领班把小张所说的“西泽醋”倒进碟子里尝了一下之后，大为吃惊，原来它竟是厨房用的强力洗涤剂。如果一次大量喝下去的话，后果将不堪设想。

洗涤剂怎么会跑到调味用品存放处呢？经过了解，原来昨天是厨房例行大扫除的日子，专门从事清扫的人来过这里，事后，将装在空洋酒瓶内的强力洗涤剂搁在下面橱柜里忘记带走了。

所幸客人情况尚好，未酿成大祸，而且客人是位宽宏大量、偏爱本饭店的人，只是半开玩笑地提醒说：“你们差点葬送了我这位宝贵的客人。”而饭店方面真是惶恐不安。从此以后，为彻底杜绝此类事件发生，餐厅决定所有场所一律不准再利用空瓶，开展了一个回收无用空瓶并予以销毁的行动。

分析：

餐厅每天要消耗许多液体，有可食用的（酒水、调味品等），也有非食用的，消耗后所剩下的空容器很多，必须进行有效管理。本案例中，卫生清扫人员将非食用的强力洗涤剂装入空酒瓶，本身就是一种错误行为，这也反映了该餐厅容器管理的不规范。这一失误成为中毒事件的罪魁祸首。而后，装有洗涤剂的酒瓶又被放在了调味品存放处，导致实习生误以为是西泽醋而使客人中毒。

第三节　餐厅营销

餐饮企业要想吸引客人到餐厅就餐并使客人满意，不仅要有美味佳肴，还要通过餐厅环境、餐厅气氛和餐厅服务等进行一系列的餐厅营销活动。

一、餐厅环境营销

1．突出主题，反映餐饮风格

主题是餐厅环境布置的主调和灵魂，它反映餐厅的总体形象，形成餐厅风格。餐厅的类型不同，环境布置的主题也不一样。确定餐厅主题的方法有很多种，见表 7—3—1。

表 7—3—1　　确定餐厅主题的方法

确定主题的方法	举例	注意事项
根据餐厅性质	中餐厅环境布置的主题必须是中国风格，反映中华民族文化特点	切忌不中不洋，不伦不类
	西餐厅环境布置的主题必须是西洋风格，反映西方民族文化特点	
	日本餐厅环境布置必须是日式风格，反映日本民族文化的特点	

续表

确定主题的方法	举例	注意事项
根据餐厅饮食风格	同是中餐，也要突出是广东风味、四川风味还是山东风味等 同是西餐，也要突出是法国风格还是美国风格等	切忌不中不洋，不伦不类
根据餐厅具体名称	如北京饭店的“清风阁”餐厅，其环境布置突出优雅清爽；广州花园酒店的“荔湾厅”，其环境布置的主题是海边渔村风光	坚持因地制宜的原则，形成独具特色的餐厅风格
用室内观赏品深化主题	室内观赏品分为墙饰、摆件、花木等。墙饰包括壁挂、书画、壁画等。摆件包括古玩、弄器、毛翎、珍奇生物标本、瓷像、景泰蓝花瓶等。花木包括盆花、盆树、盆草、盆果、盆景、鲜花束或插花等。根据不同的餐厅主题，选择合适的室内观赏品	所选墙饰、摆件、花木等要服务餐厅主题

2．装饰美观，形成餐厅特点

餐厅的装饰有三点需要注意的地方。

（1）装饰方案设计要符合主题要求。首先通过装饰方案设计来确定，然后通过装饰手法的运用来体现。餐厅装饰的主题一旦确定，装饰方案设计就要围绕主题来展开。

（2）装饰手法的运用要突出餐厅特点。装饰手法主要表现在天花板、地面和墙面的装饰材料运用和家具造型的选择及陈设运用上。

（3）家具和餐具要体现餐厅风格。要选用符合餐厅主题和时代特色，并与其他装饰布置相映成趣的家具和餐具。

3．格调高雅，体现餐厅形象

（1）格调高低要和餐厅等级规格相对应。

（2）装饰布置要讲究餐厅气氛。

（3）服务人员及工作人员的服饰也要符合餐厅格调。

（4）餐厅的照明也应与餐厅室内装饰风格协调，以创造完美和谐的进餐环境。

二、餐厅气氛营销

一家餐厅应该设法营造适应经营范围和经营方式的气氛和情调。经营风味特色菜的餐厅也要通过环境营造气氛和情调。餐厅气氛设计的优劣直接影响着餐厅对客人的吸引力，影响着客人的就餐情趣和满意程度，关系着餐厅经营的成败。

1．围绕主题设计气氛

上海某饭店的海鲜餐厅，顶部是蓝色波浪型天花板，迎面墙上有一幅大海与海洋生物的侧面画，餐厅中陈列的玻璃海鲜池中游弋着各种各样的鱼、虾和贝壳类生物。服务人员身穿蓝色工作服。在灯光的照耀下，使客人感觉犹如进入了海底世界。正是因为它独特的餐厅气氛设计，吸引了很多客人光临。

2．综合协调突出特色

作为餐饮企业，一旦确定了主题和特色，所有的装饰、装修、用品等都需要围绕主题进行设计和采购。要做到以主题和特色为纲，装修、气氛、器具等为目，综合协调，共同衬托和突出饭店的餐饮特色。

三、餐厅服务营销

餐厅服务营销是指餐厅有关人员，特别是餐厅服务员，面对前来就餐的客人所进行的营销活动。要想做好营销工作，服务员要注意以下几点：

1．展示自我

良好的仪容仪表是对客人的尊重，容易让客人在心理上产生好感，也容易接受服务员所推销的产品。

2．把握营销机会

在餐厅服务过程中，无论是在餐前、餐中还是餐后，都有非常好的营销时机，作为餐厅服务员，要好好把握每一次营销时机进行推销。

3．提供有针对性的营销服务

营销要有针对性。营销前要仔细观察，认真思考，判断客人的心理需求，并根据客人需要进行有针对性的推销。无的放矢地随意推销极易引起客人的反感。

4．正确使用营销语言

服务员要善于掌握客人就餐心理，灵活地使用营销语言。常用的语言技巧有选择问句法、语言加法、语言减法、语言除法、一卷芭蕉法、借人之口法、赞誉法和亲近法等，具体见表 7—3—2。

表 7—3—2　营销语言种类

营销语言种类	内容
选择问句法	在推销时不以“是”与“否”的问句提问，如“先生，我们有椰汁、芒果汁、可口可乐，请问您需要哪一种？”这样客人的反应是选择一种饮料，而不是考虑要或者不要
语言加法	尽可能多地罗列菜肴的各种优点。例如：“这道菜不仅味道好，而且原料也十分讲究，含有多种营养，还对虚火等症有辅助疗效！”

续表

营销语言种类	内容
语言减法	向客人说明如果不吃这道菜会是一种损失。例如："武昌鱼只有武汉一带的长江水域中才有，您如果现在不尝尝，回国之后将很难有机会尝到了！"
语言除法	将一份菜的价格分成若干份，使其看起来不贵。例如："'×××'虽然要30元一份，但6个人平均下来不过5元钱，您只需花5元钱就可以品尝到正宗的'×××'。"
一卷芭蕉法	又称"转折术"，即先顺着客人的意见，然后再转折阐述。例如："这道菜确实比较贵，但其原料在市场上的价格就不低，成菜工艺也较为复杂，口味别具特色，您不妨一尝！"
借人之口法	例如："客人们都反映我们这里的'×××'做得很好，您愿意来一份吗？"
赞誉法	例如："这鲍鱼炒饭是我们这里的招牌拿手菜之一，您不妨试试。"
亲近法	例如："您一直这么关照我们的生意，今晚我特意介绍一道好菜给您，这是刚买回来的……"

四、餐厅产品营销

1．食品展示营销

食品展示是一种有效的营销形式。这种方法是利用视觉效应，激起客人的购买欲望，吸引客人进入餐厅就餐，并且刺激客人追加点菜。常见的食品展示营销方法见表7—3—3。

表7—3—3　常见食品展示营销方法

食品展示营销方法	内容
原料展示营销	陈列原料的要求是强调"鲜""活"。注意视觉上的舒适性，否则效果适得其反
成品陈列营销	此营销形式多用于快餐厅，在档次较高的餐厅可以将甜点、沙拉陈列在玻璃冷柜中，营销效果较好
现场烹制营销	现场烹调可减少食品烹调后的放置时间，使客人当场品尝，味道更加鲜美，还能利用食品烹制过程中散发出的香味和声音来刺激客人的食欲。进行现场烹调营销时，要注意选择食品原料外观新鲜漂亮的菜品，并且烹调的器具一定要清洁光亮
推车服务营销	推车营销的菜品多半是价格不贵且放置后质量不易下降的冷菜、小菜、点心、糕点等

2．特殊时间营销

为搞好餐厅经营，企业经常会抓住时机，举办各种类型的特殊活动，以提高餐厅的知名度和经济效益。常见的特殊时间营销主要有以下几种：

（1）节日营销。中国的传统节日很多。在各个节日里，人们不但有闲暇时间到餐厅消费，而且节日又是亲朋好友聚会的好时机，所以抓住节日这个机会进行营销非常重要。节日营销往往也会取得较可观的经济效益。具体例子如下：

金龙贺岁佳年华

除旧岁，迎新春。在春节来临之际，金海湾大饭店为阁下献上特别餐饮娱乐项目，与您共造节日浓情。

【迎新春音乐晚会】

农历正月初一、初二连续两晚特邀知名音乐家及海洋少女艺术团在中厅演出，更添新春浓情。

【迎春美食廊】

农历正月初二至初五，每天 10:30 AM—17:00 PM 于饭店中厅供应多款中西精美点心及各款潮汕小食。

【华丽宫茶市】

农历正月初二至初七，二楼华丽宫增设早茶供应。

【温莎堡自助晚餐】

二楼温莎堡自农历大年二十八至三十增设自助晚餐，供应包括新西兰生蚝、新鲜挪威三文鱼的琳琅中西美食，成人 138 元 / 位，儿童 88 元 / 位（另加收 15% 的服务费）。

【贺岁团圆餐】

农历大年三十至正月十五，金海湾各中餐厅推出各款新春合家欢套餐、新年团圆餐，春节特惠套餐，是新春欢聚、共享天伦之首选。大年三十晚特别赠送精美朱古力金币。

【特别介绍】

××× 舞厅特于春节期间为各公司承办联欢晚会、迎春酒会及春茗活动，欢迎垂询。

订座或垂询：请致电 ×××××——餐厅营业部。

（2）清淡时段营销。清淡时段采用新奇别致的活动主题营销往往能先声夺人，不仅能吸引外来游客，而且还能吸引当地客人。对于餐饮企业来说，清淡时段营销能更好地提升饭店的知名度和收益。具体例子如下：

欢迎您天天光临新加坡 ××× 大饭店享用下午茶点

欢迎您每天下午 5:30，到 ××× 大饭店参观和选购著名时装屋所呈现的时髦衣着。

此外，每天从 15:00—18:00，我们备有丰富的茶点自由餐，让您尽情享用美味的烤饼、热点心、开胃品、三明治、蛋糕等，饮料有鸡尾酒、咖啡和特选香茶。收费方面，每人只收12美元，您还有机会参加幸运抽奖，赢取丰富的奖品呢！

上述价格，须另加10%服务费和3%税务，本大饭店管理层保留更换上述节目的权利！

(3) 季节性营销。季节性营销活动最常见的是时令菜的营销。具体例子如下：

冬季火锅精选（川式、粤式）

【甲鱼火锅】 88元

原料：甲鱼1只、人参1棵、枸杞、大枣、白胡椒

功能：补中益气，清热滋阴，具有抗癌作用和提高机体免疫的功能，还可用于防治因放疗、化疗引起的虚弱、贫血、白细胞减少等症

【豆花鱼火锅】 38元

原料：草鱼1条、鲜豆腐、豆瓣酱、白胡椒

功能：开胃消食、养胃健脾、平肝熄风、提高免疫力

【鸳鸯火锅】 28元

原料：豆瓣酱、川花椒、川辣椒、鱼头、红枣、枸杞、白胡椒

功能：驱寒、增进食欲

【鲜人参竹丝鸡锅】 78元

原料：鲜人参6棵、竹丝鸡1只、高汤3斤

功能：补血养颜、益精明目，尤其身体虚弱之人更宜日常食用

【潮州牛肉锅】 68元

原料：牛肉丸1斤、牛肉片1份、牛肚1份、高汤3斤

功能：补血补气、养心安神、强健身体、增强抵抗力

【豪华海鲜锅】 680元

原料：水鱼1.5斤、竹节虾1斤、桂鱼1.5斤起片、白鳝片1份、花蟹1份、豆腐1份、青菜1份、日本山芋丝1份、高汤5斤

功能：养颜生津、强身健体、固体培元、补气安神

(4) 食品节营销。食品节是餐厅根据自身营销的需要而采用的一种菜品营销手段。在食品节，餐厅一般需要推出一些特色菜肴或菜系，需要聘用有丰富烹调经验的厨师来掌勺。具体例子如下：

泰国美食节

五月七日至五月二十三日，×××大饭店从泰国聘请四名客席厨师，把泰国独特的饮食口味介绍给您。想要尝试泰式食品的甜酸苦辣，请勿错失良机。

美食荟萃，尽在 ×××

××× 大饭店诚意为您推出特惠泰国精美自助午餐及晚餐

丰富自助午餐

（12:00—14:00）

成人每位　　HK＄98

儿童每位　　HK＄78

精选泰式晚餐

（17:00—21:00）

〖另加 10%服务费〗

备有多款佳肴美食，包括：炸鱼饼、腌鸡脚沙律、泰式春卷、冬阴功汤、椰汁酸辣汤、咖喱炒蟹、泰式烧鱼、暹罗烧鸡、三色冰、椰青等。其间，有傣族民间舞蹈表演。

地点：××× 大饭店五楼，听涛阁。

订座电话：××××××。

3．宴会营销

宴会是餐厅收入的主要来源之一。宴会业务便于提高餐厅的知名度，增加回头客。所以餐厅管理人员要注意做好宴会营销。要做好宴会营销，必须做好宴会营销的宣传广告，在日常的接待业务活动过程中进行公关活动。

（1）宴会营销资料。广告宣传单和小册子是宴会营销的基本工具，餐厅要通过广告宣传单或小册子，介绍宴会厅和功能厅的布局、接待能力和宴会的样品菜单等。宴会营销的内容见表 7—3—4。

表 7—3—4　宴会营销内容

营销内容	具体内容
宴会厅设施	包括宴会厅的环境、餐桌的布局、宴会厅的接待能力等。设施的宣传应尽量利用图片和照片，图文并茂会使客人产生好感和信任感，比单纯用文字描述效果要好
宴会经营项目	宣传介绍宴会厅能办理什么类型的宴会，能否举办中式宴会或西式宴会，能否举办酒会、婚宴、生日宴、小型商务宴等，为客人提供多种选择
宴会的菜品和特色	宣传菜品的菜系和特色时，尽量以照片展示名菜名点，并列出菜品的价格，解除客人对价格的疑虑
接待宴会的成功经验	介绍本宴会厅以往接待各种宴会的成功经验，可以用客人对宴会成功的赞许来提高餐厅的声誉，达到宣传效果
厨师的烹调技术	精湛的烹调技术是吸引客人前来举办宴会的重要原因。宣传本餐厅厨师的烹调技术，可以使客人放心地选择本餐厅举办宴会

（2）宴会营销人员。为了有效地做好宴会营销工作，宴会营销人员必须做到：

1）编制宴会史档案。将经常来餐厅举办宴请活动的单位和个人以卡片的形式，按字母表的顺序排列，建立宴会史档案。尤其是有关对方的信用、特别要求等资料，必须装入档案袋，以便于今后的宴会营销，并能有针对性地向客户提供良好的服务。

2）保存宴请活动的记录。对于非常客的宴请活动的通信和资料通常归入“宴请活动记录”保存，例如婚宴、寿宴、展览会等。这些记录作为经营管理参考资料，按月份存档，一般保存三年。

3）定期做出宴会活动预测报告。宴会管理人员根据自己所收集的市场信息，对未来计划期内有关单位和个人可能举办的宴会活动做出预测，并列表显示，作为宴会营销人员下一步开展工作的重点。

4．网络营销

（1）网络营销的定义。网络营销就是以互联网为基础，利用数字化的信息和网络媒体的交互性来辅助营销目标实现的一种新型的市场营销方式。简单地说，网络营销就是以互联网为主要手段进行的，为达到一定营销目的的营销活动。

（2）网络销售渠道的作用

1）网络营销渠道是信息发布的渠道。

2）网络营销渠道是销售产品、提供服务的快捷途径。

3）网络营销渠道是企业间洽谈业务、开展商务活动的场所，也是进行客户联络的理想园地。

（3）网络营销步骤

1）建立餐厅营销网站。建立营销网站时要充分突出本餐厅的经营特色，字体和图片的比例要协调，整个版面使人看起来赏心悦目，能吸引客人的目光。

2）制定网络销售产品。根据餐厅的经营状况和库存情况制定合适的网络营销产品。网络营销产品要种类多样，既要有零餐产品，也要有团体包餐产品和宴会产品。制定网络产品时也要突出本餐厅的经营特色，安排1～2道本餐厅的特色菜肴。网络产品要比餐厅的售价略低，以吸引更多的人前来就餐。制定网络营销产品时除了要考虑安排特色菜肴外，最重要的还要考虑餐厅的库存情况，根据库存综合情况制定适合的产品。制定网络营销产品就像平时制定菜单组合一样，需充分考虑营养均衡、色彩搭配等综合因素。

3）产品信息发布。信息发布既是网络营销的基本职能，又是一种实用的操作手段。通过互联网，发布餐厅的产品信息。发布信息时除了在自建网站上发布外，还要考虑和知名团购网站等合作。

4）评价销售情况。网络营销不能只顾制定产品组合、发布产品信息等，最重要的还是要根据网络销售情况评价网络营销产品。网络销售团队要定期总结，推出优势产品，对于不畅销产品需要及时调整产品组合。

5）注重销售评价。网络营销中，客人可以留言对所售产品进行评价。较好的评价信息，会起到最直接有效的广告宣传效应，对产品的销售有非常好的影响；同时不好的评价信息则会对销售情况产生直接的负面影响。所以餐饮企业要非常注重网络销售评价，看到好的评价信息，要及时回复感谢客人；看到不好的评价信息，更要及时回复仔细询问情况，进行补救。

第四节　餐厅用具和设备的使用与保养

一、餐厅用具的使用与保养

1. 金属餐具

（1）金属餐具类别。按照功能区分，金属餐具可以分为扁平餐具、切割餐具及凹形餐具。扁平餐具在餐饮业中特指各种形式的刀、匙和叉等；切割餐具主要是指餐刀和其他切割刀具；凹形餐具主要是指茶匙、汤匙、奶壶、糖缸等。

按照材质区分，金属餐具可以分为不锈钢餐具和银器餐具。不锈钢餐具与其他金属餐具相比更能防划伤、防摩擦，也可以说更卫生，既不易失去光泽，也不会生锈。银器餐具是贵重餐具，保存时必须分类分档，登记造册；正在使用的银器餐具，应天天清点。银器餐具长期不用，颜色会变黑，所以要定期彻底擦洗。

（2）金属餐具保管。金属餐具刀叉的刀口、叉尖锋利，容易划伤手脚，又易互相碰撞而损坏，所以一定要分类保存，精心保养。理想的储放容器是盒子和抽屉。将每种刀叉分别放在一个特定的盒子或抽屉里，每个盒子或抽屉可垫上粗呢布以防止滑动和互相碰撞而留下划痕和印记。其他金属餐具应编号排在架子上，其高度应以方便服务员放置和取用为准。有些餐厅甚至将这些贵重的银器和其他金属餐具装在碗橱里上锁保管。

服务提示

擦洗银器的方法

擦洗银器通常使用银粉。方法是先将银器浸水，再用刷子或揩布蘸上银粉用力揩擦污渍，待晾干后用干布用力擦亮，然后用开水泡洗消毒，用干净的揩布揩干。

为了保护、保持银器的美观和价值，必须注意以下三个问题：一是所有银器每年必须大洗和抛光两到三次；二是保养的设备和清洗剂必须品质优良，以免损伤餐具；三是必须由专门的技术人员处理。

2．瓷质餐具

瓷器餐具是餐厅服务的主要用具。它们品种繁多，名称不同，使用方法各异，数量又大。在存放时必须按照不同的种类、规格、型号分别摆放在固定位置。

瓷质餐具清洗时需要彻底去除油渍、污渍和水渍，并要进行消毒，绝对保持瓷质餐具的干净卫生。

3．玻璃器皿

餐厅常用的玻璃器皿主要有水杯、酒杯和各种玻璃容器等。由于玻璃器皿容易破碎，因此在将玻璃器皿放入洗涤容器清洗时，一次不要放得太多，以免互相挤压碰撞而破碎。

（1）玻璃器皿清洗。玻璃器皿一般采用洗涤剂清洗，然后用热水冲干净，最后使用专用布巾仔细认真擦拭，擦拭时动作要轻，用力要得当，防止其破损。发现有损坏的器皿应及时捡出，以保证客人安全。还要边擦边检查洁净程度，检查的方法是手提器皿的底部，器皿对着光亮处，检查是否有污渍，擦后的器皿要求透明光亮无污渍。

（2）玻璃器皿存放。玻璃器皿的储存方式一般有两种：一种是存放在准备间内，成单排倒扣在架子上以免落进灰尘，这是最常用的存放方式。另一种是用包上塑料皮的特制金属架插放玻璃器皿。这种特制的筐架也是搬运和移动玻璃器皿的很方便的方法，同时还会减少损耗和破损。

4. 餐具消毒方法

餐厅常用餐具消毒方法见表 7—4—1。

表 7—4—1　　餐具消毒方法

消毒方法	操作内容
煮沸消毒法	先将餐具用温水洗净，并用清水冲干净后用筐装好，置于沸水中煮沸 15 ~ 30 分钟，然后将餐具分档分类存放在餐具柜内备用。此法适用于瓷器餐具，经济实用、简便易行，为许多餐厅所采用
蒸汽消毒法	将洗冲干净的餐具放入蒸笼、蒸屉或蒸柜中，盖严后打开蒸汽管，待上汽 15 分钟即可。此法操作简便，效果很好，适用于各种餐具、茶具、玻璃器皿的消毒，多为安装有锅炉的餐厅使用
高锰酸钾溶液消毒法	将高锰酸钾用温开水配制成千分之一的溶液，将已经洗净的餐具放在溶液中浸泡 5 ~ 10 分钟即可。此溶液必须现配现用才能起到消毒作用。当溶液的紫红色变浅时，即需要更换。此法只限于消毒不耐热的餐具，如玻璃器皿等
漂白粉溶液消毒法	将已经洗净的餐具放入万分之五的新鲜漂白粉溶液中，浸泡 5 ~ 10 分钟后，再用清水冲净即可达到消毒的目的
新洁尔灭消毒法	新洁尔灭的消毒原理是凝固菌体蛋白和妨碍细菌代谢。消毒时需先配制五千分之一的新洁尔灭溶液，然后将洗净的餐具放在此溶液中浸泡 15 分钟，再用清水洗净。使用此法消毒，要特别注意溶液浓度，浓度过高则易残留余毒，有害健康，浓度过低则达不到消毒目的
电子消毒法	电子消毒法是目前比较常见的消毒方法，要求电子消毒设备内温度要达到 120℃，持续 30 分钟，用前再取出

二、餐厅设备的使用与保养

1. 家具

餐厅使用的家具通常有各种餐桌、餐椅、餐柜、工作台、沙发以及茶几、花几、衣架等。根据家具的特性，应运用科学的方法予以保养。一般应注意以下几个方面：

（1）严防受潮与暴晒。木质家具受潮后容易膨胀，因此切忌把毛巾、湿衣服等放在家具上。一旦有水渍要及时揩干，以免浸蚀。家具受阳光暴晒后容易收缩，应避免家具暴晒后一胀一缩而变形、出现裂缝和色泽减退等现象。在有暖气设备的餐厅中，家具的摆放不能离暖气片（或暖气机）太近，以防止家具被烘干而破裂。

（2）定期打蜡上光。一般木质家具表面都是用油漆漆过的，有些讲究的家具还要刷上几层蜡光。为了保持家具表面色泽明亮，除经常用干燥柔软的绸布揩擦外，还必须定期（半年左右）打蜡上光。打蜡时先在家具表面除尘，而后涂一层薄薄的白蜡，用洁白的绒布反复揩擦，使之发亮，保持家具整洁美观。

（3）注意调节室内空气，适时通风。房间久闭门窗不通风，家具就容易失去鲜艳的色泽；空气湿度过大或在雨季，家具就会发霉，三合板的家具表面还会脱胶潮裂。因此，要适时地打开门窗进行通风。

（4）注意巧搬轻放。餐厅的家具经常需要搬动，要十分注意巧搬轻放。笨重的家具一定要两个人配合才能搬动，切忌一个人在地板上生拖硬拉，以防止脱榫、折断等现象出现。搬动时不要碰撞墙壁、门框和地板，防止碰碎镜子和玻璃。搬动家具时如果出现铰链脱落、把手失灵等情况，需要及时维修，以保持家具的完好性。家具的摆放要平稳，不要在上面放置过重的东西，否则容易使家具变形或断裂。

2．布草

餐厅常用的布草主要包括台布、餐巾、毛巾、窗帘等。台布、毛巾、餐巾均属食品专用布草，要保持清洁，不得与其他清洁布件混用。

每餐换下来的台布、餐巾及潮湿布件要抖去杂物，及时送洗衣房洗涤，切忌以台布当作包裹在地上拖着运走。晚餐后换下的布件要刷去残羹杂物放在橱柜内过夜，以防被虫鼠咬破。潮湿的布件应摊晾于通风干燥处过夜，以免腐烂和产生异味。

餐厅的布草应轮换使用，以减轻布件的破损和避免久放发脆。存放布件的箱橱要保持清洁，布件在存放前一定要洗净晾干或进行除尘熨烫，以达到杀虫、灭菌、防毒的目的。熨烫时，要待热气散尽后再收藏，否则，容易造成布件的变质损坏。

3．地毯

平时要避免将茶水、油酱、汤汁等洒落在地毯上，保持地毯清洁。发现地毯局部有污渍时，要及时用专用清洗剂加以清洗。每天用吸尘器除尘，如果有水洒在地毯上，必须把潮湿的部分掀起晾干。刚清洗过的地毯，需要晾干才能再次使用，否则极易霉变。

地毯要定期进行清洗，收藏保管地毯时，必须首先吸掉灰尘，洗刷干净，并适当放入樟脑丸等防虫用品，然后卷成筒状，两端用纸包好，储存在干燥、通风的地方，防止虫蛀、霉烂。

4．墙纸

对墙纸的保养，除了用吸尘器吸去浮尘外，重要的是不要损坏墙纸。如走路不当或倚在墙上，都容易使墙纸变脏甚至磨损墙纸；搬动桌椅不当，也会碰坏墙纸。发现墙纸接缝处翘起，应及时通知维修人员进行处理。

5. 服务车

餐厅的服务车有工作车、牛排车、烹调车和甜品车等几种。餐厅的服务车在使用时均应注意：

（1）在使用时不能装载过重的物品，多数餐厅使用的餐车小巧灵便，应认真履行其专用的原则。如牛排车，只应为客人切各种肉类服务时使用，不能作其他用途。

（2）使用服务车时推的速度不能太快。如遇地面不平或餐厅内有异物，容易翻倒。

（3）每次使用后一定要用带有洗涤剂的布巾认真擦洗，镀银的车辆应定期用专用银粉擦净。

6. 保温锅

保温锅的热源有两种：一种是固体燃料，另一种是液体酒精燃料。在操作时先在保温锅内添上足够的水，然后将装有菜肴的盘子放入，盖好锅盖，才可以点燃燃料。要随时掌握燃料的燃烧情况，待要熄火时，固体燃料一般用盖子盖好即可，液体燃料要用浸湿了的布巾盖在燃料碗上，燃料失去了氧气就会自动熄灭。保温锅用后要认真擦洗，盛放开水的一层会出现水垢，要及时清除。

7. 吸尘器

吸尘器在使用中应注意不要吸入以下物品：未熄灭的烟头、挥发油、溶化剂、酒精等易燃物，针、刀片等尖利物。含有水分的垃圾、大团的毛发、蟑螂和其他昆虫等也能堵住吸尘口和管道。

吸尘器上部不要放置重物，不要将软管硬性扭曲、抻拉、踩踏等。使用时要注意不要离火源或热源太近，不要强行抻拉电源线等。

8. 地板磨光机

目前许多饭店餐厅的地面铺的是木质地板，必须定期除尘上蜡。地板磨光机的作用就是在地板打蜡后磨光。机器用后应除去残蜡，保持清洁，以免残蜡结块，损坏鬃刷。

9. 其他电器设备

餐厅经常使用的电器设备还有制冰机、电开水器、电煮咖啡壶、电饭煲、毛巾保温箱等。这些电器设备在使用时应注意以下几点：

（1）使用前认真阅读使用说明书，掌握要领后方可操作。

（2）检查电线是否安全，安装时要选择合适的位置，使用专用的电源插座。

（3）定期清洁电器，清洁前要拔掉电源，待机器冷却后方可进行。电器部分不能着水，清洁时不能用水冲，要用布擦。清洁后干燥一段时间才能继续使用。

第五节　客人投诉处理程序

一、投诉产生原因

1. 餐厅自身问题

餐厅自身原因包括以下几个方面：

（1）服务员的服务工作未到位。

（2）服务员在对客服务时态度不佳。

（3）服务员的服务技能不规范。

（4）由餐厅产品引起的投诉。具体包括以下两个方面：

1）对菜肴的投诉。关于菜肴方面的投诉包括：菜肴的卫生问题、菜肴在加工时或是其他的外在因素而导致菜肴里出现异物等，菜肴的口味问题以及上菜的速度问题等。

2）对设施设备的投诉。这类投诉主要是因为工作人员提前没有做好设施设备的检查，在客人急需使用时发生了故障，引起客人的不满，遭到投诉。

2. 客人个人原因

客人来餐厅消费，餐厅就会尽量满足客人的任何要求。但客人对餐厅期望值比较高，对餐厅的要求也许会超出实际，餐厅如果无法满足就会使客人产生误会提出投诉。除了这方面，还有就是客人蓄意投诉。一是因为客人心情不好想找一个发泄口来发泄心中的怒气；二是客人想经过投诉得到好处，要求餐厅为自己的消费打折。但是这种情况一般极少发生。

3. 其他因素

（1）意外事件。这种投诉，是饭店潜在存在的问题。如大型宴会上客人的酒水被人偷走，客人丢失物品等。当然，这也是饭店管理的一种疏忽。

（2）不可抗力因素。这类投诉一般情况下是极少发生的，主要包括饭店忽然停电、水管爆裂堵塞、发生火灾等。

二、处理投诉的程序和标准

客人的投诉不论是餐厅方面的原因还是客人自身的原因，这都表示餐厅在出现投诉的方面做得不够完善，才会引起客人的不满，出现投诉。投诉会在一定程度上损害餐厅在客人心目中的形象，影响餐厅的声誉。所以，一旦出现投诉，餐厅应尽快处理，消除不利影响。

1．受理投诉

（1）餐厅服务员或管理人员应以正确的态度受理投诉。客人之所以前来投诉，一般是客人在接受服务的过程中受到了不公正的待遇。客人前来投诉是给餐厅建议，如果忽视，就是忽视了维护客人的权利，也错失了提高餐厅管理水平的机会。无论怎样都要对前来投诉的客人持欢迎态度。

（2）认真倾听。在受理投诉过程中不能打断客人的投诉，认真倾听，适当地对客人表示理解与同情。要用真诚、友好、谦和的态度，全神贯注地聆听，保持冷静，虚心接受，不要打断客人，更不能反驳和辩解。

（3）边听边做好记录。认真听取客人投诉的同时要做好记录。一方面表示餐厅对他们投诉的重视，另一方面也是餐厅处理问题的原始依据。记录包括客人投诉的内容、投诉的时间、客人的姓名等，尤其是客人投诉的要点，讲的一些细节，要记录清楚，并适时复述，以缓和客人的情绪。这不仅是快速处理投诉的依据，也是为以后服务工作的改进做铺垫。

2．解决问题

（1）投其所好，抓住客人投诉的心态。要处理好客人的投诉，就要掌握客人投诉的三种心态：求发泄、求尊重、求补偿。一是求发泄，客人在餐厅遇到令人气愤的事，不吐不快，于是前来投诉。二是求尊重，无论是软件服务还是硬件设施出现问题，在某种意义上都是对客人不尊重的表现，客人前来投诉就是为了求得尊重。三是求补偿，有些客人无论餐厅有无过错或是问题是大是小，都有可能前来投诉，其真正目的并不在于事实本身，也不在于求发泄或是求尊重，而是在于求补偿。因此，在处理客人投诉时，要正确地理解客人的意思，尊重客人，给客人发泄的机会，不要与客人进行无谓的争辩。如果客人投诉的真正目的是在于求补偿，处理者则要看自己有无权利给予其补偿。如果没有这样的授权，就要请上一级管理人员出面处理客人的投诉。

（2）要有足够的耐心。客人投诉时，餐厅员工要表现出足够的耐心，绝不能随客人的情绪波动而波动，不得失态。即使是遇到一些故意刁难、挑剔、无理取闹的客人，也不应与其大声讲话。

（3）尝试角色调换，从不同角度考虑问题。客人在采取了投诉行动后，都希望别人认为他的投诉是正确的，他们是值得同情的。针对客人的这种心理，餐厅工作人员要把投诉的客人看作是一种需要帮助的人，这样才能营造解决问题的气氛。角色调换法，即餐厅人员以自己的一系列实际行动和话语，使客人感到餐厅的有关部门和人员是尊重和同情自己的，是站在自己的立场上真心实意地帮助自己的，从而把不满的情绪转换为感谢的心情。

（4）树立“客人总是对的”信念。作为一名服务员，要知道客人是上帝，要树立“客人总是对的”信念。一般来说，客人来投诉，说明饭店的服务和管理有问题。因此，首先要替客人着想，一切以客人的利益作为思考点，换一个角度想一想：如果你是这位客人，在餐厅遇到这种情况，你是什么感受？只有这样，才能减少与客人的对抗情绪。这是处理好投诉的关键。

（5）处理投诉要兼顾客人和饭店双方的利益。为了避免处理投诉时自己陷入被动局面，不要随意作出决定或是否定，一定要给自己留后路，也不要对客人作出任何自己权利以外的承诺。处理投诉一定要兼顾客人和饭店双方的利益，以客人比较满意，饭店损失也不是太大为目标进行解决。

3．告知客人

（1）处理投诉时的解决方案要经过客人同意。迅速处理投诉，及时采取补救或补偿措施，并征得客人的意见后作出处理。

（2）形成书面处理意见书。当客人同意处理方案时，餐厅管理人员应及时将处理结果形成书面意见，经餐厅管理人员和客人签字同意后开始实施。

（3）向客人表示感谢。真诚地感谢客人反映问题。同时，餐厅管理人员要重视此类问题，在今后的餐厅服务工作中引以为戒，努力提高服务质量。

4．做好记录

餐厅投诉解决后，管理人员应及时记录客人的姓名、投诉日期，并将投诉的前因后果以及处理意见进行汇总后整理成册，在今后的员工定期培训或新员工入职培训时作为案例，以提高餐厅的服务质量。

三、投诉处理原则

1．切忌与客人发生争吵

处理投诉时，切忌与客人发生争论。

2．不随便作出承诺

在处理投诉时不要随便作出任何承诺，特别是不能作出超出自己权利范围的承诺。一旦承诺无法兑现，极易引起二次投诉。

3．掌握双赢原则

在处理投诉时，若属于客人有意刁难，应客观分析，妥善处理。如果是客人无理取闹，应采取措施平息事态，情节严重可请公安部门处理。最重要的是要掌握双赢原则，处理投诉通常情况下无须硬分对错，客人满意、餐厅可以接受即可。

思考与练习

一、思考题

1. 餐厅员工有哪些个人卫生要求？
2. 简述餐厅员工消防责任。
3. 餐厅产品营销包括哪几个方面？
4. 简述餐具的消毒方法。
5. 简述处理投诉的程序。

二、案例题

齐心协力解决客人投诉

某日中午，一批来自某单位的客人来餐厅用餐。餐后客人提出该单位在餐厅约有两万元预存款，要求签单。经信用结算组查阅，发现客人所报金额与签单人姓名均与原始记录不符。为维护签单人权益，信用结算组便通知餐务中心该单位并无预存款，而客人坚持称确有预存款，一定要签单。餐务中心与客人协调，提出先将本次餐费结清，由账台出具收条，待有确切证明能够签单，再退还此款，在内存中结算餐费。客人当时表示同意。

过两天，经该单位存款当事人与饭店联系，说明上次餐费可以签单，饭店立刻退还了钱款。而此时客人以餐厅工作有疏漏为由提出投诉，并要求餐费折扣。餐务中心与信用结算组共同向客人解释了缘由，再三说明这也是维护该单位预存款的安全以及保密性而执行的一项工作制度，对于此事给客人造成的不便表示歉意，餐务中心给予该单位用餐八八折优惠，信用结算组也提出将尽快改进工作方法，避免类似的误会发生。最终，客人满意而归。

事后，质管办召集两部门针对此投诉进行分析。财务部态度非常积极，提出了一项改进方法，向各预存款单位签单人发放临时卡片，其他客人消费时只需出示此卡同样签单有效，能够使工作做得更圆满一些。餐务中心也表示将增强两部位之间的协调与合作，促使服务产品更完美。

问题：

1. 从这起投诉案例中，你有什么收获？
2. 本案例中的服务人员做得对吗？为什么？